폴란드 구소련 위성국에서 대러전선의 선봉이 되다

한국외국어대학교 동유럽발칸연구소 총서 2022

김용덕 · 이무성 · 송병준 · 이선필 · 안상욱 지음

**폴란드 구소련 위성국에서
대러전선의 선봉이 되다**

초판 발행 2022년 12월 15일

저　　자 김용덕 · 이무성 · 송병준 · 이선필 · 안상욱
발행인 김 덕 중

발행처 높이깊이
주　　소 서울특별시 성동구 성수일로 39-32 (우) 04779
전　　화 02)463-2023(대)
메　　일 djysdj@naver.com
등록번호 제4-183호
ⓒ2022 NOPIKIPI, Printed in Korea

ISBN 978-89-7588-477-1

[정가 25,000원]

☞ 이 책에 담긴 내용의 무단 전재 및 복제 행위를 금합니다.
☞ 잘못 만들어진 책자는 구입처에서 교환해드립니다.

| 머리말 |

폴란드는 유구한 역사와 쇼팽으로 대표되는 높은 문화를 간직한 중동부 유럽의 대표적인 국가이다. 역사적으로 폴란드는 16세기 폴란드-리투아니아 연합왕국을 형성해 17세기까지 강대국으로 군림하며 유럽 전역에 문화와 종교에 지대한 영향을 미쳤다. 그러나 폴란드는 18세기 이후 러시아, 독일, 오스트리아 등 주변 강대국에 의해 수차례 걸친 영토분할로 국토는 분열되었고, 제2차 세계대전 시에는 독일의 침공으로 유대인을 포함해 약 600만 명이 사망하는 재앙에 가까운 고난을 겪었다. 이후에도 폴란드는 40여년 이상 소련의 강압으로 위성국가로 전락하여 암울한 공산주의 시절을 지냈다.

폴란드는 이러한 비운의 역사 속에서 1791년 유럽국가 중에서도 앞서 현대적인 헌법을 제정하였고, 1918년 잠시 제정러시아로부터 독립한 시기인 제2공화국 시대에 여성에게 참정권을 부여할 정도로 앞선 민주주의 전통을 간직한 국가이다. 폴란드는 또한 제2의 도시 크라쿠프(Kraków)가 19세기 말 이후 '폴란드의 아테네(Polish Athens)'로 불릴 정도로 유럽의 문화예술 중심지였으며, 유구한 종교적 전통으로 요한 바오르 2세(Pope John Paul II) 교황을 배출하였다.

1989년 공산정권 붕괴로 새롭게 거듭난 폴란드는 더 이상 찬란한 역사를 뒤로 하고 강대국의 지배를 받는 유럽의 약소국이 아니며, 중동유럽의 정치, 경제 중심지로 빠르게 발전하고 있다. 이에 따라 폴란드는 2004년 EU 가입 이후 EU는 물론이고 유럽 내에서 정치, 중동유럽의 정치, 군사 및 경제적 강국으로 부상하였다. 폴란드는 EU 27개 회원국 중 독일, 프랑스, 이탈리아 및 스페인에 이어 5번째로 인구가 많은 국가로 이에 상응하는 정치적 영향력을 행사하여 유럽통합의 성격에도 지대한 영향을 미치고 있다.

한국과 폴란드는 지정학적으로 주변 강대국의 존재로 지속적인 침략과 지배의 역사를 공유하고, 민족적 단일성을 유지하며 독창적인 문화를 일군 공통점을 갖고 있다. 그러나 양국간 여러 유사점과 폴란드가 유럽에서 갖는 높은 위상에 비해 한국에서는 아쉽게도 서유럽의 주요 국가에 비해 폴란드에 관심이 덜하고, 양측 관계는 경제적 이해에 집중되어왔다.

상황은 급변하여 2022년 2월 러시아의 우크라이나 침공에 대응하여 러시아에 맞서는 자유진영의 핵심 동맹으로 폴란드의 군사, 외교적 위치를 확인하는 계기가 되었다. 남북 분단 상황에서 굳건한 안보가 최우선 과제인 한국은 역시 국가간 무력충돌의 현장에서 최전선에 위치한 폴란드와 동질감을 갖게 되었고, 폴란드의 파격적 규모의 한국무기 구매로 양측간 외교안보 교류는 유례가 없는 속도로 급진전되었다.

한국이 폴란드에 주목해야 할 점은 대규모 방산수출에 따른 수출시장 확대를 넘어 군사, 외교 및 경제 등 다방면에서 이해를 공유하며, 강대국에 의해 고초를 겪은 양국이 지리적 거리를 넘어 밀접한 관계를 형성할 토대가 만들어졌다는 점이다.

본 책은 한국과 폴란드 관계가 전환점을 맞이한 시점에서 한국에서 폴란드에 대한 보다 폭넓은 이해와 관심을 도모하기 위해 집필하였다. 이러한 취지에서 유럽의 역사, 정치 및 경제를 전공하는 5명의 연구진이 다음과 같이 내용을 구성하였다.

제1장과 2장은 각기 유구한 역사와 문화 및 긴 피지배의 경험이 교차하는 폴란드의 역사와 이러한 굴곡의 역사로 형성된 폴란드인의 독창적인 민족적 정체성에 대한 내용을 다루었다. 또한 3장과 4장은 1989년 공산정권 붕괴 이후 폴란드의 대외관계와 안보방위정책을 기술하되 특별히 최근 들어 급진전된 양국간 방위산업 부분에서의 교류 배경과 의미를 중점적으로 집필하였다. 끝으로 5장은 양국이 문제를 공유하는 에너지 안보와 독립 문제를 다루었고, 본 사안에서도 방위산업과 함께 향후 협력이 심화될 원자력 발전소 건설을 비중 있게 서술하였다.

본 책이 폴란드와 우리가 처한 안보현실을 비교, 자각하는 계기로 활용됨은 물론 폴란드에 대한 이해를 넓혀 양국관계의 심화에 다소나마 기여하기를 바란다.

2022년 12월
저자 드림

| 차 례 |

서문 ·· 3

제1장 18세기부터 현재까지, 러시아와 독일 사이에 운명적인 지정학의 역사 (김용덕)

1. 서론 ·· 9
2. 폴란드 삼국 분할과 연이은 독립운동의 시대(1772년-1918년) ················ 17
3. 드디어 독립이다. 폴란드 제2공화국 시대(1918년-1939년) ····················· 35
4. 또다시 전쟁이다. 제2차 세계대전(1939년-1945년) ······························ 45
5. 자유를 위한 투쟁은 계속된다. 공산주의 시대(1945년-1989년) ················ 58
6. 민주주의 제3공화국 시대(1989년-현재) ·· 77
7. 결론 및 한국에 주는 함의 ·· 85

제2장 폴란드인의 저항과 굴복하지 않는 국가 정체성 (이무성)

1. 서론 ·· 89
2. 폴란드인은 누구인가?: 민족적 정체성 ··· 91
3. 제2차 세계대전 이후 소련의 병합과 강요된 공산주의화 ······················· 98
4. 냉전시기 폴란드인의 저항정신과 자유 쟁취: 바웬사의 자유노조 ··········· 102
5. 냉전 이후 과거청산: 공산주의 청산 ··· 118
6. 자유민주 체제 복귀와 유럽의 중심국가로 위상 강화: NATO/EU 가입 ··· 124
7. 결론 및 한국에 주는 함의 ·· 138

제3장 EU와 대서양 동맹의 중추로 강경한 반러시아 외교 (송병준)

1. 서론 ·· 143
2. 유럽으로의 복귀와 정치경제 발전 ··· 145
3. EU와 유럽 동맹국과의 갈등과 결속 ·· 154
4. 러시아의 침공과 우크라이나와의 운명공동체 ································· 166
5. 미국과의 가치동맹 ·· 180
6. 반러시아와 중국에 대한 견제 ·· 191
7. 결론 및 한국에 주는 함의 ··· 203

제4장 NATO의 최전선 그리고 한국-폴란드 안보협력 (이선필)

1. 서론 ·· 209
2. 유럽의 안보환경: 변하는 것과 변하지 않는 것들 ·························· 213
3. 체제전환 이후 폴란드의 안보전략과 안보정책 ······························· 217
4. 폴란드의 대러 안보정책 ··· 231
5. 한-폴란드 전략적 동반자관계와 안보협력 ······································ 245
6. 결론 및 한국에 주는 함의 ··· 253

제5장 폴란드의 절박한 에너지 안보 (안상욱)

1. 서론 ·· 261
2. 냉전 전후 소련 에너지 공급망의 중동부유럽 연결과 폴란드 상황 ············ 263

3. 폴란드의 에너지믹스 ··· 268
4. 원자력 발전의 EU 택소노미 포함과 폴란드의 적극적인 원자력에너지 정책 · 275
5. 천연가스 공급에서 에너지 안보문제 ································· 282
6. 결론 및 한국에 주는 함의 ··· 301

맺음말 ··· 309
참고문헌 ··· 312

# Chapter 01 18세기부터 현재까지, 러시아와 독일 사이에 운명적인 지정학의 역사[1]

김 용 덕

1. 서 론

"폴란드인들이 바라는 대로 강대국이 되기에 폴란드는 너무 작다. 하지만 소국으로 남아있기에는 너무 크다. 바로 여기에 폴란드의 비극이 있다." - 프랑스 사학자 중 한 명이 한 말이다. 그러나 폴란드의 진정한 비극은 바로 위치에 있다. 독일과 러시아 사이에 놓인 지정학적 위치 말이다. 우선 폴란드의 지정학에서 '지(地)', 즉 지형을 먼저 살펴보자면, 폴란드라는 국명 자체가 바로 평야의 나라라는 뜻이다. '폴란드(Poland)', 폴란드어로 '폴스카(Polska)'라는 명칭은 '폴레(pole)' - 평야라는 단어에서 유래한 것이다. 여기에는 재미있는 건국 신화가 전한다.

아주 오랜 옛날에 레흐, 체흐, 루스라는 삼형제가 있었다. 무리를 이끌고 정착할 곳을 찾아 오랫동안 여기저기 헤매던 삼형제는 점차 지쳐갔다.[2] 그러던 어느 날 해 질 무렵, 삼형제는 넓디 너른 평원에 도착했다. 광

---

[1] 이 글은 〈이야기 폴란드사〉를 중심으로 저자의 연구물을 모아 각색한 것임을 밝혀둔다.
[2] 신비로움으로 가득 차야 할 건국 신화임에도 불구하고, 이처럼 난데없이 삼형제가 등장

활한 평야 한복판에 아름드리 참나무 한그루가 자태를 뽐내며 서 있었다. 삼형제가 참나무에 가까이 가 보니 특이하게도 하얀 독수리가 둥지를 틀고 있었다. 레흐는 독수리 둥지에서 새끼 한 마리를 꺼내 팔에 올려놓고는 석양이 지는 노을을 배경으로 바라보았다. 이 광경이 너무 마음 든 레흐는 여기에 정착하기로 맘먹었다. 그리고는 석양에 비친 흰 독수리를 장차 자신의 나라 문장으로 삼기로 했다. 그래서 흰색-빨간색의 폴란드 국기와 빨간 바탕의 흰 독수리가 폴란드 국가 문장이 된 것이다. 한편 체흐는 남쪽으로 내려가 체코를, 루스는 동쪽으로 가서 키예프 루스를 세웠다.

이제 지정학에서 '정(政)' 즉 정치와 국제관계를 살펴보자면, 폴란드는 동쪽으로 러시아 그리고 서쪽으로 독일이라는 강대국 사이에 놓여있다. 그래서 독일 동방 정책(Drang nach Osten)의 첫 번째 대상이 바로 폴란드였다. 마치 일본이 힘이 세지면 대륙 진출을 들고 나오듯이, 독일도 세력이 강해지면 외치던 구호가 바로 동방 진출이었다. 이와 동시에 서구로 향하는 러시아가 반드시 거쳐 가야 할 관문 또한 폴란드였다. 불운하게도 독일과 러시아와의 사이에는 그 어떤 자연 방벽도 존재하지 않는다. 위에 언급한 바와 같이 광활한 평원으로 이루어진 폴란드는 동쪽에서 러시아의 기마대가, 그리고 서쪽에서 독일의 기갑 부대가 진격하기에 안성맞춤이었다. 인접하는 체코 그리고 슬로바키아 사이에만 해발 2천 미터가 넘는 산맥으로 되어 있다. 타트리라고 불리는 이 산맥이 독일 또는 러시아 사이에 있었더라면, 열 번 맞을 매에서 몇 번은 피해갈 수 있었을지도 모른다.

한 것은 이들 나라의 역사가 짧다는 사실을 보여준다.

하지만 폴란드가 늘 당하고 산 것만은 아니다. 우리에게도 수나라, 당나라에 맞서 당당하게 싸우며 만주 벌판을 휘젓던 고구려 시절이 있듯이, 폴란드가 프로이센과 러시아를 무릎 꿇린 시대도 있었다. 그렇다. 믿기 힘들지만, 독일 민족과 러시아가 폴란드에 백기를 들고 굴복한 것이다. 아래 두 그림을 보자.

〈그림-1〉 얀 마테이코의 작품, '1525년 프로이센의 충성 맹세'

출처: https://upload.wikimedia.org/wikipedia/commons/1/11/Prussian_Homage.jpg

위 그림의 제목은 〈1525년 프로이센의 충성 맹세〉이다. 폴란드가 독일을 상대로 최절정을 누린 순간이었다. 1525년 4월 10일 호엔촐레른 왕가 출신으로 프로이센 공작이며, 37대이자 튜턴 기사단의 마지막 단장이던 알브레히트 공작이, 폴란드-리투아니아 연방공화국의 수도인 크라쿠프 중앙 광장에서 지그문트 스타리 왕에게 무릎을 꿇고 충성을 맹세했다.

19세기 비스마르크가 주도하는 독일 통일의 주역은 프로이센이었고,

프로이센은 튜턴 기사단에 그 뿌리를 두고 있다. 독일의 전차 군단, 독일의 군인 정신이란 말은 바로 여기에서 유래한 것이다. 튜턴 기사단은 십자군 전쟁 당시 독일 출신들로만 구성되는 기사단으로 탄생했다. 1226년 폴란드 지역 군주 하나가 발트계 프루스 종족의 침공을 막아달라며, 예루살렘에 있던 기사단을 폴란드로 불러들였다. 이후 튜턴 기사단은 제2차 세계대전이 끝나는 1945년까지 폴란드 북부에 자리를 잡고, 무려 7백 년이 넘는 동안 폴란드의 생존을 위협했다. 14세기 폴란드가 리투아니아와 함께 연방공화국을 세운 것도, 두 나라가 힘을 합쳐 튜턴 기사단에 맞서기 위해서였다. 이제 비로소 양국이 튜턴 기사단에 맞설 수 있게 된 것이다. 그런 후 불패의 전설을 자랑하던 튜턴 기사단은 1410년 그룬발드 전투에서 폴란드-리투아니아 연합군에게 참패했다. 이후 세력을 상실해가던 튜턴 기사단은 1525년 루터교로 개종하며 역사의 뒤안길로 사라진다. 그 자리를 대신한 것이 프로이센 공국이다. 독일 통일의 주역이 되는 프로이센이 탄생하는 순간이었다.

그룬발드 전투는 독일인들에게 잊을 수 없는 치욕이자 트라우마였다. 심지어 기사단장마저 전사하는 참패를 당한 것이다. 이 전투 후 세력을 상실해가던 튜턴 기사단은 결국에 가서 폴란드의 봉신 국가로 전락하게 된다. 위대한 게르만 민족이 미개한 슬라브 종족에게 무릎을 꿇은 것이다. 이후 튜턴 기사단은 당시까지 수도이던 마리엔부르크(폴란드어 말보르크)를 버리고, 동쪽으로 옮겨가 새로운 도시를 세우니 그것이 바로 쾨니히스베르크이며 현재 러시아령인 칼리닌그라드이다. 그룬발드 전투를 독일인들은 제1차 타넨베르크 전투라고 부른다. 그룬발드 전투를 1차라고 부른 것은, 같은 장소에서 벌어진 2차 전투가 있기 때문이다. 1차 전투에 대한 치욕을 갚기 위해 독일은 제1차 세계대전까지 기다려야 했다. 제1차 세계대전 와중인 1914년 타넨베르크 전투에서 독일이 러시아 대군을 상대로 10만여 명에 이르는 병사를 포로로 잡으며 대승을 거둔다. 이 전투를 지휘한 힌덴부르크는 이후 독일의 영웅이 된다. 1914년 타넨베르크 전투를 2차라고 부른 것은, 바로 이런 연유에서다. 5백여 년이 흘러 이제 비로소 독일인들이 그룬발드 트라우마에서 벗어난 것이다.

프로이센의 충성 맹세보다 더 충격적인 사건이 유럽 한복판에서 벌어졌다. 프로이센의 봉신 서약이 있은 지, 86년 후인 1611년, 이번에는 러시아가 폴란드 왕에게 충성을 맹세한 것이다. 다음 그림의 제목은 〈슈이스키 형제들의 충성 맹세〉이다.

러시아 대동란 시대에 폴란드 기마대가 크렘린을 정복하는 전무후무한 사건이 벌어졌다. 이 사건을 이야기하기 전에 러시아가 느끼는 지정학적 두려움에 대해 알아둘 필요가 있다. 다음과 같은 농담이 있다. 블라디미르 푸틴은 스스로 일컬어 러시아 정교회의 열렬한 후원자이면서 신심이 깊은 사람이라고 말한다. 이 말이 사실이라면 그는 매일 밤 잠들기 전, 신에게 이렇게 물을지도 모른다. "신이시여, 어찌하여 우크라이나에 산맥을 펼쳐두지 않으셨나이까?" 만약 신이 우크라이나에 산악지대를 펼쳐두었다면 건너편 세력들이 북유럽평원이라는 드넓은 평지를 넘어 그처럼 꾸준히 러시아 땅을 침략하고픈 유혹을 느낄 일도 없었을 것이다. 이런 상

〈그림-2〉 얀 마테이코의 작품, '슈이스키 형제들의 충성 맹세'

출처: https://commons.wikimedia.org/wiki/File:Carowie_Szujscy_na_sejmie_warszawskim_Jan_Matejko_18_century.jpeg#/media/File:Bracia_Szujscy_na_Sejmie_Warszawskim.jpg

황에서는 푸틴이라도 달리 선택할 게 없다. 서쪽으로 펼쳐진 평지를 관리하는 정도밖에는…… 그렇다. 바로 여기에 왜 푸틴이 2022년 우크라이나를 침공하여 전쟁을 일으켰는지, 그 답이 있다. 암튼 북유럽평원, 바로 이 길을 따라 1610년 폴란드의 후사리아라 불리는 기마대가, 1812년 나폴레옹 대군이, 1941년 제2차 세계대전 와중에 히틀러가 모스크바로 진격한 것이다. 하지만 우리가 알다시피 히틀러의 나치 군대는 모스크바 근처도 못 가고 패퇴했다. 나폴레옹 대군은 비록 모스크바 입성에는 성공하나, 불타는 러시아 수도에서 퇴각하다가 동장군에 몰살하고 말았다. 하지만 폴란드는 무려 2년 동안이나 크렘린을 정복하고 지배자로 군림했다. 그렇다. 폴란드가 모스크바로 진공해 크렘린을 정복한 것이다. 훗날 러시아 국민 시인 푸시킨은 〈보리스 고두노프〉라는 희곡에서, 당시 러시아가 처한 대동란 시대의 모습을 잘 그리고 있다.

1610년 가짜 드미트리를 앞세워 스타니스와프 주우키에프스키 장군의 지휘 하에 폴란드 군대가 모스크바로 진격해 점령해버렸다. 그러자 러시아 귀족들이 폴란드 왕자인 브와디스와프를 차르로 선포했다. 크렘린 점령 1년 뒤인 1611년 폴란드 총사령관 주우키에프스키가 포로로 잡은 슈이스키 가문의 차르 바실리 4세와 두 명의 형제들을 바르샤바로 끌고 왔다. "10시경에 예복 복장으로 치장한 기마대가 모습을 드러냈다. 여섯 마리의 백마가 끄는 화려한 마차를 앞세워 총사령관이 상원의원들과 함께 행진했다. 그 뒤로 여섯 마리의 말이 끄는 또 다른 마차에는 총사령관이 잡은 포로들이 타고 있었다. 세 명의 유명한 포로들은 차르인 바실리 슈이스키와 두 명의 동생들 - 크우쉰 전투의 불운한 러시아군 총사령관인 드미트리와 이반이었다. 차르와 형제들을 태운 마차 뒤로 또 다른 기마대가 행진하며 개선 행렬이 이어졌다. 몰려든 바르샤바 시민과 귀족들은 열띤 환호 속에 총사령관 만세를 외쳐댔다. 바르샤바의 모든 성당이 종을 울리고, 폭죽과 머스킷 총이 연이어 발사됐다." 폴란드 역사가가 당시 순간을 이 같이 생생하게 묘사하고 있다.

1611년 10월 29일, 화려하고 성대한 행렬 속에 폴란드 원정군이 바르샤바로 귀환했다. 그리고 같은 날, 바르샤바 왕궁에서 폴란드 귀족들이 보는 앞에서, 바실리 4세와 그 형제들이 폴란드 국왕인 지그문트 3세에게 충성을 맹세한다. 폴란드 역사에서 처음 보는, 그리고 그 후에도 볼 수 없던 전무후무한 사건이었다. 당시 광경을 폴란드 역사서는 다음과 같이 기록하고 있다. "권좌에서 내려다보는 지그문트 3세 앞에서, 바실리 4세가 오른손으로 바닥을 짚고 입맞춤했다. 모스크바 군대 총사령관인 드미트리 슈이스키는 이마로 바닥을 찧고, 이반 슈이스키는 이를 세 번 반복했다." 이 것이 바로 슈이스키 형제들의 충성 맹세이다. 바르샤바 인근 성에 유폐된 바실리 4세 차르는 이듬해 죽고 만다. 형이 죽은 지 1주일 뒤에 동생인 드미트리도 부인과 함께 사망했다. 러시아는 이 사건을 잊지 않고 두고두고 오랫동안 기억한다. 세월이 흘러 이제 폴란드가 그 대가를 치를 때가 왔다. 그리고 그 결과는 매우 참혹할 것이다.

자, 그럼 이제 폴란드-독일 그리고 폴란드-러시아 관계를 중심으로, 18세기 근세부터 현재까지 폴란드 역사를 살펴보자. 그 시작은 폴란드 역사에서 가장 암울한 시기인 삼국 분할 시대이다.

모스크바 붉은 광장에 가면 미닌과 포자르스키 동상이 있다. 1612년 10월 미닌과 포자르스키가 이끄는 러시아 국민군은 폴란드 점령군으로부터 항복을 받고 모스크바를 해방시킨다. 그로부터 약 200년 후, 러시아 국민은 미닌과 포자르스키의 정신을 기리기 위해 모스크바 붉은 광장에 청동상을 세웠다. 동상은 원래 붉은 광장 중앙에 있었지만, 소련 시절 군사 퍼레이드에 방해가 되어 지금처럼 바실리성당 앞으로 옮긴 것이다. 러시아의 공휴일인 11월 4일 통합의 날은 바로 1612년 모스크바를 점령했던 폴란드군을 격퇴한 것을 기념하는 날이다.

〈그림-3〉 미닌과 포자르스키 동상

출처: https://trek.zone/pl/rosja/miejsca/183236/pomnik-minina-i-pozarskiego-moskwa

2. 폴란드 삼국 분할과 연이은 독립운동의 시대(1772년-1918년)

18세기 초까지 러시아는 동구 유일의 대국이었다. 폴란드-리투아니아 연방공화국3)과 오스만제국이 적어도 지도상으로는 여전히 대국이었으나, 그 광대한 영토는 얼마 안 가서 주변 강대국들의 맛난 먹잇감으로 전락할 운명 앞에 놓여 있을 뿐이었다. 양국은 무능한 정치, 뒤떨어진 경제 그리고 다수의 민족적, 종교적 소수 민족의 존재로 말미암아 고통 받고 있었다. 중요한 것은 양국의 현저한 쇠퇴가 인접 강대국들 사이에서 침략적 욕

---

3) 당시 폴란드의 정식 국명으로 영어로는 'Polish-Lithuanian Commonwealth'라고 표기한다.

망을 자극하고 있었다는 점이다. 그러므로 폴란드는 독립 국가로서 소멸할 운명을 지니게 되어, 이 세기가 다 끝나기 전에 프로이센, 러시아, 오스트리아가 주도하는 분할의 대상물이 되고 만다. 18세기 초 유럽을 관망하자면 국가 간의 세력 균형에 그 어떤 확실성도 없다는 점은 너무나 명백했다. 만일 강대국이 약소국을 침범한다면 이런 균형이 뒤집힐 것은 뻔한 일이었다. 북방 전쟁[4]에서 러시아가 스웨덴을 물리치고 발트해를 지배하는 국가로 올라서면서 이런 균형은 사실상 뒤집혀졌다. 피터 대제의 후계자들이 성공의 대소 여부는 차치하더라도, 서구 세계로 향하는 창문을 넓히려고 애쓰면서 러시아의 팽창이라는 것은 18세기 내내 유럽의 일대 문제가 되었다. 이 팽창의 희생자는 스웨덴 다음으로 오스만 그리고 폴란드였다. 18세기 유럽 대륙의 전쟁과 외교에서 러시아 다음으로 중요한 사안은 프로이센의 팽창이었다. 그리고 프로이센의 희생자는 오스트리아와 스웨덴 그리고 폴란드였다. 18세기 유럽에서 벌어진 연이은 세력 투쟁에서 최종적으로 승리한 나라는 최강 국가들인 영국과 러시아 그리고 프로이센이었다. 이들 국가보다 강하지 않았던 나라들인 프랑스, 스페인, 오스트리아와 심지어 오스만까지도 살아남았다. 하지만 가장 약한 국가인 폴란드는 스페인 외교관이 말한 대로, "그 많은 네덜란드의 치즈와 같이 잘려져 분할되고" 말았다.

---

[4] 북방 전쟁(1700-1721년)은 러시아와 스웨덴이 발트해의 주도권을 장악하기 위해 벌인 전쟁이다. 다양한 전장에서 다양한 세력들이 전쟁에 참여했다. 스웨덴의 패배로 끝난 전쟁의 결과, 러시아가 발트해의 지배자가 되며 유럽 열강의 하나로 등장하게 된다.

폴란드-리투아니아 연방공화국 체제는 일종의 정치적 골동품이었다. 18세기 폴란드의 군주제는 선거제였다. 왕위가 빌 때마다 귀족 의회는 후계자를 선출하였는데, 항상 최고액의 뇌물을 제공하는 이가 선출되고 심지어 외국인이 왕위에 오르는 경우도 잦았다. 국왕은 선출되기 이전에 이미 귀족 사회에 왕의 대권을 이양하는데 동의하였으므로 무기력할 수밖에 없었다. 당시 폴란드 귀족들은 황금의 자유5)라는 유명한 제도를 몹시 아꼈다. 이런 것 중 가장 유명한 것이 리베룸 베토라 불리는 거부 자유권 또는 만장일치제였다. 어떤 의원이든지 '나는 반대한다'라고 소리 지름으로써, 또 동료 의원이 쫓아 나와서 생각을 고치도록 붙잡기 전에 재빨리 건물을 빠져나옴으로써 의회 진행을 중지시킬 수 있었다. 때문에 당시 폴란드 의회는 서구적 의미로서의 의회가 아니라 하나의 집회에 지나지 않았으며 각자가 모두 권력자로 자처하였다. 그러므로 모든 결정에는 만장일치가 절대적으로 요구됐다. 이처럼 헙수룩하게 조직된 폴란드-리투아니아 연방공화국의 체제는 제대로 된 정규군도 외교단도 가지고 있지 않았다. 영국의 젠트리 계급이나 프로이센의 융커 계급과 달리 세력 있는 폴란

---

5) 폴란드-리투아니아 연방공화국의 귀족 계층이 누리던 자유와 권리 그리고 특혜를 가리키는 용어이다. 당시 유럽 그 어디에서도 찾아볼 수 없던 이런 권리는 야기에우워 왕조(1386-1572년)가 끝나고 국왕을 선거로 뽑던 1573년부터 시작하며, 이후 선출되는 왕들은 모두 이 조항을 준수한다고 서약해야만 권좌에 오를 수 있었다. 이 같은 자유를 위반하는 경우 귀족들은 왕에 저항하여 반란을 일으킬 수 있는 권리를 가졌다. 황금의 자유 권리와 특권들로 다음과 같은 것들을 들 수 있다. 법원의 재판 없이 귀족을 체포할 수 없는 불체포 특권, 법원의 재판 없이 귀족의 재산권을 침해할 수 없는 불가침권, 의회의 승인 없이 신법을 제정할 수 없는 제한권, 의회에서의 거부 자유권(만장일치제), 국왕 선출권, 세금 감면권, 종교의 자유, 모든 귀족은 동등하다는 평등권.

드 귀족들은 국가나 왕에 봉사한다는 생각이 전혀 없었다. 즉 자기 계급에 대한 것을 제외하면 그 어떠한 충성 의식도 없던 것이다.

1795년 폴란드가 유럽 지도에서 사라졌다. 한때 100만km^2에 달하는 영토를 자랑하던 국가가 사라진 것이다. 당시 러시아를 제외하면 폴란드의 국토가 유럽 대륙에서 가장 컸다. 폴란드인들이 말하는 대로 바다(발트해)에서 바다(흑해)까지 이르는, 제국이라 불러도 좋을 만큼 광대한 영토를 자랑하던 폴란드가 사라진 것이다. 1525년 프로이센 충성 맹세가 있은 지 270년 만이고, 1611년 러시아 차르의 충성 서약으로부터 182년 되던 해이며, 1683년 빈 전투가 끝난 지 112년 만이다. 1683년 오스만제국에 포위되어 함락 직전에 있던, 오스트리아 빈은 기독교 연합군에 의해 구출됐다. 이 유럽 연합군의 지휘관이 바로 폴란드 왕인 얀 3세 소비에스키이다. 이때 목숨을 건진 합스부르크 가문이 폴란드 삼국 분할의 주역으로 참여한 것이다. 그래서 1853년 러시아 차르인 니콜라이 1세가 다음과 같이 말했는지도 모른다. "위기에 빠진 합스부르크 가문을 구해준, 바보 같은 두 명의 폴란드 왕이 있었으니, 그중 하나는 소비에스키이고 다른 하나가 바로 나이다."6)

다음 그림은 얀 마테이코가 빈 전투 200주년을 맞아 그린, 또 다른 걸작인 〈빈의 얀 소비에스키〉로 현재 로마 바티칸 박물관이 소장 중이다. 바로

---

6) 니콜라이 1세는 재임 기간(1825-1855년) 폴란드 왕을 겸했다. 1849년 헝가리에서 혁명이 일어나자 오스트리아가 러시아에 무력 지원을 요청했다. 니콜라이 1세는 기꺼이 군대를 보내, 혁명을 진압하고 합스부르크 왕가를 위기에서 구출해주었다. 하지만 이후 벌어진 크림 전쟁에서 오스트리아는 러시아에 맞서 반대편 진영으로 참전했다.

이 세 나라 - 프로이센, 러시아, 오스트리아가 폴란드를 분할시킨 주역들이다.

〈그림-4〉 얀 마테이코의 작품, '빈의 얀 소비에스키'[7)]

출처: https://upload.wikimedia.org/wikipedia/commons/0/05/King_John_III_Sobieski_Sobieski_sending_Message_of_Victory_to_the_Pope%2C_after_the_Battle_of_Vienna_111.PNG

이때부터 1918년 제1차 세계대전이 끝나고 독립을 되찾을 때까지 시기를, 폴란드 역사에서 삼국 분할 시대라 부르고 있다. 삼국 분할은 프로이센, 러시아, 오스트리아가 세 차례에 걸쳐 폴란드를 분할한 뒤 합병한 것을 말한다. 그리고 그 시작은 1772년 1차 분할로 거슬러 올라간다.

---

7) 마테이코는 자비를 들여 이 그림을 제작한 뒤, 로마 교황 레오 13세에게 바쳤다. 빈 전투 승리의 주역이 오스트리아가 아니라 폴란드 덕분이라는 사실을 널리 알리기 위해서였다. 하지만 바티칸 박물관에서 이 그림 앞에 머무는 것은, 폴란드 단체 관광객뿐이다. 방문객 대부분은 이 그림을 지나쳐 라파엘 그림과 시스티나 성당을 보러 가기에 바쁘다.

〈그림-5〉 Picture of Europe for July 1772

출처: https://upload.wikimedia.org/wikipedia/commons/4/4a/Picture_of_Europe_for_July_ 1772.PNG

위 그림은 영국의 무명 작가가 그린 1772년 폴란드 1차 분할을 상징하는 풍자화로 예카테리나 2세와 프리드리히 2세 그리고 요제프 2세가 폴란드 지도를 놓고 자신들이 원하는 지역을 가리키고 있다. 이들 뒤에서 스페인의 카를로스 3세와 프랑스의 루이 15세가 무기력하게 바라만 보고 있다. 다시 이들 뒤에서 영국의 조지 3세는 아무런 관심도 없다는 듯이 왕좌에서 잠에 빠져있다. 세 명의 침략자 반대편에 폴란드 마지막 왕인 스타니스와프 아우구스트 포니아토프스키가 부러진 왕관을 쓰고 손을 뒤로 묶인 채로 앉아있다. 그 뒤로 터번을 쓴 수염 난 남자가 이런 폴란드 왕을 슬프게 바라보고 있다. 아마도 오스만제국의 무스타파 3세 술탄이거나 아니면 대재상인 무신자데 메흐메드 파샤였을 것이다. 탁자 위로 '세력 균형(The Ballance of Power)'이라고 쓰인 저울이 걸려 있다. 더 가벼운 오른쪽 접시에 '그레이트 브리튼(Great Britain)'이 놓여있는데, 이는 당시 영국이 유럽 정세에 별다른 관심이 없다는 것을 잘 보여주고 있다.

〈그림-6〉 The Troelfth Cake

출처: https://upload.wikimedia.org/wikipedia/commons/f/f0/Allegory_of_the_1st_partition_of_Poland.jpg

앞의 그림은 프랑스 장-미셸 모로의 1773년 작품으로 폴란드 1차 분할을 풍자한 우화이다. 폴란드를 분할한 러시아의 황후 예카테리나 2세, 오스트리아의 황제 요제프 2세, 프로이센의 왕 프리드리히 2세가 폴란드 지도를 찢고 있다. 특히나 프리드리히 2세는 많은 영토를 얻었음에도, 폴란드에 남겨진 그단스크(단치히)를 검으로 가리키고 있다. 폴란드 왕 스타니스와프 아우구스트 포니아토프스키는 머리에서 떨어지려는 왕관을 붙잡기 위해 전전긍긍하고 있을 뿐이다. 그런 포니아토프스키를 한때 정부(情夫)로 두었던 예카테리나 2세가 애처롭게 바라보고 있다. 그리스-로마 신화에 등장하는 소문의 화신인 파마가 참가자들 위를 맴돌고 있다. 폴란드 패망이라는 충격적인 소식을 세상에 알리는 나팔을 불고 있다. 이 판화는 이미 제작 연도인 1773년부터 엄청난 인기를 얻었다. 여러 국가에서 배포가 금지됐으며, 심지어 프랑스에서는 법원이 징발 명령을 내렸다. 그럼에도 불구하고 이 그림은 영국과 독일을 포함한 전 유럽 국가에서 복사되고 모사됐다.

 1772년 8월 5일, 러시아 수도인 상트페테르부르크에서 러시아, 오스트리아, 프로이센이 폴란드 분할 조약에 서명했다. 폴란드와 국경을 맞대는 세 강대국인 러시아와 프로이센 그리고 오스트리아는 오래 전부터 폴란드 영토를 정복해 자신들의 국경을 확장한다는 계획을 꿈꿔왔다. 세 나라의 통치자들은 이제 상황이 자신들에게 유리하다고 판단했다. 왜냐하면 독일 작센 가문 출신의 두 명의 왕이 통치하던 시대(1697-1763년)에 폴란드가 피폐해지며 쇠락으로 치달았기 때문이다. 이런 폴란드가 이제 바르동맹이라는 내란과 코사크 반란으로 인해 몰락 직전으로 내몰렸다. 당시 분할 삼국의 지배자는 다음과 같다. 러시아 로마노프 가문을 대표하는 차르이자 여제인 예카테리나 2세, 오스트리아 합스부르크 가문의 요제프 2세(그 뒤에는 모친이자 또 다른 여제인 마리아 테레지아가 공동 군주로 지배 중이었다), 프로이센 호엔촐레른 가문의 프리드리히 2세. 한데 흥미로운 점은 이들 모두가 독일인이라는 점이다. 요제프 2세와 프리드리히 2세는 모두 게르만 민족이니 당연히 독일인인데… 예카테리나 2세도 독일인이라고? 맞다. 1729년 프로이센 왕국의 슈테틴(현재 폴란드 제2의 항구도시인 슈체친)에서 조피가 태어났다. 지방 귀족 출신의 어린 조피는 14살 때 상트페테르부르크로 가서 황태자비가 된다. 이때 러시아 정교로 개종하며 받은 이름이 예카테리나이다. 그리고 자신의 남편이자 러시아 7대 차르인 무능한 표트르 3세를 폐위시키고 여제로 등극한다. 예카테리나 2세는 표트르 대제가 시작한 대업을 계승 발전시켜, 러시아를 유럽 강대국 반열에 올려놓은 위대한 지배자이자 걸출한 여걸이었다. 하지만 폴란드로서는 치명적으로 위험한 인물이었다.

1차 분할은 폴란드 민족에게 커다란 충격을 안겨줬다. 무너져가는 조국을 구하기 위해서는 강력한 정부와 튼튼한 군대 그리고 개혁된 법률과 무엇보다 교육이 필요하다는 것을, 마침내 폴란드인들이 깨달았다. 그래서 1773년 의회가 민족교육위원회를 창설하고 폴란드 내 모든 학교에 대한 전권을 위임했다. 이 민족교육위원회는 현재 교육부에 해당하는 것으로, 유럽에서 최초로 만들어졌다. 제1차 삼국 분할 후 10여 년 동안 폴란드에서 민족 부흥 운동이 활발히 펼쳐졌다. 국력을 키우고 민족 발전을 보장하는 새로운 법률을 제정하라는 요구가 폴란드 전역에서 세차게 일어났다. 1788년 바르샤바에서 4년간 개회되며, 4년 의회 또는 위대한 의회라 불리는 의회가 소집됐다. 4년 의회는 무너져가는 나라를 재건시키기 위한 개혁 법안을 대거 통과시켰다. 4년 의회가 만든 가장 중요한 법안이 1791년 5월 3일에 제정한 헌법이다. 이 5·3 헌법은 전 세계에서 두 번째로 제정된 성문 헌법이다. 헌법을 제정하면서 폴란드 민족은 이제 조국이 패망 위기에서 벗어나 다시 발전하리라 믿어 의심치 않았다. 그러나 예카테리나 여제를 맹목적으로 따르던 폴란드 내 러시아 추종자들은 이런 개혁 움직임에 불만스러워했다. 1792년 이런 매국노들이 타르고비차에 모여 5·3 헌법 폐지를 목적으로 하는 반란을 일으켰다. 타르고비차 동맹이 예카테리나 여제에게 요청한 원조를 빌미로 러시아 군대가 폴란드로 진격해 들어왔다. 이렇게 해서 폴란드와 러시아 간에 전쟁이 발발했다. 우리의 을사오적에 해당하는 타르고비차의 매국노들 대다수는 곧이어 일어나는 독립 봉기 때 공개 처형으로 생을 마감하고 만다. 하지만 안타깝게도 포니아토프스키 왕이 전쟁에서 승리를 확신하지 못하고 망설였다. 결국 왕은 타르고비차 동맹에 굴복해 매국노 편에 서고 말았다. 이런 상황에서 전쟁을 계속하는 것은 불가능했다. 1793년 종전과 함께 러시아와 프로이센이 제2차 삼국 분할을 단행했다. 러시아는 폴란드 동쪽에서 대규모 영토를, 프로이센은 서쪽에서 비엘코폴스카 지역을 차지했다. 나폴레옹이 이끄는 프랑스 군대와 전쟁을 치르느라 여력이 없던 오스트리아가 이번 분할에는 참여하지 않았다.

  2차 분할 이후 폴란드인들은 오직 무장 투쟁만이 조국을 구할 수 있다고 믿었다. 미국 독립전쟁과 이전 폴란드-러시아 전쟁에서 명성을 날린 타데우쉬 코시치우쉬코 장군이 봉기 지도자로 선출됐다. 1794년 3월 24일 코시치우쉬코 장군이 크라쿠프 중앙광장에서 조국을 강점한 침략자 군대에 맞서 승리를 거둘 때까지 싸우겠다고 선서했다. 1525년 프로이센이 충성을 맹세한 자리로부터 불과 몇 걸음 떨어지지 않은 곳이었다. 그런 후 코시치우쉬코 장군이 군대를 이끌고 수도인 바르샤바로 진군했다. 이와 동시에 독립 봉기를 진압하기 위해 지원하러 온 프로이센 군대와 함께, 러시아 군대가 수도 바르샤바를 포위했다. 바르샤바를 둘러싸고 일진일퇴를 거듭하나, 결국에 가서 폴란드 군대가 패배하고 말았다. 러시아군 총사령관이 바르샤바로 진격하라는 공격 명령을 내렸다. 이 와중에 러시아 군대가 바르샤바 시민을 대량 학살했다. 마침내 힘이 다한 바르샤바가 항복하고, 코시치우쉬코 봉기는 막을 내리고 말았다. 1975년 러시아와 오스트리아 그리고 프로이센이 세 번째로 폴란드를 분할했다. 바르샤바를 프로이센이, 크라쿠프를 오스트리아가, 빌뉴스를 러시아가 차지했다. 이 와중에 프로이센 군대가 크라쿠프에 있는 바벨 왕궁으로부터 왕관과 홀 그리고 보주 등과 같은 왕보를 훔쳐 갔다. 이후 폴란드 왕위의 표장인 보물들은 영원히 그 자취를 감추고 만다.

  삼국 분할 결과 폴란드가 유럽 지도에서 사라졌다. 한때 그 크기로만 쳐도 러시아 다음으로 엄청난 영토를 보유하며, 유럽 정치 무대에서 그 누구도 함부로 무시 못 할 위상을 자랑하던 국가가 불과 23년 만에 지도에서 사라져버린 것이다. 1772년 분할 이전부터 러시아, 프로이센, 오스트리아 삼국은 유럽 대륙의 전략적 위치에 놓인 폴란드를 탐욕스럽게 바라보고 있었다. 하지만 폴란드는 이런 위기 상황을 감지하지 못한 채 무사안일로 일관했다. 나태에 빠진 폴란드 귀족들은 자신들이 먼저 위협을 가하지 않는 한, 그 누구로부터도 공격 대상이 되지 않으리라 확신하고 있었다. 대다수 폴란드 귀족들은 쇠약해진 폴란드가 오히려 이웃 강대국들로부터 보호받게 해준다고 믿었다. 당시 이런 상태를 잘 보여주는 것으로 '폴란드는 무정부 상태로 서 있다'라는 말이 있다. 폴란드가 그 누구에게도 위협이 되지 않는데, 왜 이웃 국가들이 우리를 공격하겠는가 - 라고, 폴란드 귀족들은 너무나도 어처구니없는 망상에 빠져 있던 것이다. 18세기에 들어와 가까이로는 러시아, 프로이센, 오스트리아 그리고 이보다 조금 멀리 떨어진 프랑스, 영국이라는 5대 강국 사이에서 벌어진 유럽의 정치 게임 속에서 폴란드가 사라지고 말았다. 5대 강국 사이에서의 '신성한' 세력 균형이 유지되기 위해서 폴란드와 같은 나라는 흥정꺼리 내지는 먹잇감이 될 수밖에 없었다. 폴란드 역사는 단적으로 증명하고 있다. 강대국 사이에서 벌어지는 세력권 내에 놓인 국가가 평화 정책만으로 나라를 지켜낼 수는 없다는 점을, 무장이 안 된 나라를 평화 정책으로 지킬 수 있다고 믿는 것이 얼마나 위험한 발상인지를, 외세 침략으로부터 자신의 나라를 자력으로 지켜낼 수 있을 때만이 진정한 독립을 유지할 수 있다는 사실을, 폴란드 삼국 분할은 잘 보여주고 있다. 이런 점은 스위스의 경우도 마찬가지이다.

중세 시대 합스부르크와 싸우기만 하면 연전연승 승리를 거두고 나치 히틀러조차 침공할 엄두를 내지 못했던 것은, 그만큼 스위스가 막강한 군사력을 보유하고 있었기 때문이다. 스위스가 지금까지 영구 중립을 지킬 수 있던 것은, 역사가 증명하고 있듯이 눈부신 군사 승리 덕분이었다. 하물며 알프스산맥과 같은 천혜의 방벽마저 없는, 그리하여 기마대를 앞세운 군대가 진군하기에 최적인 광활한 평원의 나라인 폴란드와 같은 경우에는 더더욱 그러해야만 했다. 외국이 간섭할 수 없는 완전한 자주와 독립은 스스로 싸워서 지키는 자만이 누릴 수 있는 향기로운 열매라는 교훈을, 폴란드 삼국 분할은 우리에게 전하고 있다. 18세기 폴란드 삼국 분할은 4대 강국의 놀이터가 되어버린 21세기 한반도에 던져주는 화두이자 타산지석일 것이다.

  유학 시절 18세기 폴란드 패망 시대에 관한 부분을, 사전을 뒤져가며 어렵게 해석하며 읽다 보면, 우리의 19세기 조선 말기가 떠올랐다. 폴란드 패망사가 어찌 그리 우리와 비슷한지. 그래서 단재 신채호가 〈파란말년전사〉를 저술했는지도 모른다. 폴란드 비운의 마지막 왕인 포니아토프스키는 어찌 그리 우리의 고종과 운명이 비슷한지, 나라를 팔아먹은 매국노는 폴란드나 우리나 마찬가지로 다섯 명이고, 독립지사들은 여기나 거기나 왜 그리 셀 수도 없을 정도로 부지기수였는지...... 놀라운 점은 가장 암울한 삼국 분할 시기에 가장 위대한 영웅과 위인들을 대거 배출한 민족이 바로 폴란드라는 점이다. 바로 여기에 진정한 폴란드의 저력이 숨어있다. 폴란드의 진면목은 위기에 그 빛을 발한다. 이제 국가 패망에 맞서는 폴란드인들의 반격을 살펴볼 차례이다. 하지만 미리 말해두건대 폴란드인들의 이런 저항은 모두 실패로 돌아가고, 단지 가혹한 처벌과 탄압만을 불러올 뿐이었다. 하지만 폴란드인들은 이에 굴하지 않고 끝없이 저항했다. 처절하게 외로운 싸움을 벌인 폴란드인들의 저항은 경이롭게 느껴질 정도로 장엄하고 숭고했다.

나라를 잃은 폴란드인들은 프랑스 그리고 나폴레옹에서 희망을 찾았다. 나폴레옹은 전 유럽 원정에 나섰고, 오스트리아와 프로이센 그리고 러시아는 프랑스의 적이 됐다. 따라서 적의 적은 나의 편이라는 국제 정치의 유명한 원칙에 따라, 이제 프랑스가 폴란드의 맹방이 됐다. 나폴레옹이 폴란드의 구원자가 될 것을 믿어 의심치 않은 폴란드인들이 대거 프랑스 군대에 입대했다. 동브로프스키 장군을 지휘관으로 하는 폴란드 군단이 프랑스 군대 내에 창설됐다. 당시 이탈리아 북부에 주둔 중인 폴란드 군단에서 탄생한 국가가 바로 현재 폴란드 국가이다. 오스트리아 그리고 프로이센 전쟁에서 승리한 뒤, 나폴레옹이 열렬한 환호 속에 바르샤바에 입성했다. 그리고 프로이센이 2차와 3차 분할에서 떼어간 영토로, 1807년 나폴레옹이 바르샤바 공국을 만들어줬다. 하지만 여기에도 폴란드의 비극이 숨어있다. 폴란드는 나폴레옹을 진심으로 사랑하고 믿었지만, 안타깝게도 이는 일방적 사랑이었다. 프랑스는 폴란드를 진정한 파트너가 아닌, '군수품 조달 창고'나 '총알받이'로 생각할 뿐이었다. 전투에 앞장선 폴란드인들을 만족시키기 위해 만들어준 나라 이름조차 '폴란드 왕국'이 아닌 '바르샤바 공국'이라는 점이 이를 단적으로 증명하고 있다. 비록 바르샤바 공국이 프랑스의 꼭두각시에 불과했으나, 패망한 조국이 잃어버린 영토를 모두 되찾아 독립한다는 희망이 폴란드인들 사이에서 피어났다. 하지만 나폴레옹의 몰락과 함께 폴란드의 운명은 또다시 분할 삼국의 손에 놓이게 됐다.

나폴레옹 전쟁 이후 유럽 재편을 논의한, 1815년 빈 회의 결정에 따라 폴란드 왕국이 탄생했다. 바르샤바 공국을 근간으로 만들어진 폴란드 왕국은 러시아 차르를 왕으로 모시는 속국이었다. 알렉산드르 1세 차르가 바르샤바에 총독으로 파견한 콘스탄틴 대공은 폴란드인들 사이에서 무자비함으로 악명을 떨쳤다. 그래서 혈기에 찬 청년들을 중심으로 비밀리에 독립 단체가 조직되고 반란이 모의되기 시작했다. 1830년 11월 29일 밤 바르샤바에서 러시아 식민 통치에 반대하는 대규모 민족 봉기가 일어났다. 바르샤바 시민들이 거리로 쏟아져 나오며 젊은 장교들이 주도하는 봉기에 동참하기 시작했다. 초반 여러 차례 전투에서 폴란드 독립군이 승리를 거두었으나, 러시아 정규 군대에 맞설 수는 없었다. 1831년 10월 러시아 대군에 진압된 후 수많은 폴란드인이 프랑스 등 유럽 각지로 망명길에 나섰다. 당시 패전한 독립군들과 함께 많은 정치가와 학자 그리고 시인들이 조국을 떠나야 했다. '폴란드의 꽃들'이라 불리던 이들은 망명지에서 명성을 떨치며, 폴란드의 정신을 이어갔다. 특히나 프랑스 파리에서 '폴란드의 꽃들'이 화려하게 피워낸 망명 문화 - 그중 최고는 바로 '피아노의 시인'이라 불리던 쇼팽이다. 하지만 폴란드인들에게 더 중요한 인물은 낭만주의 시대를 연, 시인이자 극작가인 아담 미츠키에비츠이다. 독실한 가톨릭 신도인 폴란드 집마다 성경 옆에 반드시 한 권씩 있다는 〈판 타데 우쉬〉 작품의 저자이자, 웬만한 폴란드 도시의 구시가지 광장에 서 있는 동상의 주인공이 바로 미츠키에비츠이다. 그렇다. 칼보다는 펜을, 무(武) 보다는 문(文)을 더 사랑하는 폴란드 민족, 폴란드인들의 혈관에는 문학 이라는 피가 흐른다는 말이 있을 만큼, 문학을 사랑하는 민족이 바로 폴란 드인들이다. 바로 여기에 폴란드의 비극이 숨어있는지도 모르겠다. 19세 기 폴란드 귀족의 꿈은, "나는 조국을 사랑했노라"라는 한 편의 시를 쓰고, 독한 보드카를 한잔 들이킨 뒤, 단기필마로 적진을 향해 돌진하여 장렬하 게 전사하는 것이었다. 그리고 이제 우리는 이 같은 폴란드인들의 계속되 는 무모한 돌진을 살펴볼 것이다.

1846년 오스트리아 점령 지역인 크라쿠프에서 또다시 봉기가 일어났 다. 하지만 이 봉기 또한 실패로 돌아가고, 폴란드 애국자들이 감옥에 갇히 게 됐다. 11월 봉기 이후 러시아 점령 지역에 살던 폴란드인들의 상황은 최 악으로 치달았다. 독립운동가들이 투옥되고 유배됐으며, 폴란드에 파견 된 러시아 군대와 관리들의 점령 정책은 가혹해져만 갔다. 폴란드 청년들 을 대상으로 하는 식민 당국의 징집령에 반발하여, 1863년 1월 폴란드 왕 국에서 봉기가 일어났다. 이번 1월 봉기는 지난 11월 봉기처럼 정규전이 아니라 게릴라 전술이 구사됐다. 봉기군은 러시아 군대를 상대로 무려 천 번에 달하는 전투를 벌이며 다수의 승리를 거뒀다. 그러나 게릴라 전투로 나라를 해방시킬 수는 없었다. 봉기군의 숫자가 3만 명 이상을 넘은 적이 한 번도 없었던 반면, 폴란드 왕국 내에 거주하던 러시아 군대는 열 배가 넘는 40만 명에 달했다. 1864년 여름 바르샤바 치타델라 요새 언덕에서 봉기 지도부 5인이 교수대의 이슬로 사라지며 11월 봉기가 막을 내렸다. 봉기가 진압된 후 또다시 가혹한 탄압과 박해가 시작됐다. 전투에서 목숨을 잃은 2만여 명에 달하는 만큼의 폴란드인이 시베리아로 유배됐다. 봉기 진압 후 수천 명의 독립지사가 사형되며 강력한 러시아 동화 정책이 강행됐다. 폴란드라는 단어조차 떠올리지 않도록, 폴란드 왕국이라는 이름이 사라지고 그 자리에 '비스와 강변 나라'라는 명칭이 도입됐다. 러시아 장군이 바르샤바 총독으로 부임하며 철권통치를 휘둘렀다. 행정기관이나 사법기구에서 폴란드어가 사라지고 폴란드어를 모르는 러시아 관리들이 대거 파견됐다. 학교에서는 러시아어로만 가르치고 폴란드어로 말하는 학생들은 벌을 받았다. 폴란드 젊은이들이 군대로 징집돼 러시아 깊숙한 곳으로 떠나야만 했다. 기존의 폴란드 대학교도 모두 러시아 대학교로 바뀌었다. 모든 폴란드 서적과 출판물은 인쇄되기 전에 엄격한 검열을 거쳐 독립을 떠올리는 그 어떤 사소한 문구도 허락되지 않았다. 프로이센 점령 지역에서도 폴란드인을 대상으로 하는 게르만 동화 정책이 추진됐다. 독일어가 행정기관의 공식어로 정해지고 학교에서도 독일어로 교육이 진행됐다. 당국은 심지어 기도할 때도 독일어로 하라고 폴란드 아이들에게 강요했다. 독일 정부는 폴란드인으로부터 땅을 사들인 뒤 본국에서 이주시킨 독일인들에게 나눠줬다. 폴란드인들은 이런 민족 말살 정책에 맞서 끈질기게 싸워 나갔다. 집집마다 부모들이 몰래 자식들에게 폴란드어로 읽고 쓰는 법을 가르치며, 국가와 민족의 미래에 대한 희망을 심어줬다. 그래서 폴란드인들이 자신들의 언어인 폴란드어를 그토록 사랑하는 것이다.

　수차례에 걸친 폴란드인들의 무장 저항은 가혹한 탄압만 불러올 뿐이었다. 마지막 독립 시도인 1월 봉기가 있은 지 어언 반세기가 흘러 드디어 희망의 불꽃이 살아나기 시작했다. 폴란드 분할에 일치단결하던 독일, 오스트리아, 러시아 사이에 균열의 조짐이 보였다. 그 시작은 '유럽의 화약고'라 불리는 발칸 반도에서 일어났다. 1914년 제1차 세계대전이 발발한 것이다.

〈그림-7〉 고려대 응원가에 등장하는 코시치우쉬코[8]

---

[8] 〈입실렌티 체이홉 카시코시 코시코 칼마시 케시케시 고려대학〉 고연전 등 각종 행사에서 고려대생이 외치는 구호이다. 이중 '카시코시 코시코'가 바로 코시치우쉬코를 가리킨다.

'항상 여기에 자유의 불을 밝히던' 인물

타데우시 코시치우슈코
Tadeusz Kosciuszko

1746년 리투아니아에서 태어난 타데우시 코시치우슈코(Tadeusz Kosciuszko, 코시치우슈코)는 1777년부터 1784년까지 미국 독립전쟁에서 요새 건축 전문가로 활약했다. 전공을 인정받아 웨스트포인트(west point, 미국 육군사관학교)에서 요새를 짓는 책임자로 임명되기도 했다. 김용덕(한국외대 폴란드어과) 교수는 "미국 의회가 코시치우슈코를 장군으로 임명한 뒤 막대한 상금을 수여했다"며 "하지만 그는 오히려 흑인 노예를 해방시키고 교육하는데 쓰며 전 재산을 미국 자유주의자 토마스 제퍼슨(Thomas Jefferson)에게 남겼다"고 설명했다. 제퍼슨은 그런 코시치우슈코를 보며 '내가 만난 사람들 중에서 가장 진솔한 자유의 아들'이자 '소수의 부자들만이 아닌 만인을 위한 자유의 아들'이라고 평가했다.

미국 독립전쟁에서 이름을 떨친 코시치우슈코는 1784년 폴란드로 돌아가 5년 후 폴란드군의 지도자로 선출됐다. 그가 이끄는 군대는 러시아 지배에 대항해 라츠와비체 전투에서 승리했고, 얼마 뒤 강제 노역에 시달리던 농민들을 해방한다는 성명서를 발표했다. 이러한 소식이 전해지면서 봉기는 폴란드 전역으로 확산됐다. 하지만 이후의 전투에서 연이어 패배하면서 코시치우슈코의 봉기는 막을 내렸다.

러시아, 독일, 오스트리아가 폴란드를 삼국 분할했던 암흑기에, 코시치우슈코가 폴란드는 물론이고 미국의 독립전쟁에 앞장섰다는 사실에 주목할 필요가 있다. 김용덕 교수는 "미국 독립전쟁 때 코시치우슈코는 '우리들의 자유, 당신들의 자유'라는 유명한 말을 남겼다"며 "자국민뿐 아니라 세계인 모두가 자유를 누리도록 몸 바쳐 싸운 것은 학생들에게도 큰 귀감이 됐을 것"이라고 말했다.

결국 코시치우슈코가 보여준 불굴의 자유를 위한 투쟁 정신은 보성전문 학생들의 민족 해방과 자유를 위한 투쟁으로 이어졌다.

출처: 고대신문 1875호(2019년 5월 7일).

3. 드디어 독립이다. 폴란드 제2공화국 시대(1918년-1939년)

1914년 6월 28일 세르비아의 민족주의자 청년이 사라예보를 방문 중인 오스트리아 황태자 부부를 암살했다. 그로부터 한 달 뒤인 7월 28일, 오스트리아가 세르비아에 전쟁을 선포했다. 유럽 전체를 전쟁터로 만든 제1차 세계대전이 터진 것이다. 제1차 세계대전이 폴란드인들에게 중요한 점은 점령국 세 나라가 서로 싸운다는 점이다. 제1차 세계대전이 일어나기 전, 이미 유럽 여러 국가는 서로 편을 갈라 대립하고 있었다. 독일은 오스트리아와 이탈리아를 끌어들여 삼국 동맹을 체결했다. 독일의 세력 확장을 우려하던 영국과 프랑스는 러시아와 삼국 협상을 체결하며 삼국 동맹에 맞섰다. 점령국 세 나라 군대에 징집된 폴란드인들은 같은 민족임에도 불구하고 서로 싸워야만 했다. 러시아와 독일-오스트리아 동맹군 사이에 형성된 전선은 폴란드 영토에 걸쳐 널리 퍼져있었다. 초기에는 러시아가 우세를 보였다. 그러나 얼마 후 독일-오스트리아 연합군이 러시아 군대를 격퇴하며 폴란드 왕국 지역을 점령했다.

 전쟁 발발 후 오스트리아 정부가 자국군 산하에 폴란드 군단을 창설했다. 이미 전쟁 전부터 오스트리아 점령지인 갈리츠야 지역에서 활약하고 있던 폴란드 지하 무장 단체 조직원들이 속속 입대하기 시작했다. 후에 가서 폴란드 독립의 영웅이 되는 유젭 피우수드스키를 지휘관으로 하는 부대의 규모가 커졌다. 폴란드 군단 병사들은 용감하게 싸울수록 조국 독립이 앞당겨진다고 믿었다. 하지만 독일-오스트리아가 러시아령 폴란드 지역을 장악한 후에도 조국 부활을 위한 아무런 조치도 취하지 않자 더 이상 충성 맹세를 거부했다. 그러자 오스트리아가 폴란드 군단을 해체하고 피우수드스키를 독일로 압송해 감옥에 가뒀다. 한편 미국이 폴란드 독립 문제에 관심을 보이기 시작했다. 1917년 초 미국의 윌슨 대통령이 연두교서를 발표하며, 하나로 통일된 폴란드가 독립해야 한다고 발표했다. 이와 동시에 러시아에서 사회주의 혁명이 일어났다. 1917년 2월 러시아 혁명 정부가 폴란드 독립을 인정한다고 발표했다. 11월 혁명을 일으킨 볼셰비키 정권은 폴란드 분할 조약을 무효화한다고 선포했다. 이와 동시에 러시아가 전쟁에서 빠지게 되고 미국이 대신 참전했다. 마침내 1918년 10월 오스트리아 제국이 붕괴했다. 독일어로 말하는 사람들로만 구성되는 오스트리아 공화국이 선포됐다. 그러자 오스트리아 제국에 종속돼있던 민족들이 독립 국가를 수립하기 시작했다. 폴란드 점령지에서도 오스트리아로부터 정권을 넘겨받았다. 같은 해 11월 독일에서도 혁명이 일어나며 공화국이 선포됐다. 독일로 잡혀간 피우수드스키가 바르샤바로 금의환향했다. 고국에 도착한 피우수드스키는 열렬한 지지 속에 총통으로 선출됐다. 11월 11일 바르샤바 거리에서 폴란드 무장 단체가 독일 점령군을 무장 해제시켰다. 마침내 123년 만에 폴란드가 독립을 되찾은 것이다. 바로 이런 연유로 폴란드에서는 매년 11월 11일이 독립기념일로 성대한 행사가 치러지고 있다.

  폴란드가 독립을 성취했지만, 당시까지만 해도 아직 국경선은 확정되지 않았다. 그래서 새로운 국경선을 어떻게 결정할 것인가를 둘러싸고, 폴란드는 이웃하는 모든 나라들과 싸워야만 했다. 우크라이나인들에 의해 포위된 르비우를 방어하던 남동쪽 지역에서 국경선을 둘러싼 초기 전투가 벌어졌다. 석 달에 걸친 방어 끝에 폴란드 증원 부대가 르비우에 도착했다. 마침내 르비우가 해방되고 우크라이나 군대는 패배했다. 이 당시 우크라이나인들이 느낀 좌절감은 나중에 가서 보윈 지역에 살던 폴란드인들의 대학살로 이어진다. 폴란드 남쪽에서 체코와 슬로바키아 민족이 합치면서 신생 국가인 체코슬로바키아가 탄생했다. 체코가 실롱스크에 있는 치에쉰 지역에 대한 소유권을 내세웠다. 하지만 당시 이 지역의 주민 대다수는 폴란드인이었다. 폴란드 군대가 르비우를 둘러싼 전투에 매달려있을 때, 체코 군대가 실롱스크 치에쉰에 입성했다. 실롱스크 치에쉰을 체코와 분할하는 것이 억울했으나, 당시 별다른 도리가 없던 폴란드는 이를 받아들일 수밖에 없었다. 그래서 이로부터 20년이 흐른 후 히틀러가 체코슬로바키아를 점령할 때 폴란드가 군대를 보내 치에쉰을 무력으로 다시 장악한다. 이 사실로 폴란드는 한때나마 히틀러의 협력국으로 비난받게 된다. 치에쉰 지역을 둘러싸고 지금도 폴란드와 체코 간에는 감정이 좋지 않다. 독일은 삼국 분할 당시 획득한 폴란드 영토를 포기할 마음이 전혀 없었다. 하지만 비엘코폴스카 지역의 폴란드인들이 무장봉기를 일으켰다. 결국 독일 군대가 비엘코폴스카로부터 격퇴됐다. 전투를 치르며 얻은 경험을 바탕으로 봉기군은 정규군으로 바뀌어 갔다. 비엘코폴스카 봉기군이 해방시킨 지역은 이제 부활한 폴란드 영토의 일부가 됐다. 1919년 프랑스 베르사유 궁전에서 독일과 맺은 평화 조약은 비엘코폴스카 지역뿐만 아니라 포모제 상당 부분을 폴란드 영토로 확정했다. 이리하여 폴란드는 발트해로 나아가는 출구를 얻게 됐다. 그단스크는 독일 영토도 폴란드 영토도 아닌 자유 도시로 선포됐다.

　폴란드 동쪽 지역에서는 폴란드가 우크라이나를 상대로 승리를 거두었음에도, 불구하고 아직 국경선이 확정되지 않고 있었다. 이제 소비에트 러시아라 불리는 볼셰비키 지배 하의 러시아가 폴란드와 이웃한 우크라이나와 벨라루스 영토를 점진적으로 장악해나갔다. 반면 폴란드 군대도 계속 동쪽으로 진군해나갔고, 결국 적군 즉 소비에트러시아 군대와 만나게 됐다. 전쟁 초기에 폴란드 군대는 적군을 동쪽 너머로 내몰았다. 피우수드스키 장군은 우크라이나와 벨라루스를 독립시켜 폴란드와 러시아 사이의 완충 지대로 삼고자 했다. 이러한 목적으로 폴란드 군대가 대대적인 공세를 펼치며, 1920년 5월 우크라이나 수도인 키이우에 입성하는 데 성공했다. 그러나 러시아 군대가 북쪽 전선을 돌파하고 남부 전선으로 기마대를 보내며, 폴란드 후방에 역공을 가하는 데 성공했다. 폴란드 군대는 우크라이나와 벨라루스로부터 신속히 후퇴해야만 했다. 이제 바르샤바가 적군의 공격으로부터 위협받게 됐다. 조국이 위기에 처하자 또다시 폴란드인들이 대거 군에 입대했다. 같은 해 8월 폴란드 사령부가 바르샤바를 방어하는 데 성공하고, 동시에 남쪽에서도 새로 창설된 군대가 적군의 후미를 쳤다. 이 결과 적군이 후퇴하기 시작했다. 1920년에 치른 이 바르샤바 전투는 이후 '비스와강의 기적'이라 불리게 된다. 폴란드가 소련을 상대로 승리를 거둔 것이다. 폴란드를 정복한 뒤 계속 진군하여 유럽 전체를 공산주의 혁명으로 물들이려던 레닌의 원대한 계획은 물거품이 됐다. 한편 남서부 전선에서 정치 장교로 참전한 스탈린도 패배의 치욕을 느꼈다. 그로부터 불과 20년 뒤에 스탈린은 자신에게 굴욕감을 안긴 폴란드 장교들 2만2천여 명을 카틴 숲에서 학살한다. 1921년 3월 라트비아의 리가에서 폴란드와 소비에트러시아 간에 휴전 협정이 맺어졌다. 협정 결과 빌뉴스가 폴란드 국경밖에 놓이게 됐다. 리투아니아인들의 영원한 수도인 빌뉴스에는 다수의 폴란드인이 살고 있었다. 이를 핑계로 폴란드는 군대를 보내 무력으로 빌뉴스를 장악했다. 결국 빌뉴스는 폴란드 영토가 되고, 리투아니아는 제2차 세계대전이 끝나고 수도를 되찾을 때까지 조기를 달며 이 사실을 인정하지 않았다. 현재까지도 이 사건으로 리투아니아가 폴란드에 품고 있는 앙금은 가시지 않고 있다.

　석탄 광산과 대단위 산업 시설인 제철소와 공장이 있는 상부 실롱스크라 불리는 지역을 둘러싼 중대 사안이 미해결로 남았다. 이 지역의 부와 재산은 독일인이 소유하고 있었으나, 대다수 실롱스크 주민은 폴란드인이었다. 폴란드계 실롱스크 주민들도 비엘코폴스카처럼 신생 폴란드의 국민이 되길 원했다. 그래서 독일에 맞서 무장봉기를 일으키나 군대에 의해 진압됐다. 이 당시 상부 실롱스크 지역에 주민투표 즉 이 지역이 누구에게 속할지를 결정하는 선거가 도입되기로 결정됐다. 그러자 실롱스크 폴란드인들이 두 번째 봉기를 일으켰다. 두 번째 봉기는 첫 번째보다 더 규모가 크고 기간도 길었다. 두 번째 봉기 이후 실시된 주민투표 결과로 거의 모든 상부 실롱스크 지역이 독일에 넘어가게 됐다. 그래서 이전 두 봉기보다 훨씬 강력한 세 번째 봉기가 일어났다. 이번 봉기는 폴란드와 독일 간 정규전이라 불러도 될 정도로 커다란 것이었다. 이 봉기 후 상부 실롱스크 대부분 지역은 결국 폴란드 영토가 됐다. 123년 만에 독립을 되찾은 폴란드는 사면팔방으로 전쟁을 치르며 영토를 확정했다. 이런 연유로 폴란드가 인접국들과 맺은 반목과 갈등은 현재까지도 이어지고 있다. 게다가 이토록 어렵게 얻은 폴란드 국경선은 불과 20년간만 지속됐을 뿐이다.

　독립을 되찾은 폴란드는 영토와 인구 면으로 유럽에서 여섯 번째 커다란 나라가 됐다. 폴란드인이 인구의 2/3 이상을 차지하고, 나머지 1/3은 소수 민족으로 구성됐다. 400만 명의 우크라이나인이 폴란드 남동쪽 지역에, 100만 명의 벨라루스인이 북동쪽에 살았다. 수공업과 교역에 종사하던 300만 명의 유대인은 주로 도시에 거주했다. 당시 유럽에서 가장 많은 유대인이 살던 나라가 바로 폴란드였다. 그래서 유대인들이 폴란드를 '유대인의 파라다이스'라고 부른 것이다. 하지만 이들 모두는 곧이어 벌어질 또 다른 전쟁의 소용돌이에서 희생양이 되고 만다. 유대인 홀로코스트의 현장이 바로 저 유명한 아우슈비츠 강제수용소이다. 이외에도 독일인과 리투아니아인과 같은 소수 민족이 폴란드 내에 살았다. 폴란드 지역 대부분은 전쟁으로 황폐해졌다. 1차 대전의 소용돌이 속에서 대략 200만 명의 폴란드인이 목숨을 잃었다. 이중 군인은 60만 명이었다. 나라는 빈곤 상태에 빠지고 생필품이 턱없이 부족했다. 독립한 폴란드 경제는 심각한 지역 불균형이라는 문제도 가졌다. 이것은 과거 백여 년 동안의 식민 지배와 점령 통치로 인한 결과였다. 독일 점령지이던 상부 실롱스크 지역이 가장 공업화된 반면 러시아 식민지인 폴란드 왕국과 오스트리아가 통치하던 갈리츠야 지방은 농업이 우세했다. 세 점령국에 의해 분할된 폴란드가 다시 하나로 통합되는 데에는 많은 어려움이 뒤따랐다. 왜냐하면 분할된 세 지역이 각기 다른 점령국 체제하에서 백 년이 넘은 시절을 보냈기 때문이다. 분할된 세 지역에서 서로 다른 법률이 적용되고 각기 다른 화폐를 사용했다. 분할된 세 지역을 하나로 통합시키는 데에는 많은 시간과 노력이 필요했다. 막강한 경제력을 자랑하던 독일이 폴란드의 발전을 방해하고자 상당 기간에 걸쳐 무역 거래를 제한했다. 그리고 바로 이것이 폴란드 경제 성장을 둔화시킨 주원인으로 작용했다. 1930년대 들어와 전례 없는 대공황이 전 세계를 강타했다. 폴란드도 이 대공황으로 심각한 타격을 받았다. 대공황이 진정된 후에야 비로소 폴란드 경제가 되살아나기 시작했다.

건국 영웅인 피우수드스키 장군이 정권을 잡으면서 폴란드는 옛 영토와 명예를 되찾고 이웃하는 양대 강국인 독일과 소련의 위협에서 벗어나고자 노력했다. 당시 폴란드의 외교 안보는 베르사유 평화 조약, 국제연맹, 프랑스-폴란드 동맹의 세 축으로 구성됐다. 하지만 1933년 히틀러가 정권을 장악한 후, 세계 정복 야욕을 공공연히 드러내면서 상황이 급변해져 갔다. 폴란드는 이웃하는 독일과 소련 중 한 나라와 지나치게 밀착할 경우, 다른 나라로부터 받게 될지 모르는 보복이나 공격을 두려워했다. 18세기 국가 분할과 패망의 악몽이 다시금 되살아난 것이다. 그래서 폴란드는 1932년 스탈린 통치하의 소련, 그리고 1934년 히틀러 통치하의 독일과 각각 불가침조약을 체결했다. 바로 이것이 독일과 소련 사이 세력 균형을 시도하며, 폴란드가 펼치던 등거리 외교의 핵심이었다.

제2차 세계대전 발발 직전 자국의 군사력과 동맹 관계를 과신하던, 폴란드 외무장관 유제프 벡은 "치욕스러운 평화보다 폴란드 민족의 자존심은 훨씬 고귀하다"고 당당히 외쳤다. 그리고 폴란드 국민은 이런 외무장관에 열화와 같은 박수갈채를 보냈다. 하지만 폴란드가 방심하고 있는 사이 히틀러와 스탈린은 독-소 불가침조약을 체결하며 비밀리에 폴란드 침공에 동의했다. 또다시 폴란드를 양국 사이에서 분할한 뒤 소멸시키는 것에 합의한 것이다. 마침내 1939년 9월 1일 180만 명의 독일군이 폴란드를 침공하며 제2차 세계대전이 막을 올렸다. 그로부터 16일 뒤에는 소련이 그 어떤 선전 포고도 없이 등 뒤로부터 폴란드를 침공했다. 폴란드가 꿈꾸고 확신하던 균형 정책은 채 7년을 넘기지 못하고 참담하게 막을 내리고 말았다. 이후 폴란드는 동서로 분단되어 각각 독일과 소련에 의해 분할 점령되며 아우슈비츠로 대변되는 처참한 대학살과 함께 민족 말살이라는 고난을 감내해야만 했다.

노무현 참여 정부 초기 시절 동북아 균형자론을 해명하기 위해, 미국을 방문한 한국 정부 관계자에게 미국 관리들이 뼈있는 충고를 한 적이 있다. 당시 워싱턴을 방문한 이 관계자에 따르면 미 국무부의 한 고위 관리는 "20세기 초반 폴란드가 지역 세력으로 과도하게 자신의 힘을 설정하려다 실패한 사례가 있다. 이런 역사적 경험이 한국의 균형자 역할에 도움이 됐으면 한다"고 지적했다고 전한다. 유럽의 중심은 어디일까? 정치·경제적인 면에서는 영국, 프랑스, 독일 등이 먼저 떠오르지만, 지정학적인 면에서는 폴란드이다. 폴란드는 동쪽으로 러시아, 리투아니아, 벨라루스, 우크라이나와 남쪽으로 체코, 슬로바키아 그리고 서쪽으로 독일 등 7개국으로 둘러싸인 지정학적 요충지이다. 그래서 독일과 러시아 사이에 놓인 폴란드는 동유럽의 관문이자 서유럽의 보루라는 지정학적 운명 때문에, 수많은 전쟁과 분단 그리고 민족 말살 등과 같은 엄청난 역사적 질곡을 경험했다. 동북아 균형자론이 제기되면서 느닷없이 과거의 폴란드를 한국과 비교한 데에는 다 그만한 이유가 있는 것이다. 한때 유럽의 강자이던 폴란드는 18세기에 들어와 내우외환 끝에 국력이 쇠약해져 결국 주변 3대 강국인 프로이센, 오스트리아, 러시아에 의해 세 번에 걸쳐 영토가 분할되는 비운의 주인공이 된다.

폴란드는 마지막 3차 분할이 행해진 1795년부터 장장 123년간에 걸쳐 나라 없는 설움을 겪은 뒤, 1차 대전이 끝나는 1918년 마침내 독립을 되찾았다. 하지만 폴란드 역사가 시작할 때부터 끊임없이 국가 존립을 위협하던 독일에 히틀러가 등장하면서 나치는 또다시 폴란드를 세계 정복 야심의 희생물로 삼으려 시도했다. 반면 소련의 스탈린 또한 공산주의 혁명을 전파하는 대상으로서 이웃하는 폴란드를 정복하길 원했다. 지정학적으로 독일과 러시아라는 양 강대국 사이에 끼어 늘 고심하던 폴란드는 또다시 민족과 국가의 존속에 심각한 위기감을 느낀다. 이런 상황에서 폴란드 정치 지도층이 선택한 정책이 바로 균형 정책, 즉 독일과 소련 사이에서의 등거리 외교 노선이었다. 하지만 전쟁 발발을 불과 7년 앞두고 시도된 폴란드의 균형 정책은 주지하다시피 1939년 독일이 폴란드 서부 국경을 침범하면서 일으킨 제2차 세계대전 발발과 함께 참담한 실패로 끝났다. 그리고 히틀러와 스탈린은 폴란드를 서로 간에 나누어 갖게 된다. 20세기 초 폴란드가 경험한 비운의 역사는 강대국에 둘러싸인 한 나라의 국방력과 외교력 그리고 동맹 관계가 얼마나 중요한지를 다시 한 번 돌아보게 만든다. 세계사에는 독일처럼 한때 패전국이었지만 국력을 신장하고 주변국의 신뢰를 얻어 재통일하는 경우도 있지만, 폴란드처럼 국력이 뒷받침되지 않은 상황에서 주변 정세를 주도하려다가 동맹국들로부터 배신당하고 고립되는 비극적 결말도 존재한다.

100여 년에 걸친 전쟁과 분단 그리고 사회주의 종속을 모두 극복하고 진정한 자주 독립국으로 위상을 갖춘 현재의 폴란드가 주변 유럽 국가들을 뒤로하고 대서양을 넘어 대미 외교에 명운을 걸고 있는 것은 왜일까? 여러 면에서 한국 역사와 비슷한 폴란드가 우리에게 시사하는 바는 적지 않다.

4. 또다시 전쟁이다. 제2차 세계대전(1939년-1945년)

제1차 세계대전 이후 독일에서 민족사회주의라 불리는 정치 운동, 즉 나치즘이 등장했다. 독일 민족은 세계에서 가장 우월한 민족이며 다른 민족을 지배하기 위해 태어났다고 나치 지도자가 외쳤다. 아돌프 히틀러가 바로 이 나치즘의 지도자이다. 패전 후 절망과 불만에 쌓여 있던 독일 민족 사이로 히틀러의 구호는 쉽사리 파고 들어갔다. 1933년 마침내 히틀러가 독일 수상이 됐다. 정권을 장악하자마자 히틀러는 신속하게 군대를 재건하고 나치즘과 다른 견해를 가진 사람들을 박해하기 시작했다. 한편 1924년 레닌이 사망한 후 스탈린이 소련 지도자가 됐다. 스탈린은 소련을 강대국으로 만드는 데 성공하나, 이것은 모두 러시아 민족의 고통과 희생으로 이룬 것이었다. 스탈린의 명령으로 수많은 사람이 집단 투옥되고 박해받으며 강제 노역에 동원됐다. 스탈린은 소련 전역에 걸쳐 절대 권력을 휘둘렀다. 실제이든 상상에 의한 것이든 가리지 않고 스탈린은 자신의 반대 세력을 무자비하게 제거하라는 명령을 내렸다.

나치 독일의 세력은 점점 더 강해지고, 이로 인해 이웃 나라들이 느끼는 위협도 커져만 갔다. 1938년 3월 독일 군대가 오스트리아를 장악한 뒤 독일에 병합시켰다. 같은 해 10월에는 독일 소수 민족이 거주하고 있던 체코슬로바키아 국경 지역을 독일 군대가 점령해버렸다. 이때 폴란드는 20년 전 체코가 강점한 실롱스크 치에쉰을 무력으로 점령했다. 이것 때문에 폴란드가 나치 독일과 함께 체코슬로바키아를 공격했다고 비난받게 된다. 1939년 3월 독일군이 체코슬로바키아 수도인 프라하에 입성했다. 체코는 독일에 합쳐지고, 슬로바키아는 히틀러에 복종하는 위성국이 됐다. 그런 다음 히틀러는 그단스크의 합병과 포모쉐 지역을 관통해 독일 본토와 동프로이센을 연결하는 도로 건설에 동의할 것을 폴란드에 요구했다. 그러나 폴란드는 이 요구를 단호히 거부했다. 폴란드 국민과 정부는 히틀러의 요구에 굴복하지 않기로 굳게 결의했다. 독일 군대와 맞서 싸운다면 프랑스와 영국이 도와줄 것이라고 폴란드인들은 믿어 의심치 않았다. 1939년 8월 독일과 소련이 리벤트로프-몰로토프 조약이라 불리는 상호불가침조약을 맺으면서 별도로 비밀조약을 작성했다. 폴란드 영토를 서로 나눠 갖기로 양국이 이 비밀조약에서 합의했다. 히틀러의 야욕을 뒤늦게 깨달은 영국과 프랑스가 당시까지의 유화 정책을 버리고 강경 노선으로 돌아서며 폴란드와 상호 군사조약을 체결했다.

 1939년 9월 1일 새벽 마침내 독일군이 서, 남, 북 삼면으로부터 동시에 폴란드를 공격했다. 드디어 제2차 세계대전이 터진 것이다. 몇 배나 더 많은 대포와 탱크 그리고 전투기를 가진 독일군이 월등한 우세를 보였다. 폴란드 군인들은 끝까지 용감하게 싸웠지만, 독일군의 우세를 감당해낼 수는 없었다. 전쟁이 발발한 지 며칠 지나지 않아 독일군이 폴란드 방어망을 무너뜨렸다. 폴란드군은 전투를 치르며 후퇴를 거듭했다. 독일 군대가 바르샤바를 포위하고 공격하기 시작했다. 9월 내내 그리고 10월 초까지 폴란드 부대가 독일군에 맞서 싸우지만, 전세는 이미 폴란드에 절망적이었다. 9월 17일 동쪽으로부터 아무런 선전 포고도 없이 소련의 붉은 군대가 폴란드로 쳐들어왔다. 배후에서 공격받게 된 폴란드 군대는 붉은 군대와 전투를 치를 여력이 없었다. 폴란드 정부가 루마니아 국경을 넘어 망명길에 나섰다. 9월 27일까지 수도 바르샤바가 외로이 저항했다.

사전에 맺은 조약에도 불구하고 서구 연합군은 폴란드를 도와주러 오지 않았다. 1939년 9월에 폴란드군이 입은 손실은 막대했다. 대략 65만 명이 전사하고 13만 명이 부상했다. 이외에도 40만 명이 독일군 포로로, 20만 명이 소련군 포로로 잡혔다. 하지만 9만 명의 폴란드 군인들이 연합국으로 탈출하는 데 성공해, 또다시 위기에 빠진 조국을 되찾기 위한 전쟁에 참전하게 된다. 독일과 소련이 점령한 폴란드 영토를 분할했다. 독일은 비엘코폴스카, 포모줴, 실롱스크 등 지역을 곧바로 본국에 합병해버렸다. 나머지 지역은 크라쿠프를 수도로 하는 총독부령으로 만든 뒤 가혹한 점령 통치가 행해졌다. 나치 독일은 폴란드에 집단수용소를 건립하고 수백만 명의 사람들을 강제로 끌고 와 가뒀다. 이런 집단수용소 중에서 가장 규모가 큰 것이 바로 아우슈비츠다. 붉은 군대가 침공한 지역은 서우크라이나와 서벨라루스로 이름이 바뀐 뒤 소련에 합병됐다. 소련이 빌뉴스와 주변 지역을 리투아니아에 넘겨주고, 마침내 리투아니아는 자신들의 영원한 수도인 빌뉴스를 되찾았다. 백만 명 이상의 폴란드인이 소련 깊숙한 곳으로 강제 압송됐다. 끌려간 사람 중 극소수만이 전쟁이 끝난 후 고국으로 돌아올 수 있었다.

  브와디스와프 시코르스키 장군을 지도자로 하는 폴란드 망명 정부가 프랑스에서 탄생했다. 오래지 않아 헝가리와 루마니아를 거쳐 탈출에 성공한 폴란드 군인들로 구성된 군대가 프랑스에서 창설됐다. 1940년 5월 독일이 프랑스를 공격했다. 프랑스가 패전하면서 폴란드 군대는 해협을 통해 영국으로 건너갔다. 또다시 영국에서 폴란드 망명 정부가 수립됐다. 시코르스키 장군이 처음부터 다시 폴란드 군대를 창설했다. 독일은 영국도 침공할 계획을 세웠다. 이러한 목적으로 독일 공군이 몇 달 동안 쉬지 않고 영국 도시에 폭격을 가했다. 폴란드 조종사들의 눈부신 활약과 함께 영국 공군이 독일의 공격을 막아냈다. 마침내 영국은 구조됐다. 폴란드 해군 또한 영국에서 창설됐다. 전 대양을 누비며 용감하게 싸우던 폴란드 해군은 연이은 승전으로 명성을 얻었다.

  1941년 6월 독일이 불가침조약을 깨고 소련을 공격하기 시작했다. 지금까지 폴란드의 적이던 소련이 이제 동맹국이 된 것이다. 시코르스키 장군이 모스크바로 날아가 스탈린과 협정을 맺었다. 소련 정부에 의해 투옥되거나 강제 이주된 폴란드인으로 구성되는 군대를 소련 영토 내에 창설하기로 합의했다. 브와디스와프 안데르스 장군이 이 부대의 지휘관으로 임명됐다. 그런 후 얼마 지나지 않아 독일군이 진군하며 모스크바 근처까지 이르렀다. 이 당시 소련 내에는 이미 폴란드 부대가 만들어졌다. 소련 당국은 폴란드 부대가 개별적으로 전선에 투입되도록 요구했다. 하지만 안데르스 장군은 신설된 폴란드 군대가 개별적이 아닌, 전체 단위로 전투에 참전하도록 애썼다. 안데르스 장군은 전쟁이 끝나면 장차 소련의 적이 될지도 모를 폴란드 군대를 스탈린이 몰살시키려 한다는 것을 잘 알고 있었기 때문이다. 그래서 안데르스 장군은 80만 명에 이르는 폴란드 군인과 식솔을 이끌고 대장정 끝에 소련에서 이란으로 빠져나왔다. 그 후 안데르스 군대는 아프리카와 이탈리아에서 독일과 치열한 전투를 치른다.

폴란드 내에서는 독일의 탄압이 계속됐다. 생활 여건은 점점 더 악화하고 빈곤과 기아가 도처에 만연했다. 독일 점령 당국은 잔혹한 행위를 일삼으며, 집단 처형도 종종 자행했다. 폴란드 전역에서 유대인을 게토에 가두고 체계적으로 제거해나가기 시작했다. 비록 나치 독일에 점령되긴 하나 폴란드인은 이미 전쟁 초기부터 침략자에 맞서 싸웠다. 대부분 청년으로 구성된 수천 명 단위의 비밀 지하 조직이 속속 생겨났다. 폴란드 지하 군대가 탄생한 것이다. 이런 비밀 지하 조직 중에서 영국에 있는 폴란드 망명 정부의 명령을 받는 국내군의 규모가 가장 컸다. 1943년 봄 독일 점령군은 바르샤바 게토 지역에 남아있던 유대인들을 몰살하려고 작정했다. 하지만 유대인들이 무기를 들고 일어나서 독일군에 맞서 최후까지 싸웠다. 이것이 2차 대전 와중에 유대인이 유일하게 집단으로 저항한 바르샤바 게토 봉기이다. 이 싸움에 많은 폴란드인이 합세했다.

1942년에서 1943년으로 넘어가는 시기에 붉은 군대가 스탈린그라드 전투에서 독일군을 상대로 대승을 거뒀다. 이제 전세가 소련 쪽으로 유리하게 기울기 시작했다. 런던에 있는 폴란드 망명 정부는 머지않아 붉은 군대가 폴란드로 진군해올 것이며, 전후 소련이 전전 폴란드 동쪽 국경선을 인정해주리라 믿었다. 그러나 소련은 이런 폴란드의 믿음에 동의하지 않았다. 동부 국경선을 둘러싸고 소련과 폴란드 관계가 악화하기 시작했다.

그러던 와중 1943년 봄, 독일이 놀라운 소식을 발표했다. 소련이 사살한 1만5천 명의 폴란드 장교들을 카틴 숲에서 발견했다는 것이다. 전후 동유럽 전체를 공산화할 계획이던 스탈린이 장차 소련의 적이 될 폴란드 장교들을 대량 학살한 사실이 만천하에 드러난 것이다. 폴란드 망명 정부가 크렘린에 해명을 요구했다. 그러자 소련 당국이 카틴 학살은 독일군 짓이라고 발뺌하며, 폴란드와 외교 관계를 단절한다고 발표했다. 그로부터 얼마 지나지 않아 폴란드 망명 정부의 수반인 시코르스키 장군이 원인을 알 수 없는 비행기 추락 사고로 목숨을 잃었다. 1992년 러시아의 옐친 대통령이 모스크바를 방문한 폴란드의 바웬사 대통령에게 스탈린이 서명한 사살 승인 문서를 넘겨주며, 결국 카틴 숲의 진실은 드러나게 된다.

1943년 모스크바에서 소련의 사주 하에 폴란드 애국자 동맹이 결성됐다. 이 동맹은 폴란드가 동쪽 영토를 소련에 양도할 것을 주장했다. 그리고 두 번째 폴란드 군대를 창설하는 동의를 소련 당국으로부터 받아냈다. 소련 내에는 아직도 많은 폴란드인이 남아있었기 때문이다. 그로부터 얼마 뒤에 지그문트 베를링 장군의 지휘 아래 폴란드 제1사단이 창설됐다. 이 사단은 전후 폴란드의 공산 군대의 주축이 된다. 1943년 무장한 우크라이나 민족주의자들이 폴란드 남동부 지역에 나타났다. 이들은 우크라이나 독립을 위한다며 투쟁을 선포했다. 하지만 이들의 진짜 목표는 우크라이나 지역에 살고 있던 폴란드인들을 모두 없애는 것이었다. 독일이 이들의 활동을 도우며 무기를 공급해줬다. 폴란드인들이 우크라이나 공격에 맞서 싸우지만, 수천 명이 목숨을 잃고 많은 사람이 고향을 등져야만 했다.

1944년 초반 붉은 군대가 독일군을 서쪽으로 밀어내며 폴란드 국경선을 넘었다. 이제 폴란드의 독립과 미래는 모두 소련 손에 달리게 됐다. 영국에 있던 폴란드 망명 정부도 국내 상황을 장악하려 애썼다. 그래서 망명 정부는 국내군에게 붉은 군대가 가까이 오는 즉시 소련군을 도와 독일군을 총공격하라는 명령을 내렸다. 명령받은 국내군은 소련군과 함께 르비우와 빌뉴스를 동시에 탈환했다. 하지만 독일군이 퇴각한 후 소련이 르비우와 빌뉴스 양 도시에서 국내군 부대를 무장 해제시켰다. 심지어 빌뉴스에 있던 국내군 군인들을 러시아 내 깊숙한 곳으로 압송해갔다. 1944년 여름에 들어서며 소련 군대가 폴란드 본토로 진입해 들어왔다. 소련에서 창설된 10만 명에 달하는 폴란드 군대도 붉은 군대와 함께 진군했다.

이와 동시에 소련의 사주 하에 폴란드 공산당원들이 모스크바에서 만든 민족해방위원회가 임시정부를 구성한다며 헤움에 도착했다. 이 위원회는 나중에 폴란드 공산주의 정부의 모체가 된다. 이 위원회는 친소 세력들만으로 조직됐으며, 지도급 인사들은 대부분 소련에서 교육받은 사람들이었다. 민족해방위원회는 소련과의 우호 관계와 함께 사회주의 개혁을 천명했다. 7월 22일 민족해방위원회가 폴란드 민족에게 고하는 성명서를 발표했다. 그래서 전후 공산주의 시대에는 기존의 11월 11일을 대신해, 7월 22일이 폴란드 독립 국경일로 행사가 치러지기도 했다.

붉은 군대가 진군해오는 것과 맞추어 1944년 8월 1일 런던 망명 정부의 명령으로 국내군 사령부가 독일에 대항하는 무장봉기를 바르샤바에서 일으켰다. 폴란드인들은 소련 군대의 지원으로 봉기가 성공하리라 확신했다. 그러나 상황은 예상과 달리 진행됐다. 독일군을 패퇴시키며 비스와 강까지 진군해온 소련군이 바르샤바 진입을 눈앞에 두고 갑자기 멈춰 서버렸다. 전후 폴란드를 공산화할 계획을 품고 있던 스탈린은 장차 방해 세력이 될 국내군이 독일군에 의해 궤멸하도록 명령한 것이다. 이제 고립무원에 빠진 국내군은 자체 힘만으로 봉기를 이끌어야 했다. 초기에만 해도 국내군이 바르샤바 상당수 지역을 장악하나, 곧이어 독일군이 강력한 군사력을 앞세워 역공에 나섰다. 독일군이 쉴 새 없이 바르샤바에 폭격을 가하고 전투기를 동원한 공습마저 이어졌다. 도심 곳곳에 불길이 타올랐다.

〈그림-8〉 바르샤바 봉기 이후 폐허로 변한 왕궁

출처: https://ipn.gov.pl/dokumenty/zalaczniki/1/1-305404_g.jpg

〈그림-9〉 봉기 후 폐허로 변한 바르샤바와 전후 복구된 현재 모습

출처: https://www.techpedia.pl/index.php?str=tp&no=17797

독일군이 바르샤바 시민에게 만행을 저지르며, 부상당한 반란군을 무참히 죽였다. 베를린에서 내린 명령은 포로를 잡을 필요가 없다는 것이었다. 대포와 탱크 그리고 전투기로 무장한 독일군과의 싸움에서 봉기군이 입은 손실은 엄청났다. 봉기군과 함께 수많은 바르샤바 시민이 목숨을 잃었다. 굶주림과 질병이 도시 전체로 번지고 무기와 약품은 턱없이 부족했다.

10월 2일 마침내 힘을 다한 바르샤바 봉기군 사령부가 항복하고 말았다. 포로로 잡힌 봉기군들이 독일 수용소로 끌려가고, 바르샤바 시민 전체가 수도로부터 쫓겨났다. 독일군 특수부대가 그나마 남아있던 건물을 불 지르며 다이너마이트로 폭파했다. 군사적으로 아무런 의미도 없는 바르샤바 파괴 작전을 독일이 시작한 것이다. 봉기로 이미 초토화된 바르샤바가 며칠 사이에 폐허로 변하고 말았다. 동유럽의 파리라 불리던 바르샤바가 자랑하던 왕궁과 구시가지 그리고 귀족 저택들과 박물관 등 귀한 문화재와 유물들이 흔적도 없이 사라졌다. 전후 구시가지 일부는 예전과 똑같이 복구됐으며, 그 공로를 인정받아 유네스코로부터 세계문화유산으로 인정받게 된다. 바르샤바 봉기 당시 25만 명의 시민이 사망하고 도시는 잿더미가 됐다. 1945년 1월 붉은 군대의 공세가 시작됐다. 소련군과 함께 폴란드 제1군단이 바르샤바를 향해 진군했다. 1월 17일 마침내 인적 없는 폐허의 바르샤바가 해방되고, 곧이어 나머지 폴란드 지역들도 자유를 되찾았다.

전쟁이 끝나가고 있었다. 흑해 연안의 얄타에서 3대 강대국 지도자들인 소련 독재자 스탈린과 영국 수상 처칠 그리고 미국 대통령 루스벨트가 모였다. 세 강대국 지도자들은 소위 커즌 라인이라 불리는 선을 따라 폴란드 동부 국경선을 긋고, 르비우와 빌뉴스를 포함한 동쪽 영토를 소련에 넘겨준다고 결정했다. 이 대가로 폴란드는 서쪽과 북쪽에서 독일 영토를 보상받았다. 이제 폴란드-독일 국경선은 오드라-니사강 라인(오데르-나이세 라인)을 따라 그어졌다. 1945년 4월 붉은 군대가 최후의 일격을 가하기 위해 독일로 쳐들어갔다. 붉은 군대와 함께 폴란드 군단도 독일을 향해 진군했다. 서유럽에서는 영국과 미국 연합군이 독일에 맞서 전투를 치렀다. 폴란드 군대가 영미 연합국의 일원으로 이탈리아, 프랑스, 벨기에, 네덜란드 등지에서 벌어진 전투에 참전했다. 5월 초에 들어서며 이제 베를린 시가지에서 마지막 전투가 벌어졌다. 소련군과 함께 폴란드 군대도 베를린 함락 전투에 참전했다. 상황이 절망적으로 돌아가고 있음을 직감한 히틀러가 결국 자살하고 말았다. 5월 8일 마침내 독일군 지휘부가 항복했다.

6년 전 전쟁이 시작할 당시만 해도 폴란드는 독일 군대에 맞서 홀로 외로이 싸워야만 했다. 그 후 전쟁 기간 내내 폴란드는 나치 독일과 싸우는 것을 멈추지 않았고, 이제 승전국 중의 하나가 됐다. 점령된 베를린 하늘에는 소련 깃발 외에 폴란드 국기도 휘날렸다. 동부 전선과 서부 전선에서 싸운 폴란드 군인은 모두 합해 60만 명에 이르렀고, 이것은 연합국 중에서 네 번째로 큰 규모였다. 제2차 세계대전에서 폴란드가 입은 손실은 막대했으며, 그 어떤 나라들보다 참혹한 피해를 봤다. 전쟁 기간 전체 국민의 1/6에 해당하는 6백만 명 이상의 폴란드인이 목숨을 잃었다. 특히 지식인을 포함한 사회 지도급 인사들의 희생은 너무 컸다. 이 모든 것에도 불구하고 폴란드는 다시 살아났다. 하지만 그것은 폴란드인들이 전혀 원하지도 않고 예상하지도 못하던, 소련이 주도하는 소비에트 블록 하의 공산주의 체제였다. 히틀러의 독재가 끝나자 이제 스탈린의 독재가 시작된 것이다. 폴란드 민족의 비극은 제2차 세계대전 이후에도 계속됐다. 이제 또다시 자유를 찾기 위한 폴란드인들의 끝없는 투쟁이 새로이 시작된다.

양차 대전 사이 폴란드 외교는 자국의 독립을 유지하기 위해 가능한 모든 수단을 전부 동원했다고 판단된다. 하지만 당시 폴란드의 운명은 유럽 열강의 손에 달려있었다. 이런 유럽 열강 중 독일은 끊임없이 전쟁을 추구했고, 영국과 프랑스는 이런 독일을 막으려 헛된 노력을 계속했다. 한편 소련은 결국에 가서 히틀러 편으로 기울고 말았다. 이런 상황에서 당시 폴란드 외교는 두 가지 가능성을 갖고 있었다. 첫 번째 가능성은 '폴란드 회랑'으로 불리는 독일의 영토 요구에 굴복하는 것이다. 하지만 이 경우에 폴란드는 또 다른 히틀러의 요구를 계속해서 받아들여야만 했을 것이고, 어찌 됐든 벌어질 전쟁에서 독일을 돕는 역할에 머물렀을 것이다. 이 경우 전후 협상에서 히틀러의 협조자로 취급당하며 아무런 주장도 내세우지 못했으리라는 점은 자명하다. 향후 드러나듯이 전후 소련에 동부 영토를 상실할 것은 확실한 반면 이에 대한 보상으로 그나마 서쪽에서 독일 영토를 보상받지 못했을지도 모른다. 두 번째 가능성은 폴란드 영토 내로 소련 군대의 진군을 허용하라는 모스크바의 요구에 동의하는 것이다. 하지만 이 경우에도 폴란드가 처할 운명은 비슷할 것이고 오히려 더 비참했을 것이다. 이는 발트국가들의 경우를 보더라도 공산화로 인해 즉각적인 희생은 치르더라도, 소련이 점령하게 될 폴란드 영토로부터 히틀러가 전쟁을 일으키지 않는다는 보장은 그 어디에도 없기 때문이다.

전후 서구 학계는 스탈린의 요구를 받아들이지 않은 폴란드의 완고한 고집을 전쟁 발발 원인 중의 하나로 지적하며 비난한 바 있다. 하지만 소련 군대가 일단 폴란드 국경을 넘어오는 경우, 절대 자발적으로 철수하지 않으리라는 폴란드의 판단은 적절하다고 보인다. 전후 처리 과정에서 보듯이 스탈린은 당시 폴란드를 포함한 동유럽 전체를 소비에트 블록으로 만들 계획을 이미 세워놓고 있었다. 게다가 소련에 굴복하는 치욕을 당하느니 차라리 자결을 택했을 폴란드인들의 반러시아 감정으로도 이 가능성은 선택에서 제외된다.

폴란드인들이 말하고 있듯이 독일과 소련이라는 가위의 양날에 끼인 폴란드로서는 달리 선택의 여지가 없었다. 폴란드는 불확실한 서구 열강에 의존하거나, 아니면 서구의 암묵적인 동의하에 스스로 자결하는 수밖에 없었다. 이 결정은 전쟁을 의미하나 그리 최악의 선택이라고만 할 수는 없다. 폴란드 외무장관 벡이 말한 대로 명예로운 죽음을 택한 뒤 훗날을 기약할 수밖에 없던 것이다. 당연한 원리이지만 국제 외교에는 영원한 적도 친구도 없다. 자신 외에는 그 누구도 믿을 수 없으며 믿어서도 안 될 것이다. 부국강병을 통해 인접국이 넘보지 못할 국력을 가질 때만이 비로소 국제무대에서 당당한 일원으로 제 목소리를 내며 균형 외교를 펼칠 수 있는 것이다. 이런 점에서 양차 대전 사이 존망의 위기에 처했던 폴란드 외교가 우리에게 시사하는 바는 매우 크다.

5. 자유를 위한 투쟁은 계속된다. 공산주의 시대(1945년-1989년)

얄타회담에서 연합국 간에 정해진 대로 폴란드는 전후 소련이 주도하는 공산주의 체제 하로 들어가게 됐다. 얄타에서 미국과 영국의 양보로 소련은 폴란드를 포함한 동유럽권에서 절대 권력을 휘두르게 됐다. 그 반면 전쟁 기간 내내 조국을 되찾기 위해 물불을 가리지 않고 싸운 런던의 폴란드 망명 정부는 이제 국가를 대표하는 자격마저 박탈당할 처지에 놓였다. 1945년 6월 바르샤바에서 공산주의자들이 주도하는 폴란드 정부가 수립됐다. 소련은 물론이거니와 미국과 영국마저 이 정부를 인정하며, 이제 런던 망명 정부의 존재 자체가 무의미해졌다. 제2차 세계대전과 폴란드의 경우는 역사가 빚어내는 아이러니의 대표적인 예이다. 도발하지도 않은 전쟁의 최대 희생자이던 폴란드가 종전 결과, 오히려 국토가 줄어들며 국민 대다수가 반대하던 공산주의 체제를 강요받게 된 것이다.

전후 국경선이 변경되면서 폴란드 영토가 서쪽으로 대거 이동하게 됐다. 서부 국경선이 오드라-니사 라인에 따라 새로 그어지며, 폴란드는 103,000km^{2}에 달하는 독일 영토를 얻게 됐다. 이 지역에 살던 수백만 명의 독일인은 본국으로 돌아가거나 강제 이주됐다. 반면 동부 지역에서 폴란드는 180,000km^{2}에 이르는 영토를 소련에 상실 당했다. 그리고 이 지역에 거주하던 폴란드인들은 독일로부터 얻은 서부 지역으로 집단 이주됐다. 결과적으로 폴란드 영토는 전쟁 전보다 76,000km^2 줄어들었다. 하지만 이런 영토 변경과 인구 이동에서 폴란드가 한 가지 유리한 점을 얻었다. 유대인의 격감과 독일인의 강제 이주 그리고 우크라이나와 벨라루스의 분리와 이에 따른 주민 교환의 결과, 폴란드는 이제 극소수의 소수 민족만을 갖는 단일 민족국가가 된 것이다.

〈그림-10〉 전후 폴란드 국경선 변경

출처: https://en.wikipedia.org/wiki/Curzon_Line#/media/File:Curzon_line_en.svg

전쟁이 끝났지만 돌아가는 국제 상황에 절망한 임시정부 요인 대부분은 외국에 남을 수밖에 없었다. 하지만 일부 인사들은 일말의 희망을 품고 꿈에 그리던 고국으로 귀국했다. 런던 망명 정부의 수상인 스타니스와프 미코와이칙이 그 대표적인 예이다. 하지만 미코와이칙은 공산주의 국가가 된 고국에서 위협을 느끼고 영국으로 탈출하고 만다. 다른 동유럽 국가들과 마찬가지로 폴란드도 전후 초강대국이 된 소련의 주도면밀한 계획에 따라 공산주의화된다. 하지만 스탈린조차도 곧바로 사회주의를 도입할 엄두를 내지는 못했다. 그래서 1948년까지 소위 인민민주주의라 불리는 단계적이고 점진적인 공산주의화 정책을 폈다. 1945년에 구성된 폴란드 공산 정권은 다른 동유럽 국가들과 마찬가지로 노동당, 사회당, 농민당, 민주당 그리고 망명 정부의 일부 세력을 포함한 연합 정부 형태로 출발했다. 하지만 이는 단지 형식적인 구성일 뿐이고, 실제에 있어서는 노동당 즉 소련의 사주를 받는 공산주의자들이 정권을 장악하고 있었다. 이 당시만 해도 노동당은 폴란드 국민으로부터 지지받지 못했다. 게다가 런던 망명 정부의 명령에 따르던 국내군 세력이 공산 정권에 대한 저항 투쟁을 계속하고 있었다. 하지만 시간이 흐르며 공산 체제에 반대하는 정치 세력이 하나둘씩 제거돼나갔다. 동서 냉전이 심화하면서 다른 동유럽 국가들과 마찬가지로 폴란드에도 스탈린주의 바람이 불기 시작했다. 소련 주도하에 1947년에 코민포름이 그리고 1949년에 코메콘이 창설되면서, 전후 어느 정도 자유를 누리던 폴란드의 외교와 무역 정책이 이제 완전히 소련에 종속됐다.

1948년 12월 노동당과 사회당이 폴란드통일노동당으로 합당됐다. 그 이전에 브와디스와프 고무우카를 선두로 하는 국내 공산당파가 볼레스와프 비에루트를 앞세운 소련파와의 당내 권력 싸움에서 밀려났다. 이때부터 비에루트를 우두머리로 하는 잔혹한 스탈린주의가 폴란드에서 맹위를 떨쳤다. 이듬해 2월 제헌 의회가 소집돼 비에루트가 대통령에 당선되고 정부가 구성되면서, 인민민주주의 단계가 막을 내리고 통일노동당이 전권을 휘두르게 됐다. 이제 잔인한 숙청 바람이 불기 시작하며 권력 투쟁에서 패배한 고무우카를 선두로 하는 국내파 공산주의자들이 당에서 제명되고, 심지어 공개 재판에 회부된 후 투옥되기조차 했다. 1952년 사회주의 헌법 제정과 함께 치러진 선거에서 통일노동당이 승리를 거두면서 폴란드인민공화국이 선포됐다. 마침내 폴란드에서 공산주의 체제 건설이 완료된 것이다. 이제 폴란드의 모든 사회 기관들은 당에 예속되고 당의 지시에 따르지 않으면 존재조차 할 수 없는 상황이 됐다. 체제에 불만을 가진 사람들이 모일 수 있는 유일한 곳은, 당시까지 공산 정권 영향권 밖에 있던 가톨릭 성당뿐이었다. 공산 정권은 초기부터 교회에 적대적이었으나 국민의 97% 이상이 가톨릭 신도이고, 심지어 상당수 당원마저 기독교 신자인 점 등을 고려해 직접적인 공격은 자제했다. 하지만 1948년 스탈린주의자들이 당과 정부를 장악하면서 교회에 대한 탄압이 본격화됐다. 공산 정부는 교회 재산을 몰수하고 신부들을 구속하는 등 물리적 방법을 동원했다. 1953년 공산 당국이 교회 인사권을 통제하고 정권에 대한 가톨릭 신부들의 충성 서약을 강요하는 법령이 공포됐다. 폴란드 가톨릭 수장인 스테판 비쉬인스키가 이런 조치에 반발하자, 비에루트가 비쉬인스키 추기경을 구속했다. 교회가 일대 위기에 처한 것 같았으나, 바로 이 시기 폴란드 교회는 노동자, 농민, 지식인 등 각계각층으로부터 전폭적인 지지를 받게 되며 그 어느 때보다 권위가 더욱 증대될 뿐이었다. 공산 정권의 억압적인 조치들은 오히려 국민 전체와 교회가 밀착되는 결과만을 초래할 뿐이었다. 폴란드 가톨릭은 전후 민족 단합과 자유의 수호자로서 다른 동유럽권에서는 볼 수 없던 지도력과 위세를 자랑했다.

1947년부터 실시된 경제 발전 3개년계획은 전후 파괴된 제반 시설의 복구와 사회주의 경제로의 개편 그리고 산업을 국유화하는 데 중점을 두었다. 특히 전란으로 무너진 문화재와 유적 그리고 도시를 재건하는 작업이 본격화됐다. 그중 전쟁 전 모습으로 완벽히 복원시킨 바르샤바 구시가지 재건 사업은 유명하다.

1950년부터 시작된 경제 발전 6개년계획은 후진 농업국에서 선진 공업국으로 폴란드를 전환하는 것이 목표였다. 이 과정에서 중공업 분야인 제철, 조선, 자동차, 전기, 화학 등과 같은 산업에 대한 집중적인 투자가 이뤄졌다. 한때 공업 생산고가 급증하기도 하나 소비재 생산을 희생으로 시행된 이런 중공업 우선 정책의 강행은 결국, 경제 불균형을 초래하는 결과만을 낳았다. 정부가 경제 전반을 통제하는 중앙 계획 경제는 이후 계속되는 공산 정권에게 커다란 짐이 되고 만다. 이 기간에 농업 집단화 정책도 개시되나, 농민들의 거센 저항에 부딪혀 모든 농지를 국유화하려던 계획은 부분적 성공에 그치고 만다.

1953년 3월 스탈린이 사망했다는 소식이 전해지며 스탈린주의 일색이던 폴란드 당 지도부가 엄청난 충격을 받았다. 그로부터 3년 뒤인 1956년 2월 열린 소련공산당 제20차 전당대회에서 흐루쇼프는 스탈린 독재 체제를 비판하고 앞으로 대내 정책은 물론 대외 정책에도 일대 전환이 있으리라 시사했다. 무엇보다 흐루쇼프는 동유럽 각국이 '통일 속의 제한된 다양성'으로, 소련 방식과는 다른 독자 노선을 취할 수 있다고 발표했다. 흐루쇼프의 이 같은 탈 스탈린주의 선언이 알려지면서 폴란드 국민이 당과 정부에 강력한 개혁을 요구하기 시작했다. 당시 폴란드 국민의 가장 커다란 불만이던 생활수준의 저하와 중앙 계획 경제에 대한 비난의 목소리가 이제 표면 위로 급부상하기 시작한 것이다. 그러던 와중 소련공산당 전당대회에 참석 중이던 폴란드 공산당 제1서기장인 비에루트가 3월 12일 모스크바에서 급작스레 사망했다. '폴란드의 스탈린'으로 불리던 비에루트의 죽음으로 개혁과 자유에 대한 폴란드인들의 기대는 더욱 커져만 갔다.

비에루트의 후임으로 에드바르드 오합이 당 제1 서기장으로 선출됐다. 오합은 시대의 변화를 거스를 수 없음을 깨달았다. 그래서 민족적 공산주의자라는 이유로 박해받던 고무우카를 비롯해, 10만 명에 달하는 정치범을 석방하는 등 대대적인 사면 조치를 단행했다. 하지만 근본적 개혁을 수반하지 못한 오합의 단편적인 유화 조치만으로 폴란드 국민의 불만을 잠재우기에는 너무 부족했다. 극심한 생필품 부족에 허덕이던 노동자들의 불만은 더욱 커져만 갔다. 1956년 6월 28일 포즈난에서 노동자들이 처우 개선을 요구하며 파업과 함께 시위를 벌이기 시작했다. 수십 명으로 시작한 시위는 시민들이 참여하며 어느덧 10만 명으로 불어났다. '빵과 자유를'이란 구호가 쓰인 현수막을 앞세우며 시위대가 거리를 행진했다. 초기의 평화적인 시위는 경찰이 발포하면서 유혈 사태로 번져갔다. 동료가 쓰러지는 것을 보고 격분한 시위대가 당 건물과 경찰서를 점령하고 무기를 탈취하기 시작했다. 군대가 투입되면서 이틀 만에 시위는 진압됐지만, 70명 이상이 목숨을 잃었다. 그 외에도 수백 명이 부상하고 7백 명에 달하는 사람이 체포됐다. 이 같은 대규모 저항은 공산정부 수립 이후 최초로 일어난 것이다.

한편 소련의 거듭된 경고에도 불구하고 10월에 열린 제8차 폴란드통일노동당 중앙위원회 전체회의에서 강경파를 누르고 중도 온건파가 득세하며 자유화 정책이 채택됐다. 이 결의 이후 폴란드 전역은 걷잡을 수 없는 자유화 물결에 휩싸였다. 폴란드에 주둔하는 소련 군대가 수도를 향해 이동 중이라는 소문이 나도는 가운데, 10월 19일 예고도 없이 흐루쇼프의 인솔 하에 소련 고위 실력자들이 대거 바르샤바에 도착했다. 다음날 흐루쇼프는 공산주의 기본 노선을 벗어나지 않는 범위 내에서 폴란드 공산당이 자국 실정에 맞는 사회주의를 채택하는 데 동의했다. 이와 동시에 폴란드 측이 요구한 고무우카의 석방 요구도 받아들였다. 당시 헝가리 부다페스트에서 진행 중이던 반공산주의 유혈 혁명을 염두에 둔 소련과 폴란드 양측이 모두 한발씩 물러나 타협한 것이다. 공산 체제 수립 이후 최초로 국내 사안에서 소련 반대를 극복하고 자신들의 요구를 관철시켰다는 사실에 폴란드 국민은 열광했다.

1956년 10월 21일 폴란드 국민의 열화와 같은 지지 속에 브와디스와프 고무우카가 최고 실력자로 등장했다. 고무우카가 집권한 후 처음 몇 주는 정치 해빙기를 맞아 매우 활기찼다. 이러한 분위기 속에 폴란드 국민은 더 많은 자유와 생활수준의 향상을 요구했다. 그러나 폴란드가 정치, 경제, 군사적으로 소련과 밀접하게 연결된 동구 사회주의 진영의 일원이란 점

때문에, 이런 요구들이 실현되기란 사실상 불가능했다. 결국 시간이 흐르면서 사회주의로 가는 폴란드만의 독자적 노선이라 불리던 고무우카 정권도 급속도로 경직돼갔다. 초기의 개방적인 자유주의 분위기가 사라지고 1960년대 들어오며 폴란드는 또다시 억압적인 침체의 수렁으로 빠져갔다. 처음에만 해도 폴란드 국민은 자신들이 지지한 고무우카가 파탄에 이른 경제를 부흥시키고 절망 상태에 빠진 생활수준을 개선하리라 믿어 의심치 않았다. 하지만 지난날의 활기차고 개혁적이던 고무우카도 어느덧 무사안일을 추구하는 행정 관료로 변하고 말았다.

억압적인 고무우카 체제에 가장 먼저 저항한 것은 지식인 계층이었다. 1968년 3월 아담 미츠키에비츠의 연극이 반소 내용을 담고 있다는 이유로 당국에 의해 공연이 금지되자, 바르샤바대학교 학생들이 항의 시위를 벌였다. 이 시위를 구실삼아 공산 당국은 정권에 비판적이던 지식인과 학생 그리고 유대계 시민 수천 명을 투옥하거나 징집 또는 국외로 추방하는 등과 같은 조치를 강행했다.

이 사건은 1968년 3월 사태라 불린다. 이 당시 체코슬로바키아에서 벌어진 프라하의 봄을 소련이 무력으로 진압하면서 폴란드 사태가 진정되는데 결정적 영향을 미쳤다. 하지만 이미 돌이킬 수 없던 고무우카 정권이 붕괴하는 것은 이제 시간문제일 뿐이었다. 3월 사태 당시 공산 정부가 펼친 반유대주의 운동으로 폴란드가 국제무대에서 심각한 이미지 손상을 입었다. 게다가 학자나 문화계 인사들을 포함한 유대인들을 대거 해외로 강제 망명시키면서 이런 이미지는 더욱 나빠졌다. 1968년부터 1972년까지 대략 1만5천 명 이상의 유대인들이 강제 출국한 것으로 조사되고 있다. 당시 유대인들이 출국하기 위해서는 폴란드 국적을 포기하는 각서를 제출해야만 했다. 그런 경우에 한해 공산 당국은 여권이 아닌 출국허가서를 발급해줬다. '본 허가증을 보유한 자는 폴란드인이 아니다'라고 기재된 이 허가서는 오직 출국만을 허락할 뿐으로, 이제 더 이상 폴란드로의 입국은 불가능했다. 이 모든 것들로 인해 폴란드가 반유대주의 국가로 낙인찍히는 지경까지 이르렀다.

1968년 3월 사태가 가져온 긍정적인 결과가 하나 있다. 당시 시위 주동자들은 공산주의 체제를 바꿀 수 없다는 점을 잘 알고 있었다. 하지만 이런 와중에 상당수 젊은 지식인들의 의식에 대대적인 변화가 찾아왔다. 그리고 그 결과는 십여 년이 지나 결실을 거두게 된다. 3월 사태에서 적극적인 활동을 펼친 젊은 세대가 자라서, 장차 1980년에 탄생하는 자유노조의 주춧돌이 된 것이다.

1970년 12월 12일 공산 당국이 생필품 가격을 대폭 인상한다고 발표하자, 발트해 연안 도시에서 노동자들이 파업과 함께 시위를 벌이기 시작했다. 그단스크 레닌 조선소에서 시작된 시위는 인근 도시로 퍼져나가며 점점 더 격렬해져 갔다. 노동 조건 개선과 최저 생활 보장을 요구하는 노동자들에게 맞서 고무우카가 경찰과 군대를 동원하며 무력으로 대응했다. 22일까지 진행된 시위 와중에 최소 44명이 사망하고 천여 명이 부상했으며 3천여 명이 체포됐다. 이외에 경찰과 군인 측에서도 10여 명이 목숨을 잃고 수십 명이 부상했다. 비등하는 여론과 당 내부로부터의 비난과 압력에 굴복해, 12월 20일 고무우카가 권좌에서 물러났다. 이 사태는 1970년 12월 사태라 불린다.

카토비체 지역 노동당 사무총장으로 경제 발전에 탁월한 능력을 발휘하며 유명해진, 에드바르드 기에렉이 고무우카의 후임으로 당 제1 서기장으로 선출됐다. 새로운 경제 발전과 사회 민주주의 회복이라는 실용주의 기치 아래 출범한 기에렉 정부와 함께, 폴란드는 새로운 시대를 맞이하게 된다. 기에렉 정권은 당의 지도적 역할 그리고 소련과의 우호 관계 유지 등과 같은 사회주의 체제 근간에 대해서는 그 어떤 비판도 허용하지 않으나, 국민 일반생활에 대해서는 실용적이고 유연한 태도를 보여줬다. 무엇보다 서구에서 유입한 대대적인 차관 덕분에 기에렉이 집권한 초기 몇 년간 경제가 부흥하며 폴란드가 전례 없는 풍요를 누렸다. 하지만 이런 호황은 자력으로 일궈낸 경제 개혁에 의한 것이 아니고, 전적으로 외국 자본의 유입으로 이뤄진 것이기 때문에 곧 그 한계에 부딪히고 만다. 1973년 전 세계를 강타한 오일쇼크는 폴란드 경제에도 치명적 영향을 미쳤다. 경제 사정이 악화하고 국민 불만이 커가면서 정부의 사회 통제가 점점 더 어려워져 갔다.

1976년 6월 24일 정부가 대폭적인 물가 인상을 발표하자 노동자들이 또 다시 파업과 시위를 벌였다. 6월 사태가 시작한 것이다. 바르샤바 인근 라돔과 우르수스에서 시작된 격렬한 노동자 시위에 맞서, 기에렉 정권이 경찰을 동원하며 무자비하게 진압했다. 이 소식을 접한 폴란드 전국 백여 개 공장에서 7만 명 이상의 노동자들이 파업에 동참했다. 이 과정에서 2명의 노동자가 목숨을 잃고 190명 이상이 부상했다. 이외에도 2천여 명이 체포되고 천여 명의 노동자가 직장에서 해고됐다. 이런 와중에 해고되거나 투옥된 노동자와 그 가족을 보호하기 위해 지식인들을 중심으로 하는 노동자보호위원회가 탄생했다. 이때부터 공산 정권에 맞서 싸우던 노동자들의 투쟁에 지식인들이 합세하기 시작했다. 노동자보호위원회의 설립과 함께 이제 폴란드 노동 운동에 새로운 장이 열리게 된다. 장차 이 노동자보호위원회는 저 유명한 자유노조가 발아하는 밀알로 자라나기 시작한다.

1970년대도 저물어가는 어느 깊은 가을 저녁, 연이은 자유화 운동이 실패로 돌아가며 희망을 잃고 한없는 시름에 빠진 폴란드 전역에 놀라운 소식이 전해진다. 1978년 10월 16일 월요일 오후 크라쿠프 추기경인 카롤 보이티와가 로마에서 교황 요한 바오로 2세로 선출된 것이다. 공산주의 체제가 도입된 이후부터 끝없이 시도된 민주화 투쟁이 계속 실패하면서 폴란드인들은 깊은 실의에 빠져있었다. 이런 와중에 종교를 인정하지 않는다는 공산주의 국가 출신의 추기경이 전 세계 기독교의 수장으로 선출된 것이다. 이처럼 도저히 믿기지 않는 소식을 접한 폴란드인들은 말할 수 없는 감격을 느꼈다. 이와 동시에 폴란드인들은 무언가 모를 한 줄기 희망을 발견했다.

이듬해부터 시작된 요한 바오로 2세의 고국 방문은 폴란드 국민을 하나로 단합시키는 계기가 된다. 교황의 설교는 폴란드인들에게 용기와 희망을 일깨우며, 이제 요한 바오로 2세를 구심점으로 똘똘 뭉친 폴란드 국민이 다시 한 번 자신의 힘을 자각하기 시작했다.

〈그림-11〉 하메무스 파팜, "새로운 교황이 탄생했습니다."
- 1978년 10월 16일 로마 교황청, 요한 바오로 2세 교황 선출 -

출처: https://www.fakt.pl/wydarzenia/swiat/papiez-jan-pawel-ii-wybrany-43-lata-temu-rocznica-wyboru-kard-karola-wojtyly/k3sqs7j

1980년 초 폴란드 경제는 이미 파탄 지경에 이르렀다. 생활필수품이 절대 부족한 상황에서 정부는 국가 보조금을 삭감하고 물가를 인상할 수밖에 없었다. 7월 1일 단행된 공산 정권의 육류 가격 인상 발표는 또다시 노동자들의 파업을 유발하는 원인으로 작용한다. 하지만 이번 파업은 이전과는 다른 양상으로 전개됐다. 폴란드 노동자들은 과거 1956년과 1970년 그리고 1976년 경험을 통해 개별적인 공장 단위 행동과 시위는 결국 자신들의 희생만 초래하리란 점을 잘 알고 있었다. 이에 대한 대안으로 이제 노동자들은 전국적인 조직망을 구축하는 동시에 경찰과의 충돌을 피하기 위해, 공장 밖으로 나가지 않고 협상 테이블로 당국을 끌어들이는 방법을 채택했다.

〈그림-12〉 레닌 조선소 정문에서 연설하는 레흐 바웬사

출처: https://www.dw.com/pl/wszystko-sz%C5%82o-zgodnie-z-planem-opr%C3%B3cz-jednego-do-stoczni-wci%C4%85%C5%BC-nie-dotar%C5%82-lech-wa%C5%82%C4%99sa/a-54556161

1980년 8월 14일 그단스크조선소를 중심으로 시작된 파업은 빠른 속도로 폴란드 전역으로 퍼져나갔다. 노동자들은 임금 인상과 함께 과거 해직된 동료들의 복직을 요구했다. 바로 이날 11시경 4년 전 해직된 전기공 하나가 조선소 담장을 뛰어넘어 들어오며 8월 혁명이 시작됐다. 레흐 바웬사가 파업 연합노조 위원회의 지도자로 선출된 것이다. 파업을 계속하자는 바웬사의 연설에 노동자들이 동조했다. 자유노조 설립과 파업권 그리고 표현의 자유 등과 같은 21개 요구 조항이 조선소 정문에 내걸렸다.

폴란드 전국 6백 개 이상의 사업장에서 헤아릴 수 없을 정도로 많은 노동자가 열광적으로 파업에 동참했다. 타데우쉬 마조비에츠키를 선두로 하는 노동자보호위원회가 조선소에 도착하면서 지식인들도 파업에 합세

하기 시작했다. 이전과 달리 전국적으로 전개되는 총파업 사태에 직면한 공산 정부로서는 굴복할 수밖에 없었다. 8월 21일 바르샤바 당국에서 파견한 협상 대표단이 조선소에 도착했다. 9월 3일까지 계속된 협상 끝에 마침내 정부 대표단과 파업위원회가 21개 조항 대다수를 수용하는 소위 8월 타협이라 불리는 문서에 서명했다.

이 문서에 근거해 9월 17일 폴란드 전국의 노동자 대표들이 그단스크에 모여 독립자치노동조합 솔리다르노시치, 즉 자유노조 연대를 결성하고 바웬사를 위원장으로 선출했다. 폴란드 국민의 열화와 같은 지지 속에 자유노조가 결성된 지 3개월 만에 조합원이 천만 명으로 늘어났다. 당시 폴란드 전체 인구가 3천5백만 명을 조금 넘었던 점을 상기하면, 이는 실로 상상을 초월한 숫자이다.

〈그림-13〉 1980년대 폴란드의 텅 빈 정육점

출처: https://dziennikpolski24.pl/gdyby-nie-mieso-to-kto-wie-moze-komuna-by-przetrwala-ale-w-prl-zawsze-go-brakowalo/ar/11986406

1980년 8월부터 1981년 12월까지 자유노조는 대규모 시위를 주도하며 파탄 직전의 경제를 되살리기 위한 협상을 정권에 요구했다. 하지만 9월 5일 해임된 기에렉을 대신해 집권한 스타니스와프 카니아 정권은 공약을 남발하며 시간만 끌뿐이었다. 이런 와중에 경제는 걷잡을 없이 계속 추락했다. 임금 인상에도 불구하고 생필품 품귀 현상과 치솟는 물가 인상으로 생활수준은 점점 더 악화돼갔다. 심지어 식료품 상점에는 단지 식초만 진열되는 경우마저 있었다.

이 당시 폴란드 공산 정권은 모스크바로부터 심각한 압박에 시달리고 있었다. 소련은 만약 폴란드 정부가 계속해서 유화적 태도를 보인다면, 자신들이 직접 나서 무력으로 해결하겠다고 위협했다. 탱크를 앞세운 소련 군대가 폴란드 국경 근처에서 군사 훈련하며 무력시위를 벌였다. 이를 빌미로 보이치에흐 야루젤스키 장군이 정권을 장악하기로 작정했다. 자유노조를 선두로 하는 저항에 맞서 야루젤스키가 무력으로 응징하기로 결심한 것이다. 동장군이 맹위를 떨치던 1981년 12월 13일 일요일 아침, 어린이 방송 프로그램 대신에 야루젤스키가 TV에 등장하며 그 누구도 예상치 못한 계엄령이 선포됐다. 자유노조 지도자들이 대거 체포되며 정보부의 엄중한 감시 아래 구금됐다. 그런 후 경찰이 파업 준비 중인 노동자들을 무자비하게 진압했다. 그러던 와중 12월 16일 파업 중이던 부엑 광산의 시위대를 향해 발포 명령이 내려지며, 9명이 사망하고 21명이 총상을 입었다. 다음날 그단스크에서 벌어진 자유노조 시위 현장에서 또다시 경찰이 발포하며, 1명이 사망하고 2명이 부상했다. 12월 28일까지 폴란드 전역에서 모든 파업이 진압됐다. 천만 명의 회원을 자랑하던 자유노조의 꿈은 처참히 무너져버렸다. 하지만 민주화를 향한 폴란드인들의 굽힐 줄 모르는 투쟁은 이제부터 다시 시작된다. 전 세계 여론이 폴란드 공산 정권의 계엄령 선포를 비난하며 자유노조를 지지했다. 미국 대통령 로널드 레이건도 폴란드에 경제제재를 가하며 자유노조를 적극 지지했다.

불법 단체로 규정된 자유노조가 1982년부터 지하 활동을 조직하며 반체제 투쟁을 벌여나갔다. 자유노조 지하 조직원들과 정보부 사이에 쫓고 쫓기는 싸움이 계속됐다. 계엄령 선포로 폴란드 국민의 기본권이 철저히 제한받으며 당국의 통제 하에 들어갔다. 통금이 실시되고 통신은 도청되며 영장 없는 가택 수사가 자행됐다. 모든 집회가 금지되고 언론도 철저한 사전 검열의 대상이 됐다. 암울한 사회 분위기가 폴란드 전역을 뒤덮었다. 야루젤스키 정권은 비록 국민을 통제하는 데에는 성공하나, 생필품 부족 등과 같은 경제위기를 극복할 그 어떤 방법이나 수단도 갖고 있지는 못했다. 산업 생산량이 계속 하락하고 소비재 품귀 현상은 더욱 가속화됐다. 이런 와중에도 군사 정권에 대한 노동자들의 저항은 끊임없이 계속됐다. 삼엄한 조치에도 불구하고 산발적인 파업과 시위가 폴란드 곳곳에서 벌어졌다. 국내외로부터 대대적인 저항과 압박에 부딪힌 군사 정권이 마침내 1983년 7월 22일 계엄령을 해제했다. 바웬사를 비롯해 구금된 자유노조 지도자들이 대거 석방됐다. 그해 10월 5일 오슬로가 노벨 평화상을 바웬사에게 수여한다고 발표했다. 하지만 군사 정권은 바웬사에게 여권 발급을 거부했다. 결국 바웬사 부인과 아들이 노벨 평화상을 대신 받았다.

1982년 11월 모스크바에서 브레즈네프 공산당 서기장이 사망했다. 이후 선출된 고령의 서기장 두 명이 연속적으로 사망하면서, 1985년 3월 젊은 미하일 고르바초프가 권력을 승계했다. 신사고에 바탕을 둔 고르바초프의 글라스노스트(개방)와 페레스트로이카(개혁) 정책은 소련 외에도 동유럽 전체에 엄청난 영향을 미치며 일대 혁신을 가져왔다. 이제 동유럽 공산 정권은 국내 문제 해결에 있어 더 이상 소련으로부터 무력 지원을 기대할 수 없게 됐다. 국민으로부터 지지받지 못하고 국제적으로 고립된 상황에서 오직 모스크바 지원에만 전적으로 의지하던 야루젤스키 정권은 이제 막다른 골목으로 내몰리게 됐다. 1988년 여름 폴란드 전국에서 노동자 파업이 다시 불붙기 시작했다. 고립무원에 빠진 공산 정권은 자유노조에 대화를 제의하는 것 외에는 별다른 도리가 없었다. 공산 정권과 자유노조가 총체적인 국가 위기를 타개하기 위한 협의를 원탁회의에서 갖기로 동의했다. 당국과 자유노조 간 막후 협상에 가톨릭이 중간 다리 역할을 맡았다. 원탁회의에 나설 대표단을 만들고자 1988년 12월 100명으로 구성된 시민위원회가 자유노조 산하에 조직됐다. 시민위원회는 1980년 당시 바웬사의 고문단이던 노동자보호위원회 출신들과 자유노조 지도부로 구성됐다. 15개 분과로 나뉜 시민위원회는 원탁회의에서 가질 공산 정권과의 대화를 준비하는 임무를 맡았다. 당시 자유노조와 반체제 세력 일부에서는 공산 정권과의 대화를 거부하고 혁명으로 체제를 붕괴시키자는 주장이 제기되기도 했다. 하지만 바웬사를 선두로 하는 자유노조와 반체제 인사 대다수는 공산주의 체제의 급격한 붕괴를 정치적 모험으로 생각했다. 그래서 노조의 합법화와 점진적인 민주화를 가져올 공산 정권과의 대화에서 출구를 찾았다. 또다시 발생할지도 모를 유혈 충돌을 피하고 대화를 통한 평화적 방법을 선택한 것이다.

　1989년 2월 6일 마침내 56명으로 구성된 정부 대표단과 자유노조를 포함한 반체제 대표단이 원탁회의에서 마주 보고 앉았다. 4월 5일까지 계속된 역사적인 원탁회의에서 다음과 같은 사항들이 합의됐다. 자유노조가 다시 합법화되고, 6월 4일에 부분적인 민주 선거를 치른다. 460명으로 구성되는 하원 의석의 35%인 161석은 자유선거로 뽑고, 나머지 299석은 공산 정권에 일임한다. 반면 부활하는 100석의 상원 의석 전체는 자유선거로 선출한다. 국가수반인 대통령은 상·하원 합동 국민회의에서 투표로 뽑는다. 이런 타협으로 공산 정부는 대통령을 비롯한 정권을 유지하는 보장책을 확보했다고 생각했다.

　5월 8일 가제타 비보르차, 우리말로 선거일보라 불리는 신문이 창간됐다. 이 신문의 편집장은 바웬사의 최측근이던 아담 미흐닉이다. 선거에서 자유노조를 지지하기 위해 창간된 이 신문은 이후 폴란드에서 최대 일간지로 성장하게 된다. 자유노조 후보자는 모두 바웬사와 같이 찍은 포스터를 앞세워 선거 유세전에 나섰다. 6월 4일 실시한 선거에서 여론 조사를 완전히 뒤집는 결과가 나오며 공산 정권과 자유노조 모두를 경악에 빠트렸다. 자유선거로 뽑는 하원 161석 전체 그리고 상원 100석 중, 단 1석을 제외한 99석에 자유노조 후보가 당선된 것이다. 집권 공산 여당의 완전한 패배는 자유노조를 포함해서 그 누구도 전혀 예상하지 못한 놀라운 결과였다.

〈그림-14〉 1989년 원탁회의

출처: https://www.polityka.pl/tygodnikpolityka/historia/1781610,1,co-mowiono-po-okraglym-stole.read

브로니스와프 게레멕을 의장으로 하는 자유노조 원내 대표가 좌파 계열의 농민당 그리고 민주당과 함께 연립 정부를 구성했다. 폴란드를 좌지우지하던 통일노동당이 이제 한낱 야당으로 전락하고 말았다. 7월 19일 상·하원을 합친 국민회의에서 보이치에흐 야루젤스키가 대통령으로 선출됐다. 반면 8월 24일 의회는 바웬사의 측근인 마조비에츠키를 총리로 선출했다. 1945년 공산화 이후 동유럽권에서 최초로 민주계 총리가 탄생한 것이다. 12월 29일 의회에서 헌법 수정안이 통과됐다. 헌법 전문에서

당이 지도적 역할을 한다는 문구가 삭제되고 폴란드인민공화국에서 '인민' 단어가 빠진 폴란드공화국으로 국명이 개칭되며, 국가 문장의 독수리 머리 위에 예전 왕관이 되돌려졌다. 이렇게 해서 제3공화국이 탄생한 것이다. 마조비에츠키가 말한 대로 이제 공산주의가 자신의 정권과 함께 '커다란 마침표'를 찍으며 역사의 뒤안길로 사라져버렸다.

6. 민주주의 제3공화국 시대(1989년-현재)

마조비에츠키 정부의 최대 당면 과제는 경제위기 극복이었다. 자유노조 계열의 신임 재무상인 레쉑 발체로비츠가 충격 요법이라 불리는 급진적인 경제 개혁안을 내놓았다. 발체로비츠의 개혁안은 크게 3가지 - 국가 재무 개혁과 균형적인 재정 확보, 시장 경제 체제 도입, 민영화를 포함한 소유 구조 변화로 구성됐다. 사회주의에서 자본주의로 가는 길고도 험난한 길에 폴란드 경제가 들어선 것이다. 하지만 도입 초기의 혼란과 어려움을 극복하고 폴란드는 시장 경제로의 전환에 성공하며 이후 지속적인 발전을 계속한다.

1990년 5월부터 바웬사와 측근들 사이에 소위 상부 전쟁이라 불리는 내분이 시작됐다. 이때부터 공산 정권 붕괴를 위해 힘을 합치던 바웬사와 측근들 사이에서 권력 분배를 둘러싸고 심각한 내부 분열이 일어난다. 그 중 하나가 국민 투표로 대통령을 새로 뽑자는 사안이었다. 마조비에츠키를 선두로 하는 일부 세력의 반대에도 불구하고 바웬사는 자신의 주장을 강력히 밀어붙였다. 그리고는 1990년 11월 대통령 선거가 치러졌다. 이

선거에서 레흐 바웬사가 대통령에 당선돼 12월 22일 취임식을 치르고 제3공화국의 국가수반으로 업무를 시작했다. 선거 후 사임한 마조비에츠키를 대신해 얀 크쥐쉬토프 비엘레츠키가 총리로 임명됐다.

〈그림-15〉 1990년 12월 22일, 폴란드 의회에서 취임 선서하는 레흐 바웬사 대통령

출처: https://historia.interia.pl/kartka-z-kalendarza/news-22-grudnia-1990-r-przysiega-prezydencka-lecha-walesy,nId,2324909

1991년 10월 치른 최초의 자유 총선에서 마조비에츠키를 당수로 하는 자유노조 계열의 민주연합이 12.31%의 득표율로 하원 62석, 상원 21석을 차지하며 최대 정당이 됐다. 반면 노동당의 후신인 민주좌파동맹이 11.98%의 득표율로 하원 60석, 상원 4석을 차지하며 두 번째 정당으로 부상했다. 민주 우파 계열의 극심한 이합집산과 분열 속에 백여 개 정당이 난립하는

혼란한 선거전의 결과 29개 정당이 원내에 진출했다. 이 선거로 폴란드 민주화 과정이 최종적으로 종료됐다. 이번 선거에서 드러난 가장 커다란 특징은 우파의 분열과 함께 좌파의 회생이었다. 선거 후에 얀 올쉐프스키를 총리로 하는 연립 정부가 탄생했다. 하지만 과반수를 차지하는 정당 없이 다수 정당이 원내로 진출하면서 안정적인 정부를 구성하기란 불가능했다. 어수선한 정국 혼란 끝에 올쉐프스키가 사임하고 한느나 수호츠카 내각이 구성됐다.

1993년 대통령 바웬사가 의회를 해산하면서 9월 조기 총선이 실시됐다. 자유노조 계열의 권력 다툼과 체제 전환 과정에서 야기된 극심한 혼란에 실망한 국민이 이번에는 좌파 쪽으로 기울어졌다. 선거 결과 민주좌파동맹이 20.41%의 득표율과 함께 하원 171석, 상원 37석을 차지하며 최대 정당으로 급부상했다. 또 다른 좌파 계열인 농민당은 15.40%의 득표율로 하원 132석, 상원 36석을 차지하며 2위를 차지했다. 기존 여당인 민주연합은 10.49%의 득표율로 하원 74석, 상원 3석을 얻는데 그쳤다. 좌파의 승리로 끝난 선거 후 농민당 출신의 발데마르 파블락이 연립 정부의 총리로 임명됐다. 이후 민주좌파동맹 출신의 유젤 올렉시와 브워쥐미에쉬 치모쉐비츠가 총리직을 이어받았다.

1995년 11월 실시된 민주화 이후 두 번째 대선에서 레흐 바웬사가 민주좌파동맹의 알렉산데르 크바시니에프스키에게 2% 차이로 뒤졌다. 2주 후 치러진 2차 결선 투표에서 51.72%를 얻은 크바시니에프스키가 결국 바웬사를 근소한 차이로 누르고 신임 대통령으로 당선됐다. 이후 크바시니에프스키는 차기 대선에서도 승리를 거두며 2005년까지 재임한다.

1989년부터 계속된 열띤 논쟁과 토의 끝에 1997년 4월 상·하원 연합의 국민회의에서 폴란드공화국 헌법이 가결됐다. 이 헌법에 따라 삼권 분립 - 입법부(상원과 하원)와 행정부(대통령과 총리) 그리고 사법부로 구성되는 정치 구조가 최종 결정됐다. 경제 체제의 기본은 자유 경제 활동과 사유권에 근거하는 시장 경제로 정해졌다. 이어 5월에 치른 국민 투표에서 과반수의 찬성으로 헌법이 발효됐다.

1997년 9월 치른 총선에서 자유노조 위원장인 마리안 크샤클레프스키가 이끄는 자유노조선거운동이 승리를 거뒀다. 33.83%의 득표율과 함께 하원 201석, 상원 51석을 차지한 자유노조선거운동 소속의 예쥐 부젝이 연립 정부의 총리로 취임했다. 부젝 정부 당시인 1999년 3월 12일 폴란드는 숙원이던 NATO에 체코 그리고 헝가리와 함께 가입한다. 이제 폴란드는 외부 위협으로부터 국가 안위를 보장받게 됐다.

2001년 9월 거행된 총선에서 폴란드 국민이 다시 좌파 쪽으로 마음을 돌렸다. 민주좌파동맹과 노동당 연합이 41%의 득표율로 승리를 거두고 레쉑 밀레르가 새로운 총리로 임명됐다. 이 정부 당시인 2004년 5월 1일 폴란드는 또 다른 숙원이던 EU에 체코, 슬로바키아, 헝가리, 슬로베니아, 리투아니아, 라트비아, 에스토니아, 몰타, 사이프러스와 함께 가입한다. 이제 폴란드는 계속되는 경제 발전에 확실한 후원자를 얻게 되고 자신들이 말하는 것처럼 유럽으로 복귀하게 됐다. 다음날 밀레르 정부가 사임하고 마렉 벨카가 신임 총리에 취임했다.

〈그림-16〉 폴란드, 체코, 헝가리의 NATO 가입 문서 서명식(1999년 미국 인디펜던스)

출처: https://www.polityka.pl/tygodnikpolityka/swiat/2159979,1,twarda-dyplomacja-madeleine-albright.read

〈그림-17〉 2005년 5월 1일, 폴란드의 EU 가입을 축하하는 인파

출처: https://emerging-europe.com/voices/fifteen-years-of-poland-thriving-in-the-eu/

좌파 연립 정부의 계속된 정치, 경제 스캔들에 시달린 폴란드 국민이 2005년 치른 총선과 대선에서 다시 우파 쪽으로 기울어졌다. 9월에 실시된 총선에서 우파 계열의 법과 정의당이 26.99%의 득표율과 함께 하원 155석, 상원 49석을 차지하며 최대 정당으로 부상했다. 그리고 이 정당 출신의 카지미에쉬 마르친키에비츠를 총리로 하는 연립 내각이 구성됐다. 이번 선거의 가장 커다란 특징은 법과 정의당과 경쟁 관계인 또 다른 우파 정당인 시민강령당이 2위를 차지한 점이다. 두 당은 모두 자유노조의 맥을 잇고 있어 이번 총선으로 사회주의 시대가 완전히 막을 내리게 됐다. 이어 10월에 치러진 대선에서도 법과 정의당이 예상 밖의 승리를 거두며 쌍둥이 형제로 유명한 레흐 카친스키가 신임 대통령에 선출됐다. 동생인 레흐 카친스키가 12월 대통령에 취임하고, 형인 야로스와프 카친스키는 다음 해인 2006년 7월 총리로 임명된다. 카친스키 형제는 얼굴 모양, 은 갈색 헤어 스타일, 작은 체구, 친화력 있는 음성에서부터 정치 성향까지 거의 구분이 안 될 정도로 똑같았다. 유일한 차이는 형인 야로스와프가 독신인 반면 동생인 레흐는 왼쪽 볼과 코에 점이 있고 결혼해 딸 하나를 두고 있다는 점이다.

카친스키 형제는 세계 정치사상 최초로 쌍둥이 형제가 대통령과 총리에 오르는 기록을 세우며 인기를 끌었다. 하지만 카친스키 형제는 지나친 국수주의 태도와 반EU 성향으로 논란을 일으키며 비난받기도 했다. 특히나 친가톨릭적인 성향과 낙태 금지 강화 등과 같은 우경화 정책을 강화하는 한편, 유로화 도입 반대 등과 같은 고립적 외교 정책을 펼치며 민심을 잃었다. 카친스키 형제는 독일과 러시아에 계속해서 싸움을 거는 등 공격적인 성향으로 EU 안에서 골칫거리로 취급되며 외톨이가 됐다는 평가를 받기도 했다. 결국 카친스키 총리는 연립 정부 각료를 모두 해임한 뒤 2년 앞당겨서 실시한 2007년 총선에서 참패하고 만다. 10월에 치른 조기 총선 결과 카친스키 형제가 이끄는 법과 정의당은 32.11%에 득표에 그쳐, 41.51%를 얻은 중도 우파 야당인 시민강령당에게 제1당 자리를 내주고 말았다. 말 많고 탈 많던 카친스키 총리가 1년 만에 물러나고 새로운 총리에 친기업, 친유럽 성향의 시민강령당 대표인 도날드 투스크가 오르게 됐다. 2007년 11월에 출범한 투스크 정부는 2011년 10월에 치른 총선에서도 승리하며 재선에 성공한다. 39.18%의 득표율로 하원 207석과 상원 63석을 차지한 시민강령당은 2011년 11월 두 번째 내각을 구성했다. 기업에 우호적이며 개방 정책을 펴온 시민강령당이 정권을 이어감에 따라 친 EU 외교 노선이 그대로 유지하게 됐다. 폴란드에서 집권당이 총선에서 재차 승리한 것은 1989년 체제 전환 이후 이번이 처음이었다. 그 이전 2010년에 폴란드에 비극적인 사건이 하나 벌어졌다.

2010년 4월 10일 카틴 숲 학살 70주년 추모행사에 참석하러 가던 레흐 카친스키 폴란드 대통령 부부와 정부 고위 인사 등 96명이 탄 특별기가 학살 현장에서 멀지 않은 러시아 스몰렌스크 인근에서 추락하며 탑승자 전원이 사망하는 참사가 일어난 것이다. 스몰렌스크 비행기 추락 사고로 2010년 10월로 예정됐던 대선이 앞당겨서 실시됐다. 6월 실시된 1차 투표에서와 마찬가지로 7월 실시된 결선 투표에서도 시민강령당의 브로니스와프 코모로프스키가 접전 끝에 6%의 차이로 야로스와프 카친스키를 누르고 승리를 거두었다. 8월 6일 폴란드 제3공화국의 다섯 번째 국가수반으로 취임식을 치른 후 코모로프스키 대통령이 업무를 시작했다.

2015년 대선에서 재선이 확실시되던 집권 여당의 코모로프스키 대통령이 패배했다. 5월 치른 선거에서 예상과 달리 법과 정의당 후보인 안드쥐이 두다가 34.76%를 얻으며, 33.77% 득표한 코모로프스키를 근소한 차이로 앞섰다. 두 후보 모두 1차 투표에서 과반 득표에 실패하며 결선 투표에서 최종 승자를 가리게 됐다. 2차 결선 투표에서 두다 후보가 51.55%를 얻으며, 48.45%에 그친 코모로프스키를 누르고 새로운 대통령에 당선됐다. 안드쥐이 두다는 43세 최연소 대통령으로 2015년 8월 취임했다.

같은 해 치른 10월 총선에서도 야당인 법과 정의당이 37.58% 득표하며 8년 만에 정권 교체를 이뤄냈다. 법과 정의당은 235석의 의회 의석을 확보하며, 1989년 체제 전환 이후 최초로 단일 정당이 단독으로 내각을 구성할 수 있는 절대 과반 의석을 차지했다. 특히 이번 총선에서는 좌파가 단 1석도 차지하지 못하며 전멸하고 말았다. 보수 우파인 법과 정의당이 총선과 대선을 모두 승리하며 11월 베아타 쉬드워 정부가 출범했다.

2019년 10월 치러진 폴란드 총선에서도 우파 민족주의적 성향의 집권 여당인 법과 정의당이 승리하며 연임에 성공했다. 이번 총선에서 법과 정의당은 43.6% 득표하며, 하원 460석 가운데 235석을 차지하여 연이은 과반 의석 확보에 성공했다. 한편 2020년 7월 치러진 폴란드 대통령 선거 2차 결선에서 두다 대통령이 접전 끝에 재선에 성공했다. 이와 관련하여 폴란드 정부의 주요 정책들은 차질 없이 계속해서 순조롭게 진행될 것으로 전망되고 있다.

〈표-1〉 체제 전환 이후 총선과 대선을 통해 본 폴란드의 정권 교체

연도	총선	대선	비고
1989	우파(자유노조) 승리		부분 자유선거
1990		우파 대통령	
1991	우파 분열, 좌파 회생		최초 자유선거
1993	좌파 승리		조기 총선
1995		좌파 대통령	
1997	우파 승리		
1999			NATO 가입
2000		좌파 대통령(연임)	
2001	좌파 승리		
2004			EU 가입
2005	우파 승리	우파 대통령	
2007	우파 승리(재선)		조기 총선, 우파 연속 승리
2010		우파 대통령	대통령 전용기 추락 사건
2011	우파 승리		
2015	우파 승리, 좌파 전멸	우파 대통령	단일 정당 과반 의석 확보
2019	우파 승리(재선)		단일 정당 과반 의석 확보
2020		우파 대통령(연임)	

출처: 저자 작성

7. 결론 및 한국에 주는 함의

1989년 공산주의 체제가 붕괴한 후 폴란드는 국내외적으로 많은 변화를 겪었다. 체제 전환 당시 국경을 접하고 있던 나라들이 현재 단 하나도 존재하지 않고 있다는 사실이 폴란드가 처한 국제관계의 급격한 변화를

잘 보여주고 있다. 소련, 분리된 동독과 서독, 체코슬로바키아가 사라지고, 폴란드는 통일된 독일, 분리된 체코와 슬로바키아, 이전 소련에서 각기 독립한 우크라이나, 벨라루스, 리투아니아 그리고 러시아와 인접국이 됐다. 공산주의 체제 붕괴 자체를 차치하고 폴란드 주변에서 새로운 상황을 연출한 최대 요인 두 가지는 소련의 붕괴와 독일의 통일이다. 반면 폴란드의 지정학적 위치를 변화시킨 가장 커다란 요소 두 개는 NATO와 EU로의 통합 과정이다.

동유럽 다른 나라들과 마찬가지로 2차 대전 이후 수십 년간 폴란드는 소련의 지배와 통제 하에 있었다. 때문에 무엇보다도 먼저 소련의 통제권으로부터 이탈하는 동시에 종속 관계에서 동등한 관계를 정립하는 것이 신생 폴란드 제3공화국의 최대 외교 정책 중의 하나였다. 또한 공산주의 체제 붕괴 후 폴란드는 국제 사회로부터 자신의 주권을 보장받을 수 있는 전략적 안보 정책의 설립과 함께 새로운 군사 동맹을 발견할 필요성을 절감했다. 지금도 그렇지만 당시에도 유럽 대륙에서 안전을 보장해줄 수 있는 유일한 조직은 NATO뿐이었다. 1998년 3월 12일 미국 인디펜던스에서 폴란드는 체코, 헝가리와 함께 NATO 가입 문서에 서명했다. 이것으로 폴란드는 외부 위협으로부터 안보를 보장받게 됐다. 2004년 5월 1일 폴란드가 EU의 회원국으로 가입했다. 이제 폴란드가 경제 발전을 위한 동력도 확보하게 됐다. 1989년 이후 폴란드 외교 정책의 주요 목표 두 개가 모두 달성되는 순간이었다.

폴란드-리투아니아 연방공화국은 18세기 주변 3대 강국에 의한 분할로 지도에서 사라지기 전에 수백 년 동안, 제1차 세계대전 후 1918년에 재건된 제2공화국은 1939년 제2차 세계대전 발발 때까지 20년이라는 단기간만, 전후 1945년에 세워진 공산주의 체제의 폴란드인민공화국은 44년에 걸쳐 존재해왔다. 이제 1989년 체제 전환 후 신생한 제3공화국은 얼마나 지속할 것인가? 위에 거론한 옛 폴란드 국가 중 첫 번째 두 공화국은 외부 세력으로 인해 멸망했으며, 세 번째 국가 체제는 소련 강대국에 종속됐다. 이와 비교하면 제3공화국은 가장 유리한 조건을 갖고 있으며 희망찬 미래를 가지고 있다고 말할 수 있다. - 2014년 러시아의 크림반도 침공 이전까지는 - 직접 위협을 주는 적대국도 없고 인접 강대국들에 대해 확실한 주권을 행사하고 있으며, 1999년 NATO 회원국이 되면서부터는 외부 위협에 대한 안전보장을 확보하고 있다. 20세기에서 21세기로 넘어가는 전환기 폴란드의 지정학적 조건을, 9세기에서 10세기로 넘어가는 서기 1,000년과 비교하곤 한다. 당시 독일 황제 오토 3세가 폴란드 수도인 그니에즈노를 방문한 적이 있다. 독일 황제는 자신의 제관을 벗어 폴란드 지배자인 볼레스와프 용맹왕에게 직접 쓰여 주며 선린 관계를 맺었다. 일부 학자는 국경선이라는 관점에서 16세기 이후 폴란드가 현재보다 더 나은 적은 없다고 말할 정도이다.

폴란드는 2004년 EU에 가입한 이후 활발한 외국인 투자, 안정적인 재정 운영, 탄탄한 내수 시장과 같은 긍정적 요인 덕분에 지속적인 플러스 경제 성장을 이룰 수 있었다. 2009년 세계 금융 위기 당시 EU 내에서 유일하게 플러스 성장을 한 국가가 바로 폴란드다. 2011년 유로존 재정 위기 속에서도 탄탄한 내수 시장과 폴란드 화폐인 즈워티의 약화 등으로 사회 인프라가 발전하고 역내 수출이 증대하면서 EU 평균 성장률인 1.6%를 훨씬 뛰어넘는 4.3%를 기록했다.

또한 2012년 우크라이나와 공동으로 UEFA의 유로 2012를 개최하면서 인프라 시설을 대폭 확대하고 한시적으로 고용이 증가하는 동시에 소비자 심리가 상승하면서 2%의 경제 성장을 이루어냈다. 바로 이처럼 폴란드가 높은 경제 성장을 이룰 수 있는 유리한 요인들로 안정된 정치 경제 환경, 서유럽 주요 시장으로의 편리한 접근성, 풍부한 노동력에 비해 서유럽의 절반 수준에 달하는 인건비, 동유럽 국가 중 가장 커다란 경제 규모 및 내수 시장 등을 들 수 있다. 2014년은 폴란드에 있어 기념비적인 해이다. 2014년은 폴란드에서 공산주의 정권이 무너지고 민주주의로 체제가 전환(1989년)된 지 25주년 되는 해이자, NATO 가입(1999년)한 지 15주년, 그리고 EU의 일원(2004년)이 된 지 10주년이 되는 해이기 때문이다. 체제 변화기의 혼란과 난관을 슬기롭게 극복한 폴란드는 지금 착실한 성장 가도에 들어섰다. 이 과정에서 폴란드 국민은 자신들까지도 놀라게 하는 활발한 역동성을 전 세계에 유감없이 보여줬다. 오랜 투쟁 끝에 되찾은 자유를 굳건히 지키려는 국민의 합심 덕택으로 폴란드는 선진 문명국의 정식 일원이 됐을 뿐만 아니라 EU의 능동적인 창조자가 됐다.

# 폴란드인의 저항과 굴복하지 않는 국가 정체성[1]

이 무 성

1. 서 론

1980년부터 본격적으로 시작된 자유화를 향한 저항 운동은 폴란드 공산정권 붕괴의 직접적인 원인으로 꼽을 수 있다. 이는 지금으로부터 약 30여 년 전의 일이지만, 지난 한 세기 동안 국제 정치사에서 가장 중요한 사건이며, 냉전 종언과 깊은 관계를 갖는다. 여러 공산권 국가들의 몰락이 그 나름의 의미를 갖고 있다. 이런 배경 속에서 폴란드 내에서 발생한 민주화 과정은 국제 체제의 변화를 이해하고 설명하는데 중요한 함의를 갖는다.

국제관계사를 되돌아보았을 때, 공산정부의 붕괴는 무척 자연스러운 현상으로 보일 수 있다. 그러나 어찌 보면 이 또한 결코 우연한 일이 아니며, 공산체제의 구조적 문제가 공산권 붕괴의 요인이 되었다고 볼 수 있다. 그럼에도 불구하고, 개별 국가의 노력, 의지 및 투쟁이 없었어도 이 체

---

1) 본 장의 일부분은 이무성 (2021) "폴란드: 공산체제 붕괴의 원인, 과정 및 결과", 김신규 (편저) 동유럽 공산정권의 붕괴와 체제 전환 (서울: 인문과 교양), pp.19-46.의 내용을 수정 보완 발전시켰다.

제 자체가 스스로 붕괴 가능했는지는 반문하지 않을 수 없다. 아무리 외부 환경이 조성되어도, 민주화를 갈망하는 시민들의 주도적 역할이 없었다면 불가능한 일이라고 볼 수 있다. 이러 배경 속에서 본 장의 집필목적은 구 폴란드의 민주화 과정에 대한 고찰이다.

폴란드 공산정권 붕괴와 그에 따른 민주화는 폴란드의 민족성을 형성한 투쟁의 역사에 그 기반을 두었다고 볼 수 있다. 10세기 이후 폴란드가 형성되었으나, 그 후 수많은 외세의 침략과 국권 찬탈이 있었다. 그럼에도 불구하고 폴란드는 이를 극복하려는 강력한 저항 의지를 보여주었다. 이런 정신이 바로 폴란드 민주화의 촉매제이며 초석이 되었다고 볼 수 있다. 이러한 이해 속에, 본 글에서는 이런 저항 정신이 왜 발생했는지, 어떻게 구체화되었는지에 대한 역사적 배경과 정황, 그리고 그 과정에서 복잡하게 얽힌 지정학적, 지경학적 원인을 깊이 분석한다.

이런 맥락 속에 2절에서는 폴란드인은 누구인지, 왜 오늘날의 폴란드가 가능했는지를 역사적 고찰을 통해 접근하고자 한다. 이런 역사적 배경에 대한 이해를 바탕으로, 3절에서는 폴란드가 어떻게 공산화되었고, 그 과정에서 폴란드에게 무슨 일이 발생했는지를 분석의 대상으로 삼는다. 4절에서는 폴란드의 공산화와 그 과정에서 나타난 부조리에 대한 저항정신이 어떻게 구체적으로 구현되었는지를 분석한다. 5절은 폴란드를 둘러싼 지정학적, 지경학적 변화와 그에 대응해 나타난 폴란드 내외의 정치·경제학적 환경 변화가 어떻게 발생했는지, 또한 그 과정에서 구 공산권을 몰락시킨 자유노조 활동은 어떻게 발생했는지 등에 대한 논의를 전반적으로 살펴본다. 6절에서는 민주화 이후 폴란드가 어떻게 서구 사회에 편입되었고, 그 과정에서 EU와 NATO 가입이 폴란드 민주화 과정을 안착시켰는가에 대한 함의를 논의한다. 이런 일련의 논의들을 통해 결론에서는 폴란드가 새로운 세계로의 통합과 그 통합과정에서 자국의 신생 민주주의 체제와 시장경제 체제를 어떻게 안착시키는데 성공했는지, 동시에 우리에게 주는 함의는 무엇인지를 제언한다.

2. 폴란드인은 누구인가?: 민족적 정체성

폴란드는 중세 슬라브족의 이동으로 생성된 국가이다. 국민의 95% 이상은 서슬라브계에 속하는 폴란드인이며, 0.4% 정도가 독일인으로 구성되어 있다. 6에서 8세기 사이 이들 슬라브족이 바르타(Warta) 강 유역에 정착하면서 폴란드는 국가형태로 발전되었다. 특히 서슬라브족 중 미에슈코(Mieszko) 1세가 가톨릭을 받아들이면서, 1025년 폴란드 왕국이 설립되었다. 이후 피아스트(Piast) 왕조는 폴란드의 영향력을 확장시켰고, 1569년 리투아니아와 루블린(Lublin) 연맹을 맺으며, 그 기세는 더욱 공고히 되었다. 이렇게 시작된 폴란드의 역사는 1791년 인류 최초의 헌장을 채택하는 등의 나름 인류사에 주요한 족적을 남겼다. 그러나 폴란드의 역사는 그저 순탄치만은 않았다. 오랜 기간 동안 부침이 있는 역사를 가졌다. 그러나 이런 부침의 역사가 오늘날의 폴란드를 빚어내는 중요한 요소로 작용했다고도 볼 수 있다.

폴란드의 정체성은 어떻게 생성되었고, 폴란드의 정체성은 폴란드가 민주화로 가는 길에 어떤 영향을 미쳤는가? 역사적으로 여러 차례 침략과 분할을 경험하였지만, 동시에 이런 억압과 압제의 기간 동안에도 끊임없이 저항한 민족이자 국민이 바로 폴란드인이다.

폴란드의 민족적 정체성에 대한 논의를 위해 고려해야 할 점은 크게 세 가지로 요약될 수 있다(Wandycz, 1996; Wandycz, 1996; 정병권, 2004). 첫째, 폴란드의 역사이다. 침략과 종속 그리고 그 과정에서 저항 의식이 태동했으며, 이는 어떻게 오늘날의 폴란드를 만드는 데 영향을 미쳤는가를 논의할 필요가 있다. 둘째는 폴란드 내 주요한 영향을 준 가톨릭이란 종교가 가지는 함의에 대한 논의도 필요하다. 물론 폴란드 역사를 논함에 있어 가톨릭이란 종교 그 자체가 가지는 함의도 중요하다. 그렇지만 동시에 폴란드인은 가톨릭이 자신에게 주는 의미와, 동시에 외부 세계에서 폴란드의 가톨릭이란 종교가 가지는 의미가 무엇인지에 대한 논의도 필요하다. 마지막은 폴란드 농촌이 가지는 함의이다. 이는 단순히 농촌 문화가 가지는 의미를 넘어선다. 전통적으로 농촌 주민은 폴란드를 지배한 귀족 계급과 대별되어 착취 받은 것 같지만, 폴란드 저항운동의 원동력이 되었다는 점에서 농촌 주민들의 의식 및 태도에 대한 논의도 필요하다.

폴란드의 역사가 어떻게 폴란드의 정체성 형성에 영향을 미쳤는지 살펴보자. 폴란드가 최초 발생한 시기에 대한 논란에도 불구하고, 서기 880년에서 960년간으로 추정된다. 최초 국가 설립 이후 약 천년 간의 역사의 흐름 속에 폴란드 정체성에 결정적 영향을 미친 사건이 몇 가지가 있다. 첫째, 966년 폴란드 중서부 지역 그니에즈노(Gniezno)를 중심으로 최초의 폴란드 왕국이 설립되어 국가의 기원이 되었다. 이 시기는 폴란드란 국가의 정체성 형성에 중요한 역사적 의미가 있다. 최초의 폴란드 왕국이 설립되기 이전에는 폴란드는 이교도 지역이었다. 그러나 폴란드 왕국의 성립과 동시에 폴란드인들은 로마 가톨릭을 국교로 받아들이고, 폴란드 가톨릭 조직을 로마 교황청 직할 주교구로 승격시켰다.

이와 같은 폴란드 왕국과 로마 가톨릭과의 관계는 이후 폴란드의 민족적 자부심을 고양하고 폴란드만의 민족의식 및 정체성 형성에 중요한 요소로 작용하였다(정병권, 2004: 147). 특히 1980년대 이후 폴란드 내 가톨릭 집단은 국내의견을 수렴하는 장이며 동시에 외부와 접촉하는 중요한 통로로도 작동하였다. 이를 통해 폴란드는 내부에만 얽매어서 자신의 경제, 사회 및 문화체제를 유지한다는 점에 한계를 인식하게 되었다(김종석, 김용덕, 2020).

이후 시간이 흘러 14세기 폴란드는 리투아니아와 연합하여 중동부의 강대국으로 부상하였다. 폴란드-리투아니아 연합은 이후 외세의 침략을 막아내며, 중동부 유럽의 강대국으로 위상을 형성하는데 지대한 영향을 미쳤다. 그 대표적 일례가 1410년 독일 기사단과 폴란드-리투아니아 연합군 사이에 일어난 그룬발트 전투(Bitwa pod Grunwaldem)이다. 이 전쟁은 후일 유럽에서 발생한 전쟁 중 가장 규모가 큰 전투 중 하나로 기록되고 있다(Radziwiłłowicz, 2011). 폴란드는 독일 기사단을 무찌른 이 전투를 자국이 유럽의 강자로 부상하여 강력한 국가 정체성을 형성한 역사적 사실로 언급하고 있다. 이는 이후 근대를 걸치며 무수한 외침에도 굴복하지 않는 폴란드의 민족 정체성 형성에도 직간접적 영향을 미쳤다고 볼 수 있다.

이후 폴란드는 1648년 우크라이나에서 발생한 코사크인들의 반란으로 우크라니아 지방에 대한 지배력을 상실하였다. 또한 1625년부터 시작된 스웨덴과의 전쟁으로 폴란드는 대부분의 영토를 스웨덴에게 점령당하는 국운 쇠퇴기를 겪게 되었다. 그 후에도 폴란드는 국운이 급격히 쇠퇴하여 1772년 러시아, 오스트리아 그리고 프로이센에 의해 국토를 분할 점령당하였다.

〈그림-1〉 폴란드의 분할 점령

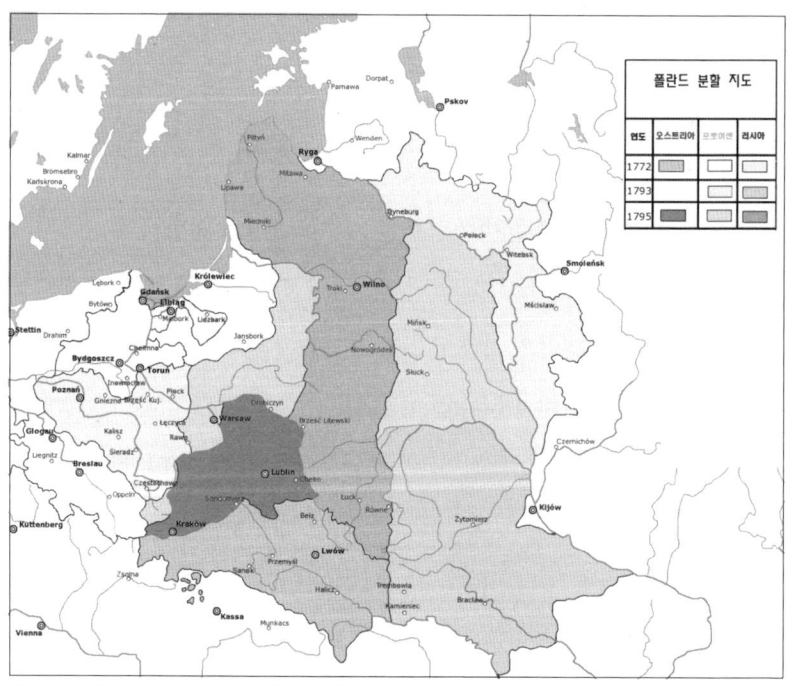

출처: ko.wikipedio.org/wiki/폴란드_분할

〈그림-1〉이 보여주듯이, 폴란드는 1772년 오스트리아, 프로이센, 러시아에게 1차분할 점령을 당하였다. 이후 1792년에는 프로이센과 러시아에게 2차분할을 당하고, 1795년에는 오스트리아, 프로이센, 러시아에게 3차분할 점령을 당하게 되었다. 3차분할 점령 후 한동안 폴란드는 지구상의 역사 속에서 사라지게 되었다.

국토를 분할 점령당한 이후에도 폴란드는 지배국가의 정치체제를 순조롭게 받아들이지 않고 외부 지배에 계속해서 저항하였다. 이런 저항의식은 폴란드 정체성 형성에 나름의 함의가 있다. 예를 들어, 실제 제2차 세계대전 이후 소련의 공산주의 영향권에 있을 때도 자신만의 저항정신을 보여주었는데, 이런 일련의 사건들은 폴란드가 18세기 러시아에 대항해 싸운 봉기와 그 맥을 같이 한다고 볼 수 있다(Wandycz, 1996: 3-42). 1794년 러시아에 대항한 반러시아 무장봉기(Powstanie Kościuszkowskie) 사건이 발생하였다. 이 사건은 실패로 끝나고, 그 결과 1795년 러시아, 오스트리아, 프로이센에 의해 분할 점령당해, 폴란드란 나라가 완전히 사라지는 결과를 초래했다. 그럼에도 불구하고 본 무장 봉기는 폴란드가 끊임없이 투쟁하는 민족 정체성을 가진 국가라는 점을 보여주는 주요한 사건 중 하나임은 부인할 수 없다.

러시아, 오스트리아, 프로이센에 의해 분할 점령당했던 폴란드는 1차 대전 종전 이후 1918년에 되어서야 비로소 자신의 나라를 되찾게 되었다. 물론 1830년과 1863년 러시아에 대한 무장 봉기를 통해, 국권을 회복하려는 시도는 있었지만, 성공하지는 못했다. 그러나 이 사건 또한 폴란드 민족 정체성을 확인시켜준 계기가 되었다. 러시아에 대한 무장 봉기의 결과와는 무관하게, 폴란드와 러시아 간의 갈등과 저항의 역사는 뿌리가 깊다는 것을 다시 한 번 확인하게 된다.

폴란드는 20세기에 들어와서야 자신의 국가를 찾게 되었다. 그러나 폴란드는 국권 회복 이후 유럽의 대전 속에 휘말리게 되었고, 제2차 세계대전 동안에는 독일의 지배하에 놓이게 되었다. 보다 불행한 상황은 폴란드가 제2차 세계대전 이후에도 홀로서질 못하고, 곧바로 소련의 지배하에 들어가게 되었다는 사실이다. 그러나 폴란드는 오랫동안 소련 공산권 치하에 놓였지만 외세에 순응하거나 동화하기보다는 저항하며 자신만의 정통성과 문화를 유지해 나가려고 하였다.

특히 소련 지배 하에서 외세의 지배에 저항하는 모습을 보인 폴란드인은 자신이 누구인지에 대한 끊임없는 질문을 던지며, 실제 행동으로 옮기기도 하였다. 1956년, 1968년, 1970년, 1976년에 폴란드인들이 보여 준 반체제 시위는 그 좋은 일례이다. 비록 이들 시위들이 실질적인 결실을 맺지는 못했지만, 이후 1980년대부터 발생한 '솔리다르노시치(Solidarność)'-즉, 연대 - 운동의 도화선이 되었다는 사실은 부인할 수 없다.

이처럼 폴란드 역사와 그 속에 목도된 외세에 대한 저항 정신과 행동은 폴란드의 국가 정체성 각인에 중요한 영향을 미쳤다는 것은 부인할 수 없다. 이와 동시에 폴란드가 누구인가를 논함에 있어 폴란드의 인구 90% 이상이 가톨릭 신자라는 점에서 가톨릭이란 종교가 가지는 위상과 폴란드의 정체성 형성에 주요한 함의를 가진다는 점에 주목할 필요가 있다. 예를 들어, 1978년 폴란드 출신 보이티와(Wojtyła) 추기경이 로마 교황으로 선출되었다. 이는 폴란드인이 다시 한 번 자신들이 누구인가를 생각하게 하는 계기가 되었다. 이로 인해 폴란드는 단순히 강대국 간의 힘의 경쟁 속에 희생물로 여겨지는 힘없는 나라가 아닌, 로마 교황을 배출한 나라로서, 세계사의 중심이자, 모든 가치의 근원이 될 수 있는 국가라는 정체성을 형성할 수 있게 되었다.

폴란드 내 농촌문화 역시 폴란드 정체성 형성에 있어 빠질 수 없는 통제변수이다. 어느 나라나 그렇듯이 한 국가의 정체성 형성에 있어 자국이 발전시키고 계승해왔던 민족문화는 민족 정체성 형성에 주요한 영향을 미친다. 그러나 폴란드 경우 이런 민족문화는 귀족(szlachta) 문화와 농촌(chłopi) 문화로 나뉘어 발전되었다. 그 중 폴란드 내 발전된 그들만의 농촌문화는 폴란드 민족 정체성 형성에 지대한 영향을 미쳤다고 볼 수 있다. 폴란드의 지배 계층인 귀족은 도시 기반 귀족이 아닌 농촌에 토지를 소유한 귀족이었다.

이에 반해 폴란드의 다수 국민은 귀족의 소작농으로 삶을 영위한 농민이었다. 폴란드가 외세에 저항할 때마다 선봉에 서서 국가의 독립을 위해 싸운 농민의 사고와 행동은 폴란드란 국가의 정체성 형성에 지대한 영향을 미쳤다. 그 대표적인 일례가 러시아에 대항해 싸운 라츠와비체 전투(bitwa pod Raclawicami)에서 폴란드 농민의 활약상이다. 이러한 농민의 저항 정신은 후일 저항의 민족 폴란드인이라 정체성을 논함에 있어 주요한 역사적 사실로 언급된다.

3. 제2차 세계대전 이후 소련의 병합과 강요된 공산주의화

　18세 말 주변국에 의해 분할 점령당한 폴란드는 1차 대전 이후 독립을 되찾았다. 1차 대전 후 승전국 중심으로 베르사유 조약이 체결되었고, 그 결과 폴란드는 1918년 국권을 회복하게 되었다. 이후 폴란드는 유럽 정치에서 주요한 역할을 담당하는 국가로 자리매김하였다. 그러나 폴란드는 곧 주변 국가들과 영토분쟁에 휘말려 독립은 오래 가지 못했다. 1939년 독일이 폴란드를 침략하면서 폴란드는 또 다시 혼란을 겪게 되었고, 전후 또 다시 소련의 침공으로 폴란드는 소련 공산권 치하에 편입되게 되었다.

　제2차 세계대전 이후 폴란드는 소련의 위성국으로 자국의 운명을 자신 스스로 결정하지 못하는 처지에 놓이게 되었다. 물론 제2차 세계대전이 종결될 무렵 얄타회담에서 폴란드의 미래가 논의되어, 본 회담에 모인 연합국 정상들은 폴란드 임시정부에게 자유선거 실시를 요청하였다. 그러나 제2차 세계대전 승전국의 일원인 소련은 여전히 폴란드를 자신의 영향력 아래에 두기 위한 계략을 획책하였다.

　폴란드와 소련의 전신인 러시아와의 투쟁사를 되돌아 볼 때, 소련의 획책은 계획처럼 쉽지 않아 보였다. 그럼에도 불구하고, 당시 소련의 실권자 스탈린은 폴란드 내 인민당과 노동당에 힘을 보태 폴란드를 공산화시키려고 했다. 이러한 목적을 위해 소련은 1947년 폴란드에서 치른 총선 결과를 조작하였다. 당시 폴란드에서는 인민당과 노동당이 대중의 지지를 받았지만, 투표 결과는 통일노동당의 압승이었다. 통일노동당은 80%라는 조작된 득표율을 바탕으로 선거에서 승리하여 본 당을 이끈 볼레스와프 비에루트(Boleslaw Bierut)가 대통령의 자리에 올라 권력을 공고히 하였다. 그 결과 폴란드는 공산주의 국가가 되었다. 1948년에는 통일노동당과 사회당이 합당하면서 폴란드 정계가 일당 우위 정당제로 변모하였다. 이후 1952년 폴란드에서는 신헌법이 채택되어 폴란드 공화국에서 폴란드 인민공화국으로 바뀌게 되었다(Musiał, 2019).

폴란드의 공산화 또는 소비에트 연방화(Sovietization)는 테러를 위시한 공포정치의 특징을 보였다. 공포통치 기간 동안 산업은 국유화되었고, 개인이 소유한 50여 헥타르 이상의 땅은 모두 국가에 귀속되었다. 폴란드의 공산화 시작은 초기 과도기가 지나면서 빠르게 안착되었다. 비에루트 정권 시절부터는 스탈린식 모델이 실험되었다. 1952년에는 스탈린 형식의 헌법을 받아들이면서 소련 방식의 정치실험이 감행되었고 농업의 집단 농장화도 추진되었으며, 공산주의 혁명을 위한 중화학 공업 위주의 산업정책도 감행되었다. 그 결과 폴란드는 소련의 안보지형에 있어 없어서는 안 될 가장 중요한 핵심 국가로 부상하였고, 소련과 동독 간의 군사적 대화 창구에서도 반드시 필요한 중추 역할을 수행하였다(Paczkowski, 2002:281). 그 결과 군사 분야에서도 소련군 출신 콘스탄틴 로코소브스키(Konstantin Rokossovsky)가 폴란드군의 최고 사령관으로 임명되었다. 한편 1955년에는 폴란드가 바르샤바 조약에 가입하여 국내에서 공산화 통치를 안착시키는데 더욱 박차가 가해졌다(Behrends, 201: 774).

대외정책에서는 폴란드 공산당 정부국(the Communist Information Bureau)이 관여하였다. 공산당 정부국의 대외정책 참여는 당시 폴란드가 국제사회에서 소련의 주도로 형성된 국제 공산당 사무국(the agency of international communism) 소속으로 여타 공산국들과 보조를 맞춰 자국의 공산화를 촉진하는 방편이 되었다. 뿐만 아니라, 이런 행보를 통해 폴란드는 전 세계 공산화에도 적극적으로 동참하였다.

한편으로 폴란드에서는 정치, 경제 및 외교 분야의 공산화와 함께 예술과 문화와 같은 개인 삶과 의식의 기반이 되는 하부구조에서도 공산화가 병행되었다. 그 대표적인 예가 문화 분야의 공산화를 위한 조직적인 행보이다. 이런 와중에 개인의 자유를 통제하기 위한 비밀경찰 제도도 운영되었다. 하지만 1953년 스탈린의 사망으로 폴란드의 공산통치 지형에 변화가 일어났다. 스탈린의 후계자로 흐루쇼프(Khrushchev)가 집권하면서 새로운 형태의 공산화가 목도되었다. 흐루쇼프는 자신의 통치방식의 정당성을 위해 스탈린식 통치방식을 부정하였다(Persak, 2006: 1285).

이러한 공산권의 정치적 변화 과정에 폴란드에서는 공산당 지도자 비에루트의 갑작스러운 사망으로 정치지형에 큰 파장이 야기되었다. 비에루트의 사망으로 폴란드에서는 고무우카(Gomułka)가 새로운 지도자로 부상하였다. 고무우카는 폴란드만의 사회주의 노선을 펼치면서 친소련 세력과 마찰을 야기하였다(Persak, 2006: 1289). 그러나 이러한 정책방향은 이내 소련으로 하여금 내정 간섭의 빌미가 되어, 폴란드는 다시 친소련 정책으로 회귀하였다. 공산치하가 지속되면서 폴란드의 경제개혁은 속도를 잃었고, 폴란드 가톨릭에 대한 검열은 계속 이어졌다. 폴란드 내 가톨릭의 위상과 폴란드인이 가톨릭에 갖는 의미를 고려할 때, 공산정권의 탄압은 용납하기 어려웠다. 그럼에도 폴란드 공산당은 폴란드의 종교화는 공산화 혁명에 걸림돌이 된다고 생각했다. 이러한 공산당의 사고로 종교는 탄압을 받았다. 뿐만 아니라, 폴란드 내 지식인에 대한 탄압도 이어져 이에 대한 반발로 1968년 지적 자유를 열망하는 학생들의 소요사태가 발생하였다.

이러한 일련의 사건으로 고무우카 정권이 목표한 경제적 안정을 이루지 못하고, 고무우카 정권은 폴란드를 더욱 옥죄는 독재통치를 이어갔다. 그 결과 폴란드 내 유대인에 대한 탄압도 한층 노골화되어 정당, 행정부 및 군에서 유대인 숙청이 이어져, 수천 여명의 유대인이 폴란드를 떠났다.

1968년 공산 독재정권에 대한 학생들의 저항 운동이 일었지만, 폴란드의 친소 정책은 누그러질 기미를 보이지 않았다. 오히려 폴란드 공산당은 1968년 소련이 주도한 체코슬로바키아 무력 진압에 자국군을 파견하여 공산주의 체제를 공고히 하는 대열에 가세하는 모습을 보였다. 급기야 1970년 12월에는 물가상승에 항의하는 대규모 시위가 그단스크(Gdańsk), 그다야 등에서 발생하였고, 이는 곧 엄청난 규모의 유혈사태로 발전하여 수많은 사상자를 낳았다. 이로 인해 폴란드의 공산주의 실험에 대한 근본적이고 구조적인 의문을 던지는 목소리들이 높아지기 시작했다.

결과적으로 1945년 제2차 세계대전 이후 공산화로 소련의 위성국이 된 폴란드는 1950~60년대 걸쳐 철권 독재정치를 펼쳤다. 그러나 이러한 철권통치가 외견상으로는 폴란드의 자유의지를 억눌렀을 수도 있지만, 공산주의를 벗어난 새로운 세계로의 열망을 완전히 소멸시키지는 못했다. 오히려 폴란드의 지속적인 경제상황 악화와 고무우카 정권의 실정은 새롭게 집권한 기에레크(Gierek) 정권에게 새로운 담론을 불러일으키는 토양을 제공할 뿐이었다. 즉, 기에레크 정권이 추진했던 경제 근대화 등 여러 정책은 아이러니하게 공산정권에 대한 종말을 알리는 내부로부터의 저항에 힘을 싫어 주었다. 또한 이런 내부의 저항운동은 보다 더 적극적인 외부로부터의 지지를 이끌어 내는데 정당성을 제공하기도 했다.

4. 냉전시기 폴란드인의 저항정신과 자유 쟁취: 바웬사의 자유노조

폴란드 공산정권의 붕괴 원인은 크게 두 가지로 나누어 논의될 수 있다. 첫째는 갈수록 악화되는 공산주의 경제체제가 안고 있던 구조적 문제이고, 또 다른 요인은 대외환경의 변화에서 찾을 수 있다. 먼저 공산주의 경제체제가 가지고 있던 구조적 문제부터 살펴보자. 폴란드는 여타 공산주의 국가들과 마찬가지로 계획경제 체제를 운영해왔는데 1950년대와 60년대의 경제 성장률은 서방세계의 발전 수준과 비교해도 그리 낮은 편은 아니었다. 그러나 이런 계획경제 체제 아래에서 국가는 개인의 복지가 아닌 세계 공산화에 초점을 맞추어 경제정책을 펼쳤다. 정치적 목적을 달성하기 위한 하나의 방편으로 경제 정책을 시행하는 것은 장기적인 차원에서 개인의 삶을 피폐화시키는 구조적 문제를 발생시킬 수밖에 없었다. 그 구체적인 부작용이 1970년부터 나타나기 시작했다. 당시 세계 경제는 수요와 공급의 시장 논리보다는 정치적 계산에 의한 집단 이기주의가 지배하였다. 예를 들어, 미국 정부는 30여 년간 유지해 왔던 브레튼우즈 체제를 일방적으로 중단하였고,2) 석유 산유국도 집단행동을 통해 유가를 인위적으로 높이는 등 자국의 이익만을 위한 정책적 선택을 하였다.

이러한 외부 경제 환경의 급격한 변화 속에 계획경제 체제를 유지하던 폴란드는 경제적 어려움을 겪을 수밖에 없었다. 그로 인해 불거진 거시적 차원의 경제문제는 곧바로 국민의 삶에 악영향을 미치기 시작했다. 폴란드 내 소비물자가 부족해지기 시작했고, 노동자의 실질임금도 급격히 떨어지기 시작했다. 특히 폴란드 내 주택 부족 현상은 국민들에게 직접적인 고통을 안겨다주는 경제문제로 인식되기 시작했다. 이런 배경 속에서 1970년 12월 발트해 인근 도시에서 급격한 식료품 가격인상에 항의하는 폭동이 일어났다.

〈표-1〉에서 나타나듯이, 폴란드의 실제 경제 성장률은 1, 2차 오일쇼크 기간 중 큰 하락세를 보였다. 그 예로, 1970년대 초중반 총생산량을 기준으로 5~10% 플러스 성장률을 보여주던 폴란드 경제는 2차 오일쇼크가 한창인 79년에는 2.3% 마이너스 성장률을 보였다. 이는 중공업 중심의 전시경제로 인한 구조적 비효율성에 따른 결과라는 설명은 설득력이 있어 보인다. 또한 1973년 석유파동이 발생함에 따라 폴란드의 대외수출은 급격한 하락세를 보인 동시에 외국의 투자 감소와 원금 회수 압박으로 인해 국제수지는 급속히 악화되었다. 이로 인해 폴란드는 갚아야 할 외채가 급속히 증가하였고, 그 과정에서 국민의 삶의 질은 더욱 낮아질 수밖에 없었다.

---

2) 1971년 미국 닉슨 대통령은 1944년에 설립된 브레튼우즈 체제(Brettwonwoods System)를 일방적으로 선언한다. 브레튼우즈 체제는 무역 자유화와 금융 시장의 자유화를 위한 국제 경제 체제의 거버넌스를 위해 GATT, IMF, World Bank 등을 설립하여 운영하였다.

〈표-1〉 폴란드 총생산 및 총투자 (1970-1979) 단위: 연%

	국내총생산	총생산		총투자	국내총생산대비 총투자
		산업	농업		
1970	5.2	8.1	2.2	4.1	20.5
1971	8.1	8.5	8.3	10.2	20.6
1972	10.6	10.4	5.4	26.7	23.3
1973	10.8	11.6	3.4	27.7	25.9
1974	10.4	12.0	-2.9	22.3	28.3
1975	9.0	11.4	-8.1	12.1	29.0
1976	6.8	9.1	2.0	-9	27.0
1977	5.0	7.6	2	2.7	27.1
1978	3.0	2.7	7.3	-4.0	25.9
1979	-2.3	-1.7	-5.6	-15.4	22.7

참조: 구 공산권 출신의 경우 국내총생산(GDP)를 Net Material Product(NPT)로 표기함.
출처: Kazimierz Z. Poznanski, Poland's Protracted Transition, p. 5

〈표-2〉에서 나타나듯이, 폴란드의 물가 인상률은 1970년대 초반 안정된 모습을 보였으나, 1970년대 후반에는 6%에서 8%으로 급격히 상승하기 시작했다. 또한 실질 임금도 하락하여 1978년에는 전년 대비 2.7% 마이너스 성장세를 보였다. 생산성 부문에서도 노동보다는 자본에 의한 생산성의 하락이 더욱 두드러지게 나타났다. 이는 곧 대출 상환, 무역수지 적자 등을 유발하였고, 그 결과 1979~80년은 마이너스 성장률을 보였다.

경제상황의 악화는 단지 경제적 문제에만 국한되어있지 않았다. 정치는 더욱 부패하였다. 지도층이 부패함에 따라 국민들이 더 큰 고통을 받게 되었고, 그 결과 정치권에 대한 국민들의 불신은 더욱 높아졌다. 이러 가운데, 1980년 7월 육류 가격 인상이 발생하였다. 그 결과 발생한 노동자 파업은 정치적 색채를 띠면서 전국적으로 확대되어 2개월 간 폴란드 전국을 뒤흔들었다. 이 과정에서 후일 공산정권의 붕괴의 직접적인 원인이 되었던 노동자 중심의 민주화 운동이 시작되었다.

〈표-2〉 폴란드 거시 경제 지표 (1970-1979)   단위: 연%

	물가인상률	실질 임금	실질 소비	생산성	
				노동	자본
1970	–	–	–	–	–
1971	-1.2	5.7	7.0	6.9	1.8
1972	.0	6.4	8.8	8.6	3.8
1973	2.6	8.7	8.6	9.0	3.0
1974	6.8	6.6	6.8	8.2	1.0
1975	3.0	8.5	8.5	8.3	-1.1
1976	4.7	3.9	3.9	7.7	-2.5
1977	4.9	2.3	2.3	5.0	-4.3
1978	8.7	-2.7	-2.7	3.3	-5.3
1979	6.7	2.4	2.4	-1.5	-9.6

출처: Kazimierz Z. Poznanski, Poland's Protracted Transition, p. 5.

폴란드 공산정권은 어떻게든 당면한 경제문제를 해결하고자 했다. 그러나 당시 집권 세력인 고무우카 정권은 이러한 경제난에 제대로 대응하지 못하여 결국 실권하게 되었다. 고무우카 정권이 물러난 후 새롭게 등장한 기에레크 정권은 국민 생활 향상을 위한 경제정책을 시행했다.3) 기에

---

3) 기에레크는 1913년 생으로 폴란드 당 서기장이다. 그는 1970년 경제난으로 폴란드 당서기가 된 인물로 경제 개혁과 서방과의 관계 개선을 추진한 정치인이다. 그러나 80년 경제난으로 인해 야루젤스키에 의해 권력에서 추출되었고, 2001년 폐암으로 사망하였다.

레크 정권은 '새로운 전략과 사회 발전'이라는 구호 하에 폴란드 경제재건을 목표로 한 수입 주도의 경제개혁을 추진하였다.

당시 기에레크 정권은 폴란드가 공산권 경제블록에서 탈피하여 서구와의 경제관계도 적극적으로 개선해야 한다고 생각하였다. 이에 따라 폴란드는 경제발전에 필요한 기술과 설비를 서방으로부터 도입하고, 그에 필요한 재원도 적극적으로 차입하는 등 장기적인 경제발전 정책을 구가하고자 했다. 그 결과 당시 폴란드의 대외 차입금은 1973년에 4억 3천만 달러, 1975년에 4억 7천 5백만 달러, 그리고 1980년에는 7억 3천 6백만 달러로 늘어났다(Zloch-Christy, 1987: 39).

이와 같이 폴란드는 서방과의 관계를 개선하였으나 양측간 경제관계는 폴란드가 원하는 방향으로 흘러가지 않고, 오히려 서구에 더욱 예속되는 관계로 이어졌다. 비록 새로운 전략과 사회발전이란 구호 아래 기에레크 정권은 서방 국가들로부터 차관을 도입하기 시작했으나, 해외차관을 바탕으로 한 경제발전 정책은 곧 어긋나기 시작했다.

이에 강경파 공산당 지도부들은 서구에 대한 지나친 의존은 마르크스 경제체제의 포기라며 비판하기 시작했다. 이들은 과거 폴란드가 계획경제, 국영기업, 물가와 무역에 대한 국가 통제 시스템을 특징으로 한 경제정책의 장점을 부각하기 시작했다. 따라서 기에레크 정권의 서구 의존적 경제정책은 결국 폴란드 경제를 해칠 뿐만 아니라, 폴란드의 정체성에도 도움이 되지 않는다는 비판의 목소리를 높여갔다. 이와 같은 내부의 반대를 목도한 서구 세계도 폴란드에 차관 지급을 거부했다.

한편 그동안 폴란드가 서구로부터 빌린 차입금은 270억 달러에 다다른 상태였다. 이에 폴란드는 더 이상의 차관을 도입하기 어렵게 되었다. 뿐만 아니라, 기존 차관을 상환하는데 있어서도 상당한 압박을 받게 되었다. 이에 폴란드 정부는 서구로부터 도입한 차관의 이자상환을 위해 철, 식량 등 팔 수 있는 모든 것을 팔았다. 그 결과 수입상품 가격은 가파르게 상승하여 폴란드 주민의 삶의 질은 더욱 악화되었다(Gabrisch, 1981, 70).

결국, 폴란드는 다른 공산주의 국가들처럼 자국 노동자들의 소비를 강제로 억제하는 동시에 투자율을 늘리는 방식으로 문제를 해결하려 했다. 그러나 이런 노력은 곧 한계에 부딪힐 수밖에 없었다. 경기가 악화되어 생활고에 빠진 노동자들은 폴란드 정부의 경제정책에 불만이 폭발하여 결국 1980년부터 전국적 파업의 촉발제가 되었다.

경제 환경의 변화와 더불어 민주화 여정에 큰 영향을 미친 또 다른 동인은 폴란드를 둘러싼 대외안보 환경의 변화이다. 대외 환경의 변화는 미국의 적극적 지원을 배경으로 삼고 있다. 이와 동시에 구 공산권 지역의 지정학적 안보 환경의 변화도 중요한 동인으로 작동하였다. 여러 요인 중 소련의 고르바초프 서기장이 주도한 대내외 정책의 변화는 그 무엇보다 중요한 동인이 되었다. 고르바초프 서기장 집권 하의 소련은 더 나은 미래를 위한 페레스트로이카(개혁)와 글라스노스트(개방) 정책을 추진하였다.[4] 고르

---

4) 개방인 글라스노스토는 러시아어로 Гласность이며, 직역하면 공표 혹은 발표이며, 페레스토이카인 개혁은 러시아어로 Перестройка이며, 직역하면 재건 혹은 재편성이라는 뜻임.

바초프의 개혁정책은 기존 공산당의 무기력과 부조리, 그리고 부패 추방을 목표로 하였다. 여기에는 경선을 통한 당내 주요 인사 선출 등 정치체제 개혁 역시 포함되었다. 한편 고르바초프는 개방정책을 통해 당과 정부의 의사결정 과정을 국민에게 개방하고, 국민의 심판을 받는 민주적 행정을 추구하려 하였다. 그는 대내적으로는 정치범 구속이나 정치적 사찰 중지를 요구하고, 대외적으로는 서방세계와의 개방정책을 확대를 추진하였다.

고르바초프는 이와 같은 개혁과 개방정책을 통해 과거 소련의 공산주의 사회에서 만연했던 언론 검열, 어용화, 사상탄압 등 경찰국가주의의 폐해를 청산시키고자 했다. 이러한 잔재를 청산하지 못한다면 소련 사회의 변혁을 이루어내기 어렵다고 판단했기 때문이다. 또한 고르바초프는 정치 체제의 변혁을 추구하는 동시에, 공산주의 경제체제의 구조적 한계를 인정하며 점진적인 시장 자유화 정책을 추진하였다. 결국 고르바초프는 개혁이란 이름을 내세워, 공산권의 정치 및 경제체제의 대대적인 변혁을 시도하였다(Mason, 1988).

더 나아가, 고르바초프는 소련의 위성국가들이 소련의 노선에서 벗어나 활동할 경우 자국이 간섭할 수 있다는 브레즈네프 독트린도 폐기했다. 브레즈네프 시대에 채택되었던 브레즈네프 독트린은 제한 주권론이라고 칭한다. 본 독트린은 사회주의를 반대하여 사회주의 국가를 자본주의 국가로 바꾸려는 시도에 대응하는 내용을 담고 있다. 뿐만 아니라, 본 독트린은 공산권 국가가 사회주의 종주국인 소련의 통제를 벗어나 독자적인 행동을 하려고 한다면 이들을 제거해도 된다는 취지의 내용도 담았다(본 독트린에 대한 자세한 논의, 김광림 (1995)). 따라서 브레즈네프 독트린의 폐기는 폴란드와 같은 자국의 위성 국가에 정책지시를 강요하지 않는 새로운 외교정책 노선의 선언을 의미하였다. 이러한 외부환경의 변화로 경제난에 따른 폴란드 노동자들의 소요사태와 이에 따른 정계개편이 이루어져도 소련은 더 이상 개입할 수 없게 되었다.

폴란드는 1970년 후반부터 시작된 국제적인 경제위기를 겪으며 고물가와 저임금으로 인한 고통을 정면으로 감수해야 했다. 그러나 경제침체의 직접적인 고통을 받는 노동자들은 그들을 대변할 조직이나 세력이 없는 현실을 개탄할 수밖에 없었다. 물론 공산당과 밀접한 관계를 맺고 있는 노동조합이 있었지만, 이들은 당의 어용단체에 불과하여 노동자의 권익을 대변하지는 않았다. 이러 배경 속에서, 1979년부터는 공산당으로부터 독립되어 노동자를 대변하는 노조활동에 대한 요구가 비등하였다. 이러한 와중에, 그단스크의 여공 안나 말렌티노비츠(Anna Walentynowicz)가 독립 노조 설립을 시도한 사건이 발생하였다. 이는 어떠한 면에서 보면 폴란드 자유노조 활동의 시작점이자, 폴란드 공산정권 몰락의 서막을 알리는 중요한 사건이었다. 당시 본 사건을 접한 폴란드 정부는 1980년 8월 주도자인 말렌티노비츠를 적발하여 직장에서 해고하여 노동운동을 초기에 종식시키려 하였다. 그러나 그녀의 해고는 노동자 운동의 종식이 아니라 오히려 노동자 중심의 대규모 분규를 촉발시키는 도화선이 되었다. 폴란드 노동자들은 그녀의 복직을 요구하며 그해 8월부터 전국적 파업에 들어갔다. 결국 말렌티노비츠로부터 시작된 폴란드 노동운동은 임금인상을 내걸고 1만7천여 명의 노동자들이 참여한 연좌 파업으로 진화되었다.

말렌티노비츠의 해고는 노조 운동을 잠재우기보다 오히려 대규모의 반정부 시위로 이어지는 발단이 되었다. 이와 같은 거대한 노동쟁의 과정에서 노동자들은 '단결' 또는 '연대'를 의미하는 '솔리다르노시치'라는 구호를 합창하기 시작했다. 이 구호는 후일 폴란드 노동투쟁의 상징어가 되었을 뿐만 아니라, 폴란드 민주화의 초석을 다지는 정신으로 승화되었다(Pearce, 2009: 159).

날로 악화되는 폴란드의 경제상황으로 노동자들의 대규모 반정부 시위는 불꽃처럼 번져갔다. 1970년 중반부터 무역수지 악화, 외채증가, 그리고 인플레이션의 삼중고를 겪었던 폴란드의 경제는 1980년대에 들어서는 더욱 악화되었다. 그 결과 1980년 폴란드의 경제 성장률은 마이너스 13%를 기록했고, 국민 생활수준도 1974년의 수준으로 쇠퇴하였다(중앙일보, 1989). 이러한 상황 속에서 1980년 여름 다시 육류 가격 인상을 포함한 생필품 공급 위기가 도래하자, 노동자들의 불만이 극에 달해 그단스크를 위시한 폴란드 전역에서 파업이 발생되는 촉발제가 되었다.

1980년 7월 1일 레닌 조선소에서 시작된 노동자들의 파업은 200즈워티(Złoty)의 임금인상 타결로 종식되는 것처럼 보였다. 그러나 곧 다른 곳에서도 노동자 파업이 연이어 발생하였다. 이에 따라 노동자들은 다소 산발적으로 일어났던 노동쟁의를 체계적으로 이끌기 위해 조직적 행동을 취하기 시작했다. 그 기반을 마련하는데 중심적 역할을 한 인물이 그단스크 소재의 레닌 조선소에서 전기공으로 일하던 레흐 바웬사(Lech Wałęsa)였다.

바웬사는 노동운동을 단순한 투쟁에 그치지 않고, 가톨릭 성당과의 연계해 비폭력 반(反) 소련 운동으로 확장시켰다. 그 결과 개별 공장과 기업을 넘어 모든 사업장에서 자유노조를 기반으로 한 노동자 연대가 결성되어 자유노조 가입자는 천만 명으로 증가했다. 자유노조를 결성에 일조한 노동자들은 바웬사가 이끄는 위원회가 정부의 협상 파트너가 되도록 지원하였다. 이렇게 결성된 자유노조는 후일 폴란드 역사상 최초로 노동자와 지식인 간 연대로 발전하는 전기를 마련하였다(Żuk, 2019: 75).

폴란드 전역의 노동자들이 참여한 연대는 자신들의 권익주장을 넘어 보다 광범위한 형태의 반공산주의 단체로 발전하였다. 이러한 노조활동이 대규모로 확산되어 정부의 통제를 벗어나려는 조짐을 보이자, 정부는 노조탄압 대신 정치적 파트너로 인정하기 시작했다. 그 결과 1980년 8월 공산당 정부의 대표와 노조대표는 당으로부터 독립한 자유노조를 인정한다는 그단스크 협약 합의에 이르렀다. 이후 1980년 9월 기에레크가 당 서기직을 사임하고, 새롭게 집권한 폴란드 지도부도 자유노조를 인정하면서 동년 11월 10일부터 노조활동은 공식적으로 승인되었다.

〈표-3〉과 같이 폴란드 노동자들은 그단스크 협약을 통해 21개의 조항을 요구하였고 이중 21개 요구 사항은 두 가지 차원에서 의의를 발견할 수 있다.

첫째, 21개 요구 사항은 과거 공산주의 통제 체제하에서 인민들의 기본적이고 실질적인 권리를 요구하였다는 점에서 의의가 있다. 특히 그단스크 협약은 폴란드 내 자유노조 활동 활성화를 넘어, 동독의 베를린 장벽을

<표-3> 그단스크 협약의 주요 내용 21개 요구 사항

연번	주요 내용
1	자유무역노조 형성을 위한 권리에 관한 국제무역기구의 제 87번에 따라, 폴란드 공산당 또는 그 기구에 저촉되지 않는 자유무역노조 인정
2	파업 권리 보장과 파업에 참여하는 자들의 안전보장
3	표현, 독립적인 출판의 자유를 포함한 언론 및 출판, 모든 종교 대표자들에게 언론의 접근권에 대한 헌법적 보장의 이행
4	1970년 및 1976년 파업으로 해고된 노동자의 복권, 자신의 견해로 퇴학당한 학생들에 대한 복권, 에드몬드 자드로진시키, 얀 코즐뤄스키, 마렉 코즐로위스크 등 정치범에 대한 석방, 개인의 신념에 대한 탄압 중지
5	공장 간 파업위원회에 관한 정보의 언론매체 공개 및 이들의 요구에 대한 명문화
6	다음 두 가지 수단에 근거하여 폴란드를 위기의 상황에서 벗어나게 할 것. 첫째, 폴란드의 사회 경제적 상황에 대한 정확한 정보를 대중에게 알릴 것. 둘째, 개혁프로그램에 사회 각계각층의 참여를 허용할 것
7	파업 기간 이에 참여한 노동자에 대한 보상
8	2천 즈워티의 월 임금 인상 요구
9	물가상승으로 인한 실질소득의 하락을 고려한 임금의 자동 인상 보장
10	농산물의 초과 생산분만 수출을 허용하며, 동시에 국내에 충분한 수준의 식량 제공
11	시장이 안정화 될 때까지 육류 및 육류 관련 제품에 대한 식량 쿠폰 제공
12	빠른 시일 내 국내 수출회사들의 서구 화폐 판매 및 상업적 가격제 철폐
13	당원의 지위에 근거하지 않고 자질에 근거한 관리직 선출. 가족수당의 평준화와 경찰, 보안요원, 당 간부 등을 위한 특별판매 등과 같은 특권 철폐
14	30년 이상 여성(50세) 또는 35년 이상 근무한 남성(55세)에게 적용하는 나이 정년제 완화
15	노령연금과 연금을 실제 납입한 금액과 일치 요구
16	의료 서비스 분야의 근무 환경 개선
17	직장여성을 위한 유치원 탁아소 증설을 위한 구체적 노력
18	3년간의 유아 휴직
19	아파트 입주 대기 기간의 단축
20	100 즈워티까지 교통비 보조금 인상
21	토요일 휴무. 주말 근무자에게 대한 휴가 일수 증가 및 그 외 금전적 보장

출처: https://en.wikipedia.org/wiki/21_demands_of_MKS

허물게 하는 시발점이자 공산권 몰락을 위한 민주화 운동의 전기가 되었다. 둘째, 그단스크 협약에 언급된 요구사항은 매우 실용적이며 사회, 경제적인 함의가 높다고 평가될 수 있다. 예를 들어, 과거 공산권 국가들에서 임금인상을 요구하는 노동자 파업이 일었지만, 이런 요구들은 제대로 이행되지 않았다. 그러나 그단스크 협약의 경우, 과거와는 달리 실제적인 정부의 대응책이 언급되었다는 점에서 이전과 차별점이 있다고 말할 수 있다.

이후 1980년 9월 자유노조는 첫 번째 국회를 열어 바웬사를 대통령으로 선출하고 폴란드 공화국 체제를 선포했다. 당시 폴란드 공산정권은 자유노조 중심의 반정부 운동을 어느 정도 인정하는 분위기였다. 사실 당시 폴란드 공산정권은 이런 반정부 운동을 제압할 만한 수단이나 명분도 없어 보였다(Jadwiga Staniszkis, 2007). 결국 자유노조를 중심으로 시작된 반정부 투쟁에 대해 당시 폴란드 공산정권은 미온적으로 대처했는데, 이는 폴란드 공산정권 몰락의 서막을 알리는 계기가 되었다.

폴란드 내 자유노조의 결성은 기존 공산정권에게는 크나큰 위기로 인식되었다. 이에 폴란드 통일노동자당(Polska Zjednoczona Partia Robotnicza; PZPR)은 공산 집권을 공고히 하기 위한 내정간섭을 시도하였다.[5] 그단스크 합의가 서명된 후, 폴란드 통일노동자당 장악에 실패한 기에레크 당

---

[5] 폴란드 통일노동자당은 폴란드의 공산주의 정당이다. 폴란드 통일노동자당은 1948년에 창당되어, 1990년에 폴란드가 민주화 되면서 완전히 해산되었다. 폴란드 통일 노동자 당은 엄격한 마르크스레닌주의에 의거, 40여년 간 폴란드를 독재적으로 지배했으나, 1980년대 후반 계속되던 민주화 요구를 받아들여 차츰 유화조치를 취하기 시작했고, 민주화와 함께 역사로 사라졌다.

서기장은 물러났으며, 빈 자리를 스티니스와프 카니아(Stanisław Kania)가 이어갔다.

그러나 카니아 정권도 오래가지는 못했다. 노조에 대한 카니아 정권의 대응에 불만을 품은 보이치에흐 비톨트 야루젤스키(Wojciech Witold Jaruzelski)는 카니아를 몰아내고 1981년 2월에 폴란드의 새 총리가 되었다. 이후 동년 12월에는 당서기 자리에 올라 폴란드 국정을 완전히 장악하였다.6) 야루젤스키가 당서기가 된 이후 즉각적인 노조 탄압은 없었다. 처음에는 유화책을 사용하면서, 자유노조와의 공존을 모색하였다. 공존을 위해 야루젤스키는 1981년 11월 자유노조 지도자 바웬사, 가톨릭 대주교 요제프 클렘프를 회담장으로 초청하여 평화적 공존을 위한 삼자협정을 모색하였다.

그러나 이러한 초기의 유화정책은 오래가지 못했다. 대내외적 경제 상황의 악화와 동시에 국제정치 지형이 급격히 변화하면서 야루젤스키의 입지는 좁아졌다. 야루젤스키는 취약해진 자신의 정치적 입지를 돌파하기 위한 방편으로 오랫동안 국내정세의 불안정 요소로 인식된 자유노조를 탄압하기 시작했다. 그러나 야루젤스키는 의도와 달리 노조탄압은 실효를 거두지 못하고 노조운동을 더욱 촉발시키는 원인만 제공하였다. 이

---

6) 1923년에 출생하였고, 제2차 세계대전 발발 후 폴란드를 떠나 리투아니아를 거쳐 소련 군대에 입대하여 전쟁에 참여하여 공훈을 만들었다. 이후 그의 공훈을 인정받아 폴란드 통일노동자 당에 입당하여 정치 활동을 시작하였다. 이후 당서기가 된 후 레흐 바웬사의 자유노조를 무자비하게 탄압한 독재자이자 민주화된 폴란드의 초대 대통령이라는 모순된 타이틀을 가지고 있는 인물로 평가되며, 2014년 사망했다.

에 위기를 느낀 야루젤스키는 1981년 12월 13일 극도로 불안해진 정국을 타파하기 위해 계엄령(Stan Wojenny)을 선포하였다.

계엄령을 통해 야루젤스키는 소요사태로 어지러운 폴란드의 정국안정을 꾀하였다. 그는 계엄령을 통해 노동자의 노조활동은 정권을 위협하는 반정부 운동으로 자유노조를 불법단체로 규정하여 간부들을 체포하고 이후 수년 간 자유노조를 탄압하였다. 또한 그는 정적으로 여기는 과거 정부의 관료들까지 부정 축재를 명목으로 체포하였다. 이렇게 체포된 사람은 거의 500여명에 달하였다. 더불어 야루젤스키는 국경 폐쇄, 전화 및 팩스 단절, 여행 금지, 시민 자유권 박탈, 사생활 보호권 박탈, 통행 금지, 극장 폐쇄, 학교 휴교 및 언론 통폐합 등도 단행하였다(김종석, 2006; 206).

계엄령에 반발한 노동자들은 그단스크를 중심으로 연대 파업을 일으키며 거세게 저항하였다. 그러나 이미 다수의 자유노조 간부들이 체포된 상태였기 때문에 조직적으로 반항하기는 쉽지 않았다. 특히 부엑(Wujek) 광산의 시위가 유혈진압으로 마무리면서, 노조를 중심으로 한 반정부 시위는 산발적으로 이루어졌고, 이마저도 시간이 지나면서 약화되었다.

야루젤스키의 탄압정책은 나름의 성과를 보이는 듯했다. 계엄령을 위시한 노조탄압 정책을 통해 1982년 10월 결국 폴란드 내 모든 자유노조 활동은 완전하게 금지되었다. 그 결과 노조운동의 중심이었던 바웬사와 노동 운동을 하던 다수의 노조 지도자들도 체포되었다. 당시 체포된 반(反)체재 인사는 약 5천여 명에 달했다.

이와 같은 강압적인 노조탄압 정책으로 기존 노조들은 지하에서 반정부 활동을 하며 연명해 나갔다. 예를 들어, 자유노조의 지도자인 바웬사는 가택연금 상태에서도 반정부 투쟁을 계속해 나갔다. 그가 펼친 가택연금 상태의 노조운동은 혼자만의 투쟁은 아니었다. 당시 폴란드 태생의 교황 요한 바오르 2세는 반정부 투쟁에 대한 지지 성명을 발표하면서 바웬사의 반정부 운동은 새로운 국면을 맞게 되었다. 그 결과 폴란드의 자유노조 활동은 국내정치 현안을 넘어 국제사회의 이슈로 부상하였다.

또 하나 주목할 사안은 반정부 운동이 폴란드 국내에서 극도의 제약을 받았지만, 해외에서의 반정부 운동은 계속되었다는 점이다. 그 예로, 당시 다수의 반체제 인사들은 폴란드를 떠나 해외에서 폴란드 내 반정부 운동을 지원하는 새로운 방식으로 반체제 운동을 펼쳐나갔다. 해외에 주재한 주미, 주일대사 등과 같은 정계 인사들은 서구 사회로 줄지어 망명했으며, 이들은 망명한 국가에서 반정부 운동을 이어갔다.

폴란드 공산정권에 대한 저항운동이 대내외적으로 진행되는 상황에서 바웬사를 중심으로 한 반정부 자유노조 활동의 획기적 전환점이 된 사건이 발생하였다. 그 사건은 1983년 가택연금 상태인 바웬사의 노벨 평화상 수상 소식이다. 바웬사가 노벨평화상을 수상하자, 당시 야루젤스키 정부가 취했던 계엄령은 더 이상 명분을 갖기 어려워졌다. 결국, 야루젤스키는 민주화를 요구하는 대내외적 압력에 백기를 들고 1983년 7월 계엄령을 해제하였다. 물론 야루젤스키 정권의 항복이 곧 공산정권의 몰락을 의미하지는 않았다. 폴란드는 여전히 친정부적인 통일노동자당이 장악하고 있었고, 이들은 변화의 수용보다 과거 공산체제의 유지와 지지를 고수하면서 내부로부터의 개혁을 가로막는 최대의 걸림돌로 작동하였다.

계엄령 해제 이후, 야루젤스키 정권은 날로 악화하는 폴란드 경제의 회복을 위해 다양한 개혁도 시도하였다. 1985년 12월까지 시한을 둔 '위기상황법' 제정은 주목할 만한 사건이다. 위기상황법을 통해 야루젤스키는 계엄해제에 따른 불안요소를 최소화할 수 있는 안전장치를 마련하고자 했다. 동시에 소위 "표준화" 프로그램을 통해 폴란드 경제의 복구도 시도하였다.

야루젤스키는 경제개혁뿐만 아니라 정치적 화해방안도 모색하였다. 예를 들어, 1989년에는 반체제 인사 255명을 포함한 대대적 사면을 단행하며, 정적과 화해하고 폴란드 정국의 안정화를 위해 재야 민주인사를 포함한 56명으로 구성된 고문 위원회도 창설하였다. 그는 이러한 조치를 통해 폴란드 공산정권의 이미지를 개선하려고 노력하였다(김용덕, 2020, 339). 그러나 야루젤스키의 개혁의지와는 무관하게, 폴란드 경제는 계속해서 악화되었다. 당시 4백억 달러가 넘는 외채와 고질적인 인플레이션으로 인해 국민들은 극심한 경제적 고통을 겪었다. 그 결과 1980년대 폴란드 국민들의 임금은 1970년대 수준 이하로 하락하게 되었다(김종석, 2006; 207).

이처럼 국내경제 상황이 계속해서 악화되면서, 생존을 모색하던 야루젤스키는 자신의 정권기반을 안정화하고자 야당과의 화해를 시도하였다. 그에 따라 야루젤스키는 1987년 11월 정치 및 경제분야의 개혁을 위한 국민투표를 시행하려 했으나 이 또한 결국 부결되고 말았다. 이로 인해 폴란드 공산당 정부의 입지가 더욱 좁아졌다. 이런 와중에 1988년 8월부터는 다시 탄광을 중심으로 전국적인 파업이 시작되어 공산정권 붕괴를 가속화하는 계기가 되었다. 이처럼 혼란스러운 정국을 타결하기 위해 당시 폴란드의 집권세력은 야당과의 접촉을 적극적으로 시도하였다. 이들이 야당과의 대화 창구를 복원하는 과정에서, 다수의 노조동맹 간부들과 반체제 인사들도 1986년 사면, 복권되었다. 또한, 1989년 1월부터는 그동안 탄압으로 지하로 잠적했던 자유노조가 다시 합법화되었다. 그 결과 1989년 4월에는 야권과 원탁회의(Okrągły Stół) 개최합의에 이르고, 본 협상을 통해 파업종결을 설득하였다. 그러나 이 모든 시도는 야루젤스키의 의도와는 달리, 향후 치러질 자유선거의 기틀을 마련하는 주요한 전기로만 작동하였다.

5. 냉전 이후 과거청산: 공산주의 청산

1989년 6월 4일 실시된 부분적인 자유선거에서 자유노조가 압승함에 따라, 그 해 여름 폴란드는 평화로운 정권이양이 이루어졌다. 폴란드 공산정권은 1989년에 몰락한 것이 사실이나, 폴란드에서 민주주의 정권이 설립된 것은 지난 10여 년간 지속해 온 실제적 정권교체에 대한 열망과 노력의 결과라고 볼 수 있다.

그 결과로 이어진 사건 중 첫 번째로 주목해야 할 것이 바로 폴란드 공산주의 집권 정부와 자유노조 사이에 개최된 원탁회의이다. 원탁회의는 폴란드인민 공화국과 자유노조가 참여하는 회의로서, 1989년 2월 6일부터 그해 4월 4일까지 진행되었다. 이와 같이 1989년에 원탁회의가 개최되었지만, 그 전부터 원탁회의 개최를 위한 노력이 없지는 않았다. 1988년에 폴란드 집권당은 원탁회의를 개획하였으나, 당시 전국적으로 진행된 노동자 파업으로 성사되지 못했다. 이러한 우여곡절을 겪은 후 1989년 2월 6일 드디어 체스와프 키슈차크(Czesław Kiszczak) 장관이 주도하는 원탁회의가 개최되었다.

원탁회의는 폴란드 공식 정부 연립파와 자유노조를 중심으로 개최된 회의로서, 재·야간 정치, 경제 및 사회에 대한 전반적인 개혁을 논의하는 장이 되었다. 원탁회의를 통해 자유노조는 다음과 같은 사항을 요구하여 본 회의를 통해 채택되었다.

- 자유노조를 합법화한다.
- 국회에서 100석 규모의 상원을 부활하고, 이들 상원의원은 자유선거로 선출한다.
- 국회의원 선거를 통한 민주주의 정착과 전환기 기간을 가지기 위해 하원의 35%를 자유선거로 뽑고, 폴란드 연합 노동자 등과 관제 정당과 같은 공산주의 색채의 정당들에게 60%의 의석을 할당한다. 마지막으로 5%를 로마 가톨릭 정당들에게 배분한다.
- 재야 세력은 신문, 라디오, TV 등 언론 매체를 소유할 수 있다.
- 동시에 6년 임기의 대통령제를 도입하여 국가의 최고 지도자를 당서기에서 대통령으로 전환하는 제도적 변화를 모색한다(KAMIŃSKI, 1999: 89-90).

원탁회의는 두 가지 차원의 중요한 정치적 함의를 내포한다. 첫째, 원탁회의를 통해 당시 폴란드 집권정부가 노동자와 농민의 권리와 이익을 대변하는 계기를 마련해 주었다는 점이다. 물론 폴란드 정부가 차후 자신들이 주도한 경제개혁이 실패할 경우 원탁회의에 초대된 재야인사에게 그 책임을 전가하려는 의도가 있었던 것도 사실이다. 그렇지만 자유노조를 중심으로 형성된 이들 재야인사의 참여는 경제개혁 과정에서 높아진 노동자의 불만을 반영하는 주요한 통로로도 사용되었다. 둘째, 원탁회의는 사회주의 체제에서 자유 민주주의 체제로 전환하기 위한 기틀을 마련하는 중요한 전기가 되었다. 즉 사회주의 국가가 선거를 통해 평화적인 방법으로 민주주의와 자유시장경제체제로 전환하는데 있어 필요한 방법론을 제시하였다(김종석, 2006, 208).

폴란드 공산당과 자유노조 간에 개최된 원탁회의 결과로 1989년 6월 4일과 18일 두 차례에 걸쳐 상하원을 뽑는 자유선거가 실시되었다. 이를 통해 대통령직과 상원의원직이 신설되었고, 하원의원의 35%는 자유선거를 통해 선출하게 되었다. 또한 누구든지 3천 명 이상의 추천을 받은 자는 피선거권을 보유하게 되었다. 하원선거의 경우 집권 공산당인 폴란드 통일노동자당이 1위를 차지하였으며, 자유노조는 제2당이 되었다. 공산당은 실제 선거에서 단 한 석의 의원도 배출하지 못하는 참패를 겪었다. 그러나 당시 자유노조가 전체 하원(Sejm) 의석의 35%인 135석 전 석을 휩쓸었음에도 불구하고, 배정의석 규칙으로 인해 공산당이 제1당이 되었다. 상원의 경우 100석의 위원 중 자유노조가 99석을 차지하였고, 무소속은 1

석을 차지하는데 그쳤다. 그 결과 상·하원을 합해 공산당과 재야 간의 의석수는 300대 260가 되었으며, 이는 양자 간의 팽팽한 균형을 잡는데 일조하였다. 그러나 사실 이런 숫자로 나타난 균형점보다 더 중요한 것은 공산당의 입지가 거의 사라졌다는 점이다.

　공산당의 패배와 자유 진영의 승리가 나타나게 된 원인은 아래와 같이 몇 가지로 요약할 수 있다(김종석, 2006: 209). 우선, 공산당 진영이 패배하게 된 첫 번째 원인은, 폴란드 통일노동자당 지도부가 변화하는 국내정치 지형과 그로 인해 높아진 국민의 정치의식을 정확하게 이해하지 못했기 때문이다. 특히, 과거 40여 년간 공산당에서 공천만 받으면 곧 당선이라는 등식에 세워져 있었다. 그 결과 민주화를 갈망하는 유권자의 새로운 요구에 부응하는 제대로 된 선거운동이나 전략을 펼치지 못했다.

　둘째, 공산당의 후보자 선출방식 자체가 지닌 문제점이다. 경쟁력 있는 후보를 당내 경선을 통해 선출하기보다는, 당에 충성하는 후보자를 경선 없이 공천하는 방식을 취하여 왔다. 그 결과 실제 입후보할 지역구와 전혀 연고가 없는 인물이 당의 지역구 후보로 선택되었고, 이는 결국 선거 참패로 이어질 수밖에 없었다.

　셋째, 공산당은 상대방에 대한 철저한 분석 없이 안일한 태도로 선거에 임했다. 그 결과 공산당 후보들은 실제 선거유세를 제대로 하지도 못했고, 그 결과 상대방을 제대로 공격하지도 못했다. 뿐만 아니라, 이들의 가장 큰 문제점은 유권자와 원활한 소통을 하지 못해, 그들의 요구 사항이 무엇인지도 제대로 파악하지 못했다는 것이다. 반면 재야 측 후보들은 기존의 공산주의 체제를 지속할 경우 더는 희망이 없다는 것을 강조하였다. 이와 동시에 자유노조 지도자이며, 폴란드 민주화 운동의 아이콘인 바웬사와 로마 가톨릭교회 신부들이 함께 지역구 선거유세에 참여하여, 야당 후보가 승리하는데 결정적 요인으로 작용하였다.

이 시기에 보여준 폴란드의 민주화의 행보는 어찌 보면 비민주 정부의 퇴조가 시작되었다고 볼 수 있다. 이는 이후 폴란드가 협상을 통한 민주화로의 길로 들어서게 되는 주요한 전기이자, 한 일례로 언급될 수 있다(Kubas, 2020: 15). 그 결과 직접선거를 통해 민의를 대표하는 대표를 선출함으로서, 폴란드는 민주주의적인 의회를 도입하는데 성공하였다. 1989년 6월 4일 치러진 역사상 처음으로 치러진 민주의적인 선거에서, 바웬사가 이끄는 자유노조는 압도적인 승리를 거두었다. 그 결과 이들 세력들은 의회 의석의 대부분을 차지하게 되었고, 그 여파로 과거 오랫동안 폴란드를 통치했던 폴란드인민공화국은 붕괴되었다. 이런 역사적 변곡점을 통해 1989년 폴란드에서는 제3공화국이 출범하였다.

폴란드의 초대 대통령은 국회에서 선출되었다. 원탁회의 합의에 따라 야루젤스키 당서기가 대통령으로 선출되었다. 야루젤스키는 처음에는 선거를 통한 대통령직에 도전하기를 꺼려했다. 그는 자신이 유권자들의 마음을 사로잡을 수 있을지에 대한 의문을 품고 있었다. 그러나 바웬사가 대통령 선거에 대한 불출마를 선언하면서, 야루젤스키가 단독후보가 되는 상황이 되자, 그는 즉시 대통령직에 도전하였다.

비록 야루젤스키가 제3공화국의 초대 대통령이 되었다고는 하나, 그가 원하는 방향으로 국정을 이끌어갈 수는 없었다. 예를 들어, 자신의 심복이자 공산당 출신 인사인 키쉬착을 제3공화국의 총리로 임명하려고 했지만, 자유노조의 반발에 부딪혀 그를 총리로 임명하지 못했다. 따라서 그는 비공산당 출신이자, 자유노조 출신 변호사인 마조비에츠키를 수상으로 지명해야 했다. 따라서 폴란드는 그가 원하는 통치방식으로 흘러가지 않았고, 오히려 민주헌법을 기반으로 한 민주공화국으로 변모해 갔다. 그 결과 폴란드의 국명도 폴란드 공화국으로 개명되었으며, 마조비에츠키를 중심으로 새롭게 출범한 민주정은 국민의 절대적 지지 속에 새로운 정치실험을 과감히 실천할 수 있게 되었다.

야루젤스키 대통령이 개혁에 미온적이고, 옛 공산권 세력을 잔류시킨다는 비판이 거세지면서 그의 조기 퇴임에 대한 압력도 날로 거세졌다. 이에 따라 민주화 과정에서 야루젤스키는 결국 실권하고 개혁파가 정국을 이끌어가는 형국을 맞게 되었다. 국회의원 선거가 시행된 후 1990년에 실시된 지방 선거에서 자유노조가 또 다시 승리하였다. 그 결과 통일노동당이 차지하고 있었던 주요 장관직을 자유노조가 독차지하게 되었다. 또한 그해 10월에는 야루젤스키 대통령에게 대통령 임기를 다시 설정하는 헌법수정에 동의하도록 압력을 넣게 되었고, 그에 따라 야루젤스키는 마침내 대통령직에서 사임하게 되었다.

이후 폴란드에는 5년 직선제 대통령직이 신설되어 헌법에 명시되었다. 그리고 1990년 11월에 치러진 대통령 선거를 통해 자유노조를 이끌었던 바웬사가 민주 폴란드 정권의 제2대 대통령으로 당선되었다. 이후 12월에는 국명은 폴란드 공화국으로 개명되었다. 그 결과 런던의 망명정부도 자연스럽게 해산되었다. 1991년에는 드디어 진정한 의미의 자유선거가 치러졌고, 그에 따라 공산주의 체제는 역사의 뒤안길로 사라지게 되었다. 이후 폴란드는 체제 전환기에 필요한 주요 원칙들을 계속해서 추진하였다. 그 결과 과거 비민주 정권에서 민주 정권으로의 이양기가 성공적으로 추진되었다. 이후에도 1993년, 1997년 민주적 총선이 치러졌다. 그 과정에서 폴란드의 민주화는 더욱 더 뿌리를 내리고, 민주주의 안착을 위한 제도적 개혁도 과감히 진행되었다. 그 주요 전기 중 하나가 바로 1997년 국민투표를 통한 민주헌법 채택이다. 이와 같이 1990년대 민주주의를 실천하기 위한 제도적 정비 이후, 2000년대에도 민주주의 공고화를 위한 노력은 계속되었다. 2001년, 2005년 총선이 치러졌고, 이런 총선들을 통해 폴란드는 체제 변환기의 사회적 역동성을 보여주었다. 특히 2001년 총선에서 주목할 점은 1990년대부터 집권한 정권과 달리 새로운 신생정당이 의회에 진출한 것이다, 동시에 기존의 중도-우파 진영의 권력지형이 몰락하고 새로운 중도-좌파 진영 세력이 부상하였다. 이는 민주주의가 정착되는 과정에서 평화적인 정권교체를 보여주는 하나의 사건으로도 이해될 수 있다.

6. 자유민주 체제 복귀와 유럽의 중심국가로 위상 강화: NATO/EU 가입

냉전 종언으로 인해 과거 공산권의 영향력에서 벗어난 폴란드는 여타 중동부 유럽국가와 마찬가지로 자신의 정체성을 재확립해야 하는 시대적 요구에 직면하였다. 폴란드가 대내외적 환경변화의 요구에 부응하기 위한 자신의 정체성 재정립을 위해 선택한 방편은 기존의 서구질서에 재편입하는 것이다. 즉, 폴란드는 이제 더 이상 공산주의 국가나 공산주의를 수성하고 확장하는데 선봉에 선 국가가 아니다. 오히려 자신이 누가인가에 대한 근원적인 질문을 통해 자신들은 유럽국가라는 답을 내놓고 싶어 했다. 이런 행동의 구체적 결과가 1999년 NATO 가입이며, 이어 2004년에 결실을 맺은 EU 회원국 자격 획득이었다. 이런 맥락 속에, 본 절에서는 폴란드의 NATO 가입과 EU 회원국 지위가 폴란드의 민주화 여정에 어떤 함의를 가는지를 살펴보겠다(Kubas, 2020: 18).

냉전 종언으로 기존의 안보환경의 변화가 초래되었다. 이에 폴란드는 여타 다른 중동부 유럽국가들처럼 자신의 안보를 지키기 위한 새로운 방법의 모색이 필요하였다. 이에 대해 여러 방면으로 고민한 결과는 과거 자국과 경쟁관계에 있었지만, 이제는 새로운 의미를 갖는 NATO에 가입하는 것이었다. 특히 폴란드는 부침의 역사를 되돌아보았을 때, 주기적으로 주변 열강들의 각축장으로 일방적인 희생과 그 과정에서 분열과 피지배의 쓰라린 역사적 경험을 강요받았다. 단적으로 폴란드는 러시아와 독일 등과 같은 서유럽과 러시아 간의 팽창과 확장정책 속에 희생양이 된 경험이 한 두 번이 아니었다(Spero, 1993).

이렇게 변화된 안보 환경 속에, 폴란드는 자국의 안보를 진작하기 위해 냉전이 종언되자마자 NATO 가입을 준비하였다. 그러나 폴란드가 NATO에 가입하기 위해서는 우선적으로 해결해야 할 문제들이 산적해 있었다. 그 중 하나가 바로 과거 자신에게 안보 틀을 제공하였던 바르샤바 조약기구를 어떻게 해산하는가이다. 비록 바르샤바기구가 과거에는 안보의 유용한 틀로 인식되었을 수도 있다. 그러나 냉전종식 이후 러시아의 주장처럼 바르샤바기구를 새롭게 재건하여도 안보상 어떠한 유용성이 있는지 확증할 수 없다. 뿐만 아니라, 공산주의 정치의 유산으로 인식되는 바르샤바기구의 존속과, 이에 대한 참여는 전환기에 민주화를 열망하는 폴란드의 노력과 배치된다.

이에 새로운 안보 진작의 노력이 필요하다는 합의가 나타나기 시작했다. 폴란드는 헝가리, 체코 등과 함께 헝가리 비세그라드(Visegrad)에서 회동을 갖고 대안을 모색하였다. 그 결과 1991년 비세그라드 그룹이 형성되었다. 비세그라드 그룹을 통해 폴란드는 과거 자신을 얽맸던 소련의 공산주의 치하로부터 벗어나고자 노력했다. 물론 당시 모스크바는 바르샤바기구 해체에 동의하지 않을 수 없었다. 그렇지만 이러한 러시아의 입장이 폴란드와 같은 동유럽 국가들의 NATO와 EU 가입지지로 이어지는 것은 아니다(Asmus, 2002:10; 이수성 재인용). 그럼에도 불구하고, 폴란드 등 구 공산권 국가의 안보틀을 제공하였던 바르샤바 조약기구는 1991년 7월 1일 해체되었다.

바르샤바 조약기구를 대신해 새롭게 부상한 안보기구가 바로 NATO이다. 폴란드에서 NATO 가입이 논의가 개시될 때는 NATO 가입을 통한 회원국 지위를 얻는 것이 폴란드에 도움이 될지 분명치 않았다. 그러나 보스니아 사태와 소련 내부의 정치적 불안정에 따른 지정학적 안보 위협은 NATO 가입에 대한 폴란드의 입장을 완전히 바꾸어 놓았다. 특히 소련의

〈표-4〉 NATO 회원국의 확장과 주요 의제

년도	주요 가입국	주요 의제	특이 사항
1949년 4월 4일	벨기에, 캐나다, 덴마크, 프랑스, 아이슬랜드, 이탈리아, 룩셈부르크, 네덜란드, 노르웨이, 포르투갈, 미국, 영국	NATO 설립 브뤼셀에 본부 설립	유럽 및 서방의 집단 안보 개시
1952년	그리스, 터키	한반도 참전의 공로로 NATO 가입	
1955년	서독	서독, 소련의 영향력에 관계없이 NATO 가입	5월 14일 바르샤바 동맹 창설
1966년			프랑스 NATO 탈퇴
1982년	스페인		프랑스 사후 가입
1999년	체코 공화국, 헝가리, 폴란드	보스니아 전쟁이 도화선	
2004년	불가리아, 에스토니아, 라트비아, 리투아니아, 루마니아, 슬로베니아, 슬로바키아	2차로 중동부 유럽 국가 가입	
2009년	알바니아, 크로아티아		프랑스 NATO 재가입
2017년	몬테네그로		
2020년	북마케도니아		

출처: 저자 작성

붕괴와 동시에 1991년 말 구소련 국가들이 모여 만든 독립국가연합의 창설을 계기로 폴란드는 새로운 안보틀을 모색해야 한다는 강한 압력을 받게 되었다. 이에 폴란드는 1994년 2월 체코, 헝가리 등과 함께 NATO의 평화동반자계획(PfP) 협정에 서명하였다. 이후 폴란드는 1997년 7월에 NATO 우선 가입후보국으로 확정되었고, 1999년 4월4일 NATO 50주년을 기념하는 해에 드디어 NATO 가입이 성사되었다.

폴란드의 NATO 가입은 탈냉전 이후 직면하게 될 유럽의 지정학적 안보 위협 상황을 안정시키는데 기여할 수 있다. NATO는 현재 지구상에 존재하는 가장 강력한 군사안보 동맹이다. 폴란드의 NATO 가입은 분명 자국의 안보강화에 도움이 된다. 즉, 폴란드가 NATO의 틀 속에서의 안보 진작을 노력할 경우, 러시아와 같이 구 공산권 세력의 확장을 효과적으로 억제할 수 있다. 뿐만 아니라, NATO 가입은 탈냉전 이후 빠르게 진행된 폴란드의 민주화 과정을 보다 촉진시키는 환경으로 작용할 수 있다. 동시에 폴란드의 NATO 가입은 단순한 군사 안보 진작 이상의 의미를 가진다고도 볼 수 있다. 탈냉전 이후 형성된 새로운 안보환경 속에서 NATO가 단순히 냉전 체제와 같이 타 진영과의 안보대립을 위한 축으로만 작동하지 않을 가능성이 높기 때문이다. 물론 NATO의 군사적 안보기능을 완전히 무시할 수는 없다. 그러나 폴란드의 NATO 가입은 향후 민주주의, 시장경제, 인권 등 보편적 인류 가치를 표방하는데 주요한 외부 환경으로 작동할 수 있다(안성호, 2002: 593). 이에 NATO가 추구하는 안보진작의 방법과 그런 과정에서 추구하고자 하는 기저가치가 폴란드의 민주화 전환과정에서 어떤 직·간접적인 순기능으로 작용하는지도 주목할 필요가 있다.

상기 논의는 안보에 관한 전통적 해석과 사뭇 다른 차원의 이해가 필요하다. 전통적인 논의들은 NATO와 같은 군사 동맹은 물리적 힘에 기반한 힘의 균형이 어떻게 안보를 진작시키는가에 초점이 맞춰져 왔다. 그러나 폴란드와 같은 구공산권 국가의 NATO 가입의 이유를 설명하는 구성주의 논의에서 재해석할 경우 그 결론은 달라질 수 있다.

폴란드는 과거 군사적 취약성으로 해외 세력으로부터 오랜 지배를 받아, 군사력을 기반으로 한 주권 강화 활동이 필요하다고 생각했다. 그러나 이런 인식은 NATO 가입 이후 더 이상 적법하지 않을 수 있다는 담론이 생성되었다. 즉, 변화된 안보지형 속에 새롭게 형성된 폴란드의 정체성에 부합토록 대외군사 정책을 발전시킬 필요가 있다는 인식이 생성되었다. 그 결과 폴란드는 군사력에 대한 민주적 통제를 위한 민간 차원의 합의를 중시하는 정책을 수렴, 발전시키기 시작했다. 이를 통해, 군사 분야에서 민주성을 강화시키려고 노력하였다(Epstein, 2006). 더 나아가, 폴란드는 NATO 가입 그 자체가 내포하는 민주주의 가치 수호에 동참함으로서 국내 민주화를 정착시키는 모습도 보였다. 비록 냉전시기 NATO는 본 기구 회원국의 안보를 위협하는 바르샤바 조약기구에 속한 구공산권 국가들에 대한 대응방편으로 인식되었다. 즉, 냉전 기간 동안 동서 간의 대립으로 인해 각각 바르샤바 기구와 NATO가 설립되었고, 그 과정에서 양 진영 간의 세력경쟁이 발생하였다. 이런 힘의 균형이 동서 간의 영속적인 평화를 보장해 주지는 않았지만, 그래도 일시적인 평화를 유지해주는 것처럼 보였다. 그러나 탈냉전과 함께 바르샤바 조약이 해체되었지만, NATO의 경우는 상반된 결과가 나타났다. 즉, NATO의 회원국이 축소되거나, NATO 그 자체가 와해되기보다는 오히려 회원국 수는 확장되었고, NATO의 위상은 강화되었다. 이에 우린 왜 NATO가 탈냉전 시대에도 건재하다 못해, 오히려 강화되는지에 의문을 던지지 않을 수 없게 되었다. 이에 대한 답 중 하나로 우리가 주목해야 할 점은 NATO 가입 자체가 민주주의 가치를 지키고, 촉진시키는 상징물로 인식된다는 것이다. 즉, NATO 가입은 NATO의 중심을 이루었던 서구 국가들의 핵심 가치인 자유민주주의 체제 수호에 동참한다는 것을 의미한다(Schimmelfennig, 2003). 다시 말해, NATO도 EU와 같이 자유민주주의를 신봉, 발전시킨 서구 유럽국가들이 주축이 된 기구이다. 이러한 논리로 NATO 가입 자체가 자유민주주의와 같은 특정 사상, 가치 및 규범을 수용하고 지켜나간다는 의지를 보여주는 것으로 이해될 수 있다.

폴란드의 NATO 가입 시도와 함께 진행된 것은 EU 가입이다. 이런 일련의 과정에 내포하는 함의 또한 주목해야 한다. 폴란드는 냉전 종식과 그로 인해 시작된 민주화로의 전환기 과정은 어떻게 하면 유럽국으로서의 자신의 정체성을 회복하는 것일 수 있다. 이런 정체성 회복과정에서, 주목해야 할 또 다른 이면이 바로 보다 민주적이며, 번영하는 사회를 앞당기는 것이다. 이런 시대적 요구에 부합하기 위해, 폴란드의 EU 가입이 가지는 함의를 분석해 볼 필요가 있다.

1989년부터 폴란드는 EU 가입협상을 개시하여 1991년 12월 유럽협정(Europe Agreement)에 따라 1994년 2월부터는 EU의 준회원국의 자격을 부여받았다. 그러나 EU 준회원국을 부여 받기 이전부터, 폴란드와 같은 가입 신청국이 지켜야 할 의무 조항이 천명되었다. 1993년 6월 덴마크 코펜하겐 정상회담에서 EU집행위원회는 폴란드와 같은 중동부 국가들이 EU 회원국이 되기 위해서는 소위 코펜하겐 기준(Copenhagen criteria)을 충족시켜야 한다는 점을 분명히 하였다(European Council, 1993).

- 민주주의, 법의 지배, 인권, 소수 집단의 존중과 권리 보호를 통해 안정된 체제를 유지하며, 이를 위한 대표적인 조치가 바로 차별금지법 제정이다. 따라서 EU 회원국으로 가입하기 위해서는 기본적인 민주주의와 인권이 지켜져야 한다고 명시하고 있다.
- 동시에 EU 회원국이 준수해야 할 두 번째 기준으로 EU 내에서의 경제적 경쟁력, 시장의 원리에 견딜 수 있는 능력을 가진 자유시장, 시장경제 기능을 갖추어야 한다고 명시하였다.
- 마지막으로, EU 회원국이 되기 위해서는 정치동맹, 경제동맹, 통화동맹으로서의 목적을 준수해야 하며, 동시에 다양한 종류의 공동체 법(acquis)을 수렴, 이행해야 한다고 명시하였다.

코펜하겐 기준은 폴란드가 EU 회원국이 된 이후 준수해야 할 기준만을 명시한 것은 아니다. 오히려 폴란드의 EU 가입 시기 이전부터 민주주의 국가로 전환하는데 있어 주요하게 인식되는 제도적 기틀을 제공했다는 점에서 의미가 크다.

유럽협정을 맺고, EU 가입을 준비한 폴란드는 1997년 12월 6개 가입협상 대상국에 포함되어, 1998년 11월 10일부터는 EU와 본격적인 가입협상을 개시하였다. 폴란드의 NATO 가입이 1999년 확정된 이후, EU 가입을 위한 공동체 법(acquis communautaire)을 자신의 국내 정치, 경제 및 사법제도에 수렴, 안착시켜야 했다. 이후 EU 집행위원회는 폴란드가 EU 회원국에 필요한 공동체 법의 준수와 가입 이후에도 코펜하겐 기준을 충분히 수행할 수 있는 능력의 유무를 평가하였다. 이런 평가를 통해, 2002년 폴란드는 드디어 EU와 맺었던 가입 협상(accession negotiations)을 종결시키고, 2003년 4월 16일 아테네에서 가입협정에 서명하였다. 이렇게 조인된 가입협정에 따라 폴란드는 국민투표를 통해 EU 가입 찬반에 대한 비준절차를 거쳐, 2004년 5월 1일 드디어 타 중동부 유럽국가와 함께 EU 회원국이 되었다.

〈표-5〉 EU의 확장

년도	가입국	주요 의제	특이 사항
1951년	프랑스, 서독, 이탈리아, 벨기에, 네덜란드, 룩셈부르크	유럽석탄철강공사 (ECSC) 설립	
1차 확장 (1973년)	영국, 아일랜드, 덴마크		노르웨이 가입 부결 (국민 투표로 부결)
2차 확장 (1981년)	그리스	군부 독재에서 민주화 안착에 기여	경제적 후진성으로 우려 표명
3차 확장 (1986년)	포르투갈, 스페인	군부 독재에서 민주화 안착에 기여	경제적 후진성으로 우려 표명. 단일의정서 채택
4차 확장 (1995년)	스웨덴, 오스트리아, 핀란드	냉전 이후 최초의 확장	마스트리히트 조약으로 EC에서 EU로 변경
5차 확장 (2004년)	말타, 키프로스, 폴란드, 헝가리, 체코, 슬로바니아, 슬로바키아, 라트비아, 리투아니아, 에스토니아	최대의 EU 확장	니스 조약 체결
6차 확장 (2007년)	불가리아, 루마니아	2004년 확장에서 공동체 법을 완전히 준수하지 못한 국가 추가 가입	리스본 조약 체결 (EU 가입 조항 추가)
7차 확장 (2013년)	크로아티아		

출처: 저자 작성

EU 회원국 자격은 폴란드의 민주주의 안착에 있어 두 가지 차원에서 중요한 함의를 가진다. 그 첫 번째가 냉전 종언 이후 신생 민주주의 국가로 재탄생한 폴란드 정치 안정화이다. 두 번째 함의는 폴란드를 둘러싸고 있는 지정학적 안보진작에 따른 민주주의 체제의 발전을 더욱 촉진시켰다는 것이다.

첫째, 폴란드가 유럽에서 민주주의 체제로 전환하는데 있어 가장 중요한 요소 중 하나가 바로 EU 가입을 위해 준수해야 하는 코펜하겐 기준의 수렴과 이행이다. 특히 민주주의 체제를 수용하는 과정에서, EU 회원국이 되기 위한 전제조건으로 민주주의를 적극적으로 실행해야 한다. 동시에 이러 민주주의 체제의 기저 가치인 법치와 인권 존중을 천명하는 정부 및 정치체제를 구축해야 한다(Bodnar, 2010). 이런 노력의 결과, 폴란드는 민주화를 통해 정부 부처 간 책임성 증가, 행정부와 입법부 간의 균형적 관계, 헌법적 정의, 지역화와 분권화, 그리고 옴브즈만과 같은 기관의 설치 및 운영 등으로 정부기관의 책임성을 강화하는 모습을 보여주었다(Morlino and SadursKip, 2011).

또한 폴란드는 자국이 EU 회원국으로 수렴, 발전시켜야 하는 내부적인 차원의 민주적 제도 및 정치안착 수준을 넘는 노력을 보여주고, 자국이 경험하고 발전시킨 민주주의 정치질서를 주변국가에 전파하려고 노력하였다. 즉, 폴란드는 진정한 의미의 민주화 가치의 확산에도 적극적인 모습을 보여 주었다. 이는 폴란드 내에서 진행된 민주화의 성과를 측정하는 주요한 단면이라고도 볼 수 있다(Petrova, 2012). 그 대표적 일례가 바로 우크라이나와 벨라루스와의 양자관계를 통해 이들 국가들의 민주주의 안착을 지원한 것이었다. 폴란드는 벨라루스의 대통령 선거기간 동안 정치적 반대파와 시민단체를 정치적, 도덕적으로 지원하여 민주화에 도움을 주었고, 우크라이나에서는 민주화를 요구하는 시민들을 직간접적으로 지원하였다. 즉, 당시 우크라이나에서는 만연한 선거부정을 규탄하는 시위가 일었는데 폴란드는 이를 외면하지 않고, 적극적인 지원을 펼쳤다. 그 결과 폴란드는 2004년 우크라이나에서 오렌지 혁명 발발에 중차대한 역할을 했다는 평가도 받게 되었다.

이와 같이 폴란드가 보여 준 민주주의 가치의 확산의 외부 세계로의 확산은 EU가 대외정책을 시행함에 있어 주요하게 고려하는 정책방향과 일치한다. 이는 뿐만 아니라, 폴란드와 같은 특정 회원국의 민주화에 대한 열망과 그에 걸맞은 행위를 측정하는 하나의 지표로 사용될 수 있다. 물론 2015년 법과 정의당(Prawo i Sprawiedliwość)이 폴란드 하원 선거에서 승리하면서, 폴란드의 민주화가 역행되고 있다는 우려 섞인 목소리가 없는 것은 아니다(Kubas, 2020: 11). 그럼에도 불구하고, 폴란드가 냉전 이후 EU 등과 같이 주요한 전기를 거치면서 보여준 여러 성과를 고려해 볼 때, EU 가입은 폴란드의 민주화 정착에 주요한 의의를 가진다고 볼 수 있다.

정치 체제상의 민주화를 위한 노력과 함께, 동시에 주목해야 할 점이 폴란드가 보여준 경제 민주화의 여정이다. 경제 민주화의 여정은 정치체제상의 민주화 과정의 주요한 구성 요소이다. 경제 민주화의 여정은 폴란드가 시장경제를 얼마나 효과적으로 수렴, 발전시키는가에 달려있다. 다시 말해, 폴란드는 EU 내에서 정상적으로 기능하는 시장경제 체제를 얼마나 수렴, 발전시켰고, 그 과정에서 폴란드 국민들이 경제 민주화를 통해 발생한 경제적 후생효과를 얼마나 누렸는가를 묻는 질문이다. 이러한 점을 고려하여, 폴란드의 경제발전이 어떻게 폴란드의 민주화에 기여하였는가를 논의하고자 한다.

〈표-6〉 주요 경제 및 금융 지표

	2004년	2008년	2014년	2019년	2020년	2021년
국민 총생산(GDP) (%)	5.4	3.4	3.7	4.7	-2.2	5.9
실질 성장률(%)	3.8	4.0	3.2	4.0	3.6	3.9
실업률(%)	15.7	9.3	7.1	3.3	3.2	3.4

출처: European Commission (2022), "2022 Country Report-Poland", p.58.

우선 시장 경제로의 전환은 폴란드 내 민주주의를 공고히 하는데 주요한 기저 효과로 작용하였다. 예를 들어, 폴란드의 1인당 국민소득 증가율은 2004년 이후 85%로 향상되었다. 2004년부터 2021년까지 실질 성장률을 보더라도 평균 3~4% 성장률을 보여 주었다. 동시에 실업률도 2004년에는 15%를 상회했으나, 2021년에는 3%에 머무르며 안정세를 보이고 있다. 그 결과 2004년 EU 가입 이후, 폴란드의 1인당 소득은 빠르게 증가하여, 2004년 EU 가입시 EU 평균 1인당 국민 소득의 50% 수준에서 2019년 기준 EU 평균의 73%에 다다르게 되었다(Commission, 2022: 2).

폴란드는 2004년 EU 가입 이후 역내국가들과의 투자 및 무역이 증가하고, 역외국가로부터의 투자도 활발히 이루어졌다. 그 결과 폴란드는 EU

가입 이후 가장 빠른 경제 성장을 보여준 중동부 유럽국가 중 하나로 인식되었다. 특히 폴란드는 독일과 긴밀한 경제적 관계를 맺으며, 경제성장이 급진전되었다. 독일의 입장에서 보면 국경을 맞댄 폴란드는 새로운 상품 판매 시장으로 매력적인 곳이다. 특히 값싼 노동력을 제공하는 폴란드는 독일의 주요한 제조업 공장으로 기능하였다. 그 결과 폴란드와 독일 간의 무역 및 직접 투자액은 폴란드가 EU 가입 이후 급격히 증가하여, 2022년 기준 독일은 폴란드의 최대 교역국이 되었고, 폴란드도 독일의 5번째 주요 교역국으로 부상하였다.

물론 이러한 밀접한 경제관계로 폴란드가 독일경제에 지나치게 종속될 수 있다는 우려도 있다. 그렇지만, 독일과 폴란드 상호 간의 생산상의 분업은 결국 폴란드 경제 발전에 도움이 되었다는 평가를 무시할 수 없다(Laaser, et al., 2008). 뿐만 아니라, 실제 폴란드가 NATO 및 EU 가입을 통해 이룬 민주화 전환 과정에서 독일의 적극적 지원이 주요한 함의를 가졌다는 점도 간과할 수 없는 사실이다. 즉, 이런 논의는 상기 제기된 우려를 어느 정도 상쇄시키는 주요 요소임을 주목해야 한다.

EU 내에서 경제성장을 구가한 폴란드는 서비스 분야에서도 급속한 발전을 이루었다. 그 결과 지방에서 중산층이 두꺼워지는 현상도 목도되었다(Dziembała, 2019: 135). 이런 변화에 대한 여러 가지 설명 중 하나가 바로 폴란드가 EU가 제공하는 결속기금의 최대 수혜자였다는 점도 주목할 만하다. 특히 공공분야에서의 EU가 지급하는 결속기금과 같은 EU 기금의 비중은 계속해서 늘어나고 있다(Dziembała, 2019: 140).

EU의 결속기금으로 인해 폴란드의 지방에 필요한 주요 하부구조 건설도 속도를 낼 수 있었다. 이는 폴란드의 민주주의로의 전환에 촉진제로 작용하였다. 동시에 EU의 지역 기금 또한 유사한 효과를 낳아 전통적으로 정치 사회의 급격한 변화를 거부하는 지역의 주민들에게 EU 속에서 새로운 경제적 기회를 부여하였다. 이로 인해 EU 가입을 무조건 반대하기보다는, 보다 긍정적 입장에서 고려하게 되었다는 점에서 의미가 크다. 결속기금이나 지역기금으로부터의 수혜와 동시에, EU가 제공하는 공동농업정책기금 역시 폴란드의 경제성장에 일조하였다. 이는 단순히 경제발전과 그에 따른 지역균형 발전 이상의 함의를 넘어 폴란드의 민주화 이행과정에 주요한 유인책으로 작동하였다는 점에 주목해야 한다.

중등 및 고등교육의 기회가 급격히 증가하였고 그 결과 중산층의 평균임금 또한 증가하였다. 이러한 현상은 어떤 면에서 유럽화(Europeanization)의 결과라고 볼 수 있다(Galent and Kubicki, 2012: 391). 이런 경제, 사회구조의 변화는 폴란드가 민주화로 전환되는데 있어 주요한 전기가 되었다. 공산주의 시절 폴란드 역시 여타 구 공산권 국가와 유사하게 중앙집권화된 정치체제를 운영하였다. 뿐만 아니라, 노동자 계급과 지배계급이라는 양분된 계급만 존재하였다. 그러나 EU 가입 이후 경제 및 사회체제 속에서 중산층의 급격한 증가는 폴란드의 탈공산화를 촉진시켰다. 즉, 중산층의 증가는 폴란드의 민주화 여정에 중요한 영향력을 미쳤다고 볼 수 있다. 이와 같이 경제분야의 발전은 폴란드에서 민주주의 체제 안착에 중요한 함의를 가진다는 것을 알 수 있다.

폴란드의 EU 가입은 EU가 제공하는 공동시장의 장점을 충분히 누리는 기회도 제공하였다. 그 첫 번째 해택이 바로 공동시장 내에서 노동자의 자유로운 이동이다. EU 회원국 내 시민은 EU 내 모든 국가에서 자유 이동과 일할 수 있는 권리를 부여받는다. 그 결과 폴란드 노동자들은 높은 임금과 양질의 일자리가 보장된 여타 EU 회원국으로 이동하여 풍요로운 삶을 영유할 수 있는 기회를 갖게 되었다. 이러한 이동의 자유는 폴란드가 쉥겐협정(Schengen Agreement)에 참여하면서 제도적으로 보다 견고하게 보장받게 되었다. 자유로운 주거 이전과 직업 선택의 자유를 만끽하게 된 폴란드인들은 시장경제 체제의 우수성과 이에 동반되는 자유민주주의 체제를 높이 평가하지 않을 수 없게 되었다. 삶의 체험 현장에서 직접적으로 경험한 민주주의 체제에 대한 이해와 수용은 결국 폴란드 자유체제를 더욱 더 공고히 하게 된 자산으로 작동하였다고 볼 수 있다.

7. 결론 및 한국에 주는 함의

본 장은 폴란드 민주화의 여정을 역사적, 지정학적, 지경학적 맥락에서 살펴보았다. 폴란드는 건국 이후 무수히 많은 지정학적 격변을 경험한 국가이다. 그런 와중에 국권이 침탈되고 나라를 잃은 적도 있다. 그러나 폴란드는 자신의 국권을 되찾기 위해 끊임없이 저항하는 모습을 보였고, 이런 정신이 바로 오늘날의 폴란드를 만들었다고 볼 수 있다. 그럼 오늘날의 폴란드 민주화의 여정에 주요 변수는 무엇이었는가를 다시 한 번 정리하면서, 본 장을 결론을 맺고자 한다.

폴란드의 저항 정신은 오늘날의 민주화를 이루는데 가장 중요한 요소 중 하나라고 볼 수 있다. 폴란드를 위협했던 러시아나 독일과 같은 주변 강대국의 위협에 의연하게 저항했던 투쟁 정신은 오늘날까지 폴란드를 지켜왔고, 지금의 민주적 사회에 중심에 선 폴란드를 가능케 했다고 볼 수 있다. 특히 1970년대부터 지속된 폴란드 내부의 경제난과 더불어, 그를 둘러싸고 변화하는 국제경제 환경의 변화가 이후 자유화의 물꼬를 열었다. 그 과정에서 나타난 노조활동은 이런 정신을 잘 반영한 표상으로 이해될 수 있다. 이와 같은 폴란드의 저항 정신은 오랜 역사와 전통을 가지고 있으며, 이는 폴란드인의 정체성을 형성한 요소임에 분명하다. 이러한 정체성 형성 동인은 폴란드의 실제 행동을 견인하는 주요 동력으로 작동하였다고 볼 수 있다.

폴란드가 주변의 지정학적 환경변화에 얼마나 효과적으로 적응하고, 이용했는가도 폴란드의 정체성 형성에 주요 변수로 작동하였다. 폴란드의 오랜 역사 동안 외세의 침략은 끊이지 않았지만, 폴란드는 이러한 외부 상황의 변화를 수동적으로 수용만 하지는 않고, 오히려 이를 과감히 기회로 삼았다.

예를 들어, 고르바초프의 대외정책 노선 변화는 폴란드 민주화 과정에서 중요한 변수로 작용하였다. 소련의 경제상황이 악화되면서 과거 소련 중심의 동구권 경제 블록인 코메콘(COMECON)을 운영은 사실상 어려워졌다. 그로 인해 소련의 내부적 변화는 피할 수 없는 현실이 되었다. 이러한 배경 속에서, 당시 소련의 서기장인 고르바초프는 폴란드의 야루젤스키와 그의 측근들에게 기존의 공산주의 경제 체제를 변화시키라는 압력을 넣기 시작했다. 특히, 1980년대 중후반부터는 외부의 환경변화로 더 이상 루블화에 기반을 둔 경제활동보다는 달러화를 중심으로 한 경제구조 적응이 시작되어, 폴란드 민주화 과정의 주요 동인으로 작동하였다.

마지막으로, 탈공산 후 폴란드가 보여준 NATO 가입과 EU 가입은 폴란드 민주화를 안착시키는데 주요한 외부 환경으로 작동하였다. NATO와 EU의 주축국들은 서구 유럽 사회였다. 이들은 오랫동안 자유민주주의, 시장경제, 인권존중 및 법치주의를 사회 운영의 주요 가치로 수렴하고 발전시켜왔다. 이런 기조의 논의는 EU와 NATO의 운영 가치로도 작동하였다. 이에 이런 기저 가치가 작동하는 EU와 NATO의 가입은 폴란드의 민주화 여정을 더욱 공고히 하는 효과를 낳았다고 볼 수 있다.

상기와 같이 폴란드가 민주화로 가는 길에 있어 폴란드만이 가지는 주요 변수가 있다고 결론지었다. 폴란드의 민주화 경험이 우리에게 주는 교훈은 무엇인가? 한반도는 현재 남과 북으로 나뉘어져 있다. 남한은 산업화, 민주화를 통해, 이제 국제 사회의 주요 선진국으로 거듭났다. 그러나 북한의 경우 아직 경제 민주화, 정치 민주화가 이루어지지 않은 유일한 국가라고 볼 수 있다. 중국, 베트남, 쿠바 등 사회주의 국가이지만, 이들 국가들은 시장 경제를 받아들였다. 그에 따른 자유화와 민주화의 가능성이 많이 증가한 국가군으로 속한다. 이들의 변화는 결국 부유로운 경제적 삶에 대한 국민적 열망을 외면하지는 못한 결과로 보아야 한다. 폴란드의 경우에서 보았듯이, 경제적으로 어려움을 겪고, 이것이 체제적인 이유라는 인식이 팽배해져 있을 때, 결국 민주화로 가는 물꼬를 막을 수 없다는 역사적 사실을 다시 한 번 주목할 필요성이 있다.

물론 북한의 경우, 폴란드와 같은 내부 사회의 저항 운동이 일어날 수 있는 구조인지는 여전히 의문점이 남아 있다. 동시에 중국이나 러시아와 같은 주변국들이 북한의 개혁과 개방을 도울지, 이런 과정을 통해 북한의 민주화를 촉진시킬지도 미지수다. 그럼에도 불구하고, 폴란드의 사례가 보여준 것처럼, 북한 내부 사회의 자체적 변화와 북한을 둘러싼 외부 환경 변화를 위한 우리의 노력은 계속되어야 한다. 우리의 노력은 미국과 같은 우방국과의 계속된 공조를 통해, 북한의 변화를 압박해야 한다. 동시에 남북한 간의 계속된 접촉을 통한 협상과 압박이라는 양면 정책을 펼치면서 북한의 개혁, 개방을 장기적인 계획 속에 접근해야 한다는 시사점을 발견할 수 있다.

 # EU와 대서양 동맹의 중추로 강경한 반러시아 외교

송 병 준

1. 서 론

폴란드는 1989년 중동유럽에서 가장 앞서 공산주의 정권이 붕괴되면서 대외정책의 전면적 수정을 기하였다.

첫째, 폴란드 정치권에서는 소련이 붕괴되었지만 뒤를 이은 러시아의 여전한 영향력 차단이 필요하다고 생각하였다. 따라서 군사, 외교 및 경제적 측면에서 탈러시아와 동시에 미국과는 북대서양조약기구(NATO)를 중심으로 안보협력에 주력하였다.

둘째, 폴란드는 체제전환은 곧 유럽으로의 복귀(return to Europe)로 생각하여 친유럽정책을 추진하였다. 다만 폴란드는 EU 측으로부터 유럽의 일원으로 인정받기 위해서는 신속한 체제전환이 급선무라는 사실을 인지하여 국내개혁에 주력하였다.

이러한 전면적인 대외정책 개조와 함께 1990년대 들어 EU를 비롯한 국제사회의 경제적 지원에 힘입어 폴란드는 체제이행과 경제성장이 순조롭게 진행되었다. 이 결과 1993년 프리덤 하우스(Freedom House)의 보고서에 따르면 폴란드는 여타 비세그라드(Visegrad) 국가와 함께 정치적 권리와 시민의 권리 등에서 서유럽 국가에는 다소 미치지 못하지만, 완전히 자유로운 민주적인 국가로 분류될 정도로 예상을 넘어 신속하게 자유민주체제로 편입되었다.

폴란드는 EU 가입 이후 통합의 성격에 의문을 제기하고 일부 공동정책에서 부정적 시각을 견지하였지만, 동시에 EU로부터의 전폭적 지원으로 중동유럽에서 가장 앞선 정치경제 발전을 이루었다. 특별히 경제적 측면에서 폴란드는 1990년대 안정적인 정치적 기반을 배경으로 시장경제 전환에 성공한 대표적인 중동유럽국가로 지목된다. 폴란드가 2004년 EU 가입 이후 매번 다년예산을 통해 수혜 받은 결속기금을 포함한 구조기금(structural fund) 총액은 전후 유럽의 재건을 위해 미국이 지원한 마샬플랜(Mashall Plan) 총액의 약 2배 수준에 달할 정도로 큰 규모이다. 이러한 재정적 기반과 더불어 폴란드는 2000년대 들어 우수한 노동력과 지리적 이점을 활용하여 EU의 제조업 생산기지로 발돋움하여, 중동유럽의 최대 경제대국으로 발전하였다. 폴란드는 대외관계에 있어 공산정권 붕괴 이후 미국과 군사외교 측면에서 일관된 동맹관계를 유지하여 왔고, 2022년 우크라이나 전쟁으로 이러한 양측간 불가분의 연대는 더욱 강화되었다. 이외에 러시아와는 외교, 경제적으로 최대한 우호적 관계를 유지하되, 잠재적인 군사적 위협에 대응하여 EU 내에서 강경한 대러정책을 고수하여 왔다. 나아가 폴란드는 EU 가입 이후 높아진 정치적 위상과 경제력을 배경으로 주변 유럽 국가와 여러 정치경제 협력체를 구축하여 중동유럽을 대표하는 중견국에서 유럽의 중추적인 국가로 발전하고 있다.

2. 유럽으로의 복귀와 정치경제 발전

폴란드 공산정권 붕괴는 소련의 영향에서 벗어나 독자적인 외교안보 정책을 가능케 해 45년 만에 유럽으로 복귀할 기회를 가져다주었다. 1989년 최초로 비공산주의자인 마조비에츠키(Tadeusz Mazowiecki)가 총리로 선출되었고, 역시 같은 해 공산당 서기장 출신인 야루젤스키(Wojciech Jaruzelski)가 대통령에 취임하였다. 이들은 모두 바웬사(Lech Wałęsa)가 이끄는 자유노조와 협력하여 정치, 안보 및 경제적 측면에서 급진적 탈러시아화와 서유럽으로의 신속한 편입을 추진하였다.(Bayir, 2021: 52).

1991년 7월 마지막 정치자문회의(Political Advisory Committee)를 끝으로 폴란드를 군사적으로 소련에 종속시킨 바르샤바 조약(Warsaw Pact)이 해체되었다. 이어서 폴란드는 1992년 5월 러시아와 동반자 협력협정(Treaty of Friendship and Cooperation)을 체결하여 이듬해 9월까지 자국 내에서 소련군의 완전한 철수를 이끌어 내었다. 1991년 6월에는 중동유럽과 소련의 경제적 결속기구인 경제상호원조회의(CMEA: Council of Mutual Economic Assistance)가 해체되어 폴란드는 경제적 측면에서도 탈러시아화의 기반이 구축되었다. 이 결과 1988년 폴란드의 전체 교역 중 러시아로부터 수입과 수출은 각각 18%와 21%를 점하였는데, 1992년에는 그 수치가 8%와 5%로 가파르게 하락하였다(Artun, 2007: 123).

한편 폴란드는 미국과 EU의 전폭적인 경제적 지원으로 유럽으로의 복귀가 빠르게 진행되었다. 폴란드는 1991년 체코, 헝가리, 슬로바키아와 함께 지역연합체인 비세그라드를 결성하여 중동유럽의 정치적 리더로 부상하였고, 역시 같은 해 유럽에서 가장 큰 규모의 지역통합기구인 유럽평의회(Council of Europe)에 가입하였다.

무엇보다도 폴란드는 1989년 공산주의 붕괴 이후 신속히 체제이행을 단행하고, 역사, 지정학, 정치 및 경제적 측면에서 유럽의 오랜 일원이라는 당위성을 들어 EU 가입을 최우선 외교과제로 추진하였다. 다만 폴란드는 최대 현안인 EU와 NATO 가입은 국내개혁의 진척과 고도의 정치적 협상을 요하는 장기적 과제라는 사실을 인식하고, 그럼에도 최대한 빠른 시간 내 가입성사를 이루기 위해 정치, 외교적 역량을 집중하였다.

다시 EU와 미국은 폴란드가 내건 유럽으로의 복귀는 러시아의 영향에서 벗어나 정상국가로의 회기로 인식하였다. 이에 서방에서는 공산정권이 붕괴하자 즉각적으로 효과적인 체제이행과 경제재건 지원을 담은 폴란드-헝가리 경제재건 프로그램(PHARE: Polish and Hungary Assistance for the Restructuring their Economies)을 출범하였다(Wolczuk, 2004: 6).

폴란드의 폴란드-헝가리 경제재건 프로그램은 1989년 7월 파리에서 개최된 G7에서 결정되고 1990년부터 개시되어 폴란드의 EU 가입 직전인 2003년까지 진행되었다. 본 프로그램은 EU가 재정투입과 운영에 중추적 역할을 담당하였고, 폴란드와 헝가리를 필두로 체제전환을 기한 모든 중동유럽국으로 확대되었다.

〈그림-1〉 1991년 4월 당시 브뤼셀을 방문해 EU집행위원장과 만난 레흐 바웬사 대통령

출처: European Union (2022), Audiovisual Service

폴란드-헝가리 경제재건 프로그램은 개시와 더불어 추후 폴란드를 위시한 중동유럽국가의 EU 가입을 위한 사전지원전략(pre-accession strategy)으로 변화하여, 이들 국가의 체제전환과 경제사회 발전에 결정적 계기가 되었다. 특별히 폴란드는 본 프로그램을 포함하여 1990년 초부터 2004년 EU 가입 시까지 중동유럽국가 중 EU으로부터 가장 많은 경제적 수혜를 받은 국가로 지목된다(House, 2018: 8-9).

이러한 지원에 힘입어 체제이행기인 1989-1998년 기간 체코 -0.7%, 슬로바키아 -0.9%, 헝가리 -1.0% 등 대부분의 중동유럽국가에서 실질 GDP가 하락한 반면 폴란드는 동 기간 20%의 GDP 성장을 이루었다. 이 결과

폴란드는 EU 가입 이전까지 시장경제 전환과 경제적 기반을 가장 효과적으로 구축한 중동유럽국가가 되었다(Swinnen, 2000: 15).

〈표-1〉 EU의 중동유럽국에 대한 경제적 지원 (1990-2006)

국가		지원금액 (백만 유로)	1인당 수혜금액 (유로)
중동유럽 (1990-2006년)	폴란드	6,122	159
	루마니아	5,264	233
	불가리아	2,943	360
	헝가리	1,987	195
	체코	1,220	119
	리투아니아	1,126	321
	슬로바키아	913	170
	라트비아	712	291
	에스토니아	511	357
	슬로베니아	443	221
총액		21,239	203

출처: Chatham House, "Rebuilding Ukraine An Assessment of EU Assistance," Kataryna Wolczuk and Darius Žeruolis Ukraine Forum, Research Paper (2018), p. 9.
비고 1) 중동유럽국은 2004년 EU 가입 이후에도 2006년까지 전환기금 수혜
비고 2) 간접적인 지원 등을 포함하면 총 지원 금액은 더욱 상회

폴란드는 공산주의 정권 붕괴 직전인 1988년 9월 당시 유럽공동체(EC)와 무역과 경제협력협정(Trade and Economic Cooperation Treaty) 체결 논의를 개시하여 이듬해 9월 협정을 체결하여 서유럽과 통상협력 기반을 마련하였다. 이후 폴란드 정부는 공산정권 붕괴 이듬해인 1990년 EU 가입신청을 결정하였다. 그러나 당시 EU의 집행위원회는 폴란드의 취약한 경제상황을 들어 가시적 시일 내 회원국 가입에 부정적 입장을 표명하였

고, 각료이사회는 이를 수용하였다. 결국 폴란드는 가입을 보류하고 1990-91년 기간 EU와 8차에 걸친 회담을 통해 1991년 12월 유럽협정(European Agreement)으로 널리 통용되는 연합협정(Association Agreement)을 체결하였다(Artun, 2007: 25-26).

폴란드가 EU와 체결한 연합협정의 의미는 각별하다. EU는 1990년대 초 체제전환을 기한 중동유럽 국가와 개별적으로 향후 회원국 수용을 위한 사전가입조약 성격을 갖는 연합협정을 체결하였다. EU는 본 협정을 통해 해당국에 경제개혁은 물론이고, 정치발전과 법치, 부패와 환경 등 다방면에 걸쳐 국내제도 개혁 내용을 명시하고, 지원과 감독을 행하였다. 따라서 제도적 맥락에서 연합협정은 회원국 수용을 확정한 것은 아니지만, 기존 회원국 수준의 국내개혁 조치를 부과하여 이의 이행정도에 따라 회원국 가입을 결정하는 단서가 되었다. 이러한 배경에서 폴란드가 EU와 체결한 연합협정은 유럽으로의 복귀를 위한 가시적 진척이라 할 수 있다.

폴란드는 연합협정 체결 이후에도 EU 측에 신속한 가입절차 추진을 지속적으로 요구하였고, 1994년 7월 헝가리에 뒤이어 중동유럽국에서 두 번째로 공식적인 EU 가입신청서를 제출하였다. 그러나 냉전 붕괴 직후인 1990년대 초 EU에서는 단일시장(single market) 출범, 독일통일 및 제도적 개혁을 의도한 마스트리히트조약(The Maastricht Treaty) 체결 등 급진적 정치경제 변혁이 진행되어 폴란드를 비롯한 중동유럽을 수용할 여력이 없었다. 이후 EU는 1997년 10월 암스테르담조약(Treaty of Amsterdam)을 체결해 제도개혁을 마무리 짓고, 동년 12월 룩셈부르크에서 개최된 정상회담에서 폴란드를 포함한 12개 가입신청국의 회원국 수용을 결정하고, 이들 국가와 가입협상을 개시하였다(Artun, 2007: 34).

1998년 3월부터 개시된 폴란드와 EU간 가입협상은 헝가리와 에스토니아 등 여타 가입후보국보다 많은 시간이 소요되었다. 이러한 이유는 EU 측에서 중동유럽의 인구대국인 폴란드의 수용으로 지역, 농업 및 노동시장 정책의 대폭적 변화와 본 사안에 이해가 깊은 기존 회원국의 반발에 기인한다.

프랑스는 폴란드의 회원국 수용 시 서유럽으로의 대거 노동력 이동을 빗대 트로이의 목마로 표현하며 자국의 노동시장 혼란을 우려하였다. 이에 따라 프랑스는 독일, 오스트리아 등과 함께 폴란드에 대해 EU와 EFTA 국가간 사람의 자유이동을 담은 쉥겐협정(Schengen Agreement)의 적용 보류를 주장하였다. 스페인 역시 폴란드를 위시한 중동유럽 신규 가입국의 대폭적인 구조기금 수혜에 반발하여, 비토권 행사까지 거론하였다.

한편으로 폴란드는 협상과정에서 자국의 이해가 깊숙이 개입된 이슈에서 최대한 유리한 입지구축을 위해 비타협적 자세로 일관하여 여러 회원국의 반발을 낳아 협상지연의 또 다른 원인이 되었다. 단적으로 폴란드는 2차 대전시 자국의 사망자수까지 거론하며 각료이사회 내 가중다수결(QMV) 가중치를 스페인과 동등하게 요구하여 논쟁 끝에 본 사안을 관철하였다. 이외에도 폴란드는 자국에 이해가 깊은 농업보조금과 구조기금 할당에 양보 없는 국익추구로 일관하여 이해를 관철하였다(Szczerbiak, 2002: 4). 이와 같이 폴란드는 EU 가입 이전부터 국가이익에 집착하는 국가로 지목되었고, 가입 이후에도 헌정질서, 기후변화, 에너지 및 대외정책 등에서 EU와 지속적으로 마찰을 빚어, EU 내에서 공동정책을 위협하고 회원국간 연대를 손상시키는 부정적 이미지가 형성되었다.

폴란드 내부에서는 EU 가입으로 전체 고용의 1/4를 점하는 방대한 농업과 정부 보조금에 의존하는 취약한 중공업 부분의 축소가 불가피하여 농민과 노조의 반대가 거세게 일었다. 결국 이러한 불협화음은 1990년대 초부터 추진한 외교정책 기조인 유럽으로의 복귀에 대한 반감으로 이어져, 2003년 EU 가입비준을 위한 국민투표에서 반대표가 22.6%까지 나왔다(Artun, 2007: 39). 결국 오랜 논의 끝에 2002년 12월 양측간 가입협상이 타결되어 이듬해 6월 폴란드에서 가입비준 투표가 진행되었고, 한 달 뒤 가입조약(Accession Treaty) 체결에 이어 2004년 5월 폴란드는 EU의 공식적인 회원국이 되었다. 최종적으로 폴란드는 2007년에 EU와 EFTA국가간 국경을 철폐한 쉥겐협정에도 참여하여, 1990년대 초부터 염원한 유럽으로의 복귀를 완결 지었다. 폴란드의 NATO와 EU 가입은 독립 이후 최대의 외교적 성과이며 역사적인 사건으로, 서방 민주주의 국가의 일원이 되었다는 점에서 의미가 깊다(Zięęba, 2019: 40).

폴란드는 EU 가입 이후 중동유럽 회원국 중 브뤼셀의 의사결정에서 가장 효과적으로 국가이익을 개진하는 국가로 지목되어왔다. 특별히 폴란드는 구조기금 할당시 EU의 이해가 깊은 에너지와 기후변화정책 등과 연계한 이슈간 연계(issue linkage) 전략 등 다양한 이해개진 방식을 동원하여 소기의 목적을 달성하여왔다. 이 결과 EU 예산의 근간이 되는 분담금

(contribution)에서 폴란드는 부담한 금액보다 4배 이상 많은 기금을 수혜 받았다.

구조기금은 EU 예산의 약 40% 내외로 경제사회발전을 위한 유럽사회기금(ESF: European Social Fund), 낙후지역에 대한 투자인 유럽지역발전기금(ERDF: European Regional Development Fund)과 결속기금(CF: Cohesion Fund), 농업부분의 유럽농촌발전기금(EAFRD: European Agricultural Fund for Rural Development), 어업부분의 유럽해양어업기금(EMFF: European Maritime and Fisheries Fund) 그리고 산업과 에너지 인프라 구축을 위한 유럽연결기금(CEF: Connecting Europe Facility)을 포함해 기타 소규모 기금으로 구성된다(European Commission, 2022a).

폴란드는 2014-2020년 EU의 다년예산계획(MFF)에서 구조기금 총액의 22.5%에 달하는 726억 유로의 기금을 수혜 받았다. 이후 폴란드는 2021-2017년 다년예산계획에서도 구조기금 총액 대비 20.1%인 760억 유로를 할당받았다(European Commission, 2014). 2022년 기준 폴란드의 인구가 EU 인구의 7.6%에 불과하다는 점을 고려하면, 구조기금과 여타 공적기금의 압도적인 수혜규모는 EU 내에서 폴란드의 정치적 입지를 시사한다. 특히 2021-2017 다년예산 결정시는 탄소중립을 위한 그린딜(Green Deal) 이행을 위해 다년예산과 별개로 편성한 전환기금(JTF: Just Transition Fund)에서도 폴란드는 총액의 20%를 수혜 받았다. 당시 폴란드는 전환기금 논의 시 그린딜의 국내비준과 연계하는 전략을 구사하여 EU 27개 회원국 중 가장 많은 기금을 할당받았다(European Union, 2020). 이 결과 EU로부터 지원받은 구조기금은 여타 중동유럽국에서는 정부지출 대비 5-7% 수준인 반면, 상대적으로 경제여건이 양호한 폴란드는 9-10%로 더욱 높은 비중이다(European Union: 2020).

이와 같이 막대한 구조기금 수혜는 폴란드의 경제발전을 앞당겼고, EU에서 정치적 영향력을 강화하는 동인으로 작용하였다는 점에서 의미가 각별하다.

〈표-2〉 2021-27년 다년예산에서 중동유럽 11개국의 구조기금과 전환기금 할당

단위: 백만 유로

구조기금				전환기금			
순위	회원국	수혜액	수혜비중 (총액대비 %)	순위	회원국	수혜액	수혜비중 (총액대비 %)
1	폴란드	75,034	20.1	1	폴란드	3,500	20.0
2	루마니아	30,305	8.1	2	루마니아	1,947	11.1
3	헝가리	22,526	6.0	3	체코	1,493	8.5
4	체코	21,761	6.8	4	불가리아	1,178	6.7
5	슬로바키아	12,852	3.4	5	슬로바키아	428	2.4
6	불가리아	10,157	2.7	6	에스토니아	322	1.8
7	크로아티아	9,069	2.4	7	에스토니아	249	1.4
8	리투아니아	6,539	1.8	8	헝가리	237	1.4
9	라트비아	4,612	1.2	9	슬로베니아	235	1.3
10	에스토니아	3,325	0.9	10	라트비아	174	1.0
11	슬로베니아	3,279	0.9	11	크로아티아	169	1.0
전체총액		372,573		전체총액		17,500	

출처: European Commission, MFF 2021-2027 Breakdown of Cohesion Policy allocations per Member State (2020); European Commission, Just Transition Fund – allocations per Member State (2020b) 취합 및 재구성

3. EU와 유럽 동맹국과의 갈등과 결속

폴란드 대외정책 기조는 EU 내에서 자국의 이해 확대와 독일과 프랑스 등 서유럽 주요국은 물론이고 비세그라드와 발틱 3국을 포함한 지리적으로 인접한 중동유럽 및 북유럽 국가와 양자 혹은 다자간 관계 심화이다. 더불어 국경을 접한 우크라이나와 벨라루스를 포함한 동유럽정책은 폴란드의 정치적 안정과 안보에 사활적 이해가 내재한다.

첫째, 폴란드는 2004년 EU 가입 이후 자국의 정치, 경제 이해 관철에 각별히 주력하여왔다. 폴란드는 EU 내에서 독일, 프랑스, 이탈리아, 스페인의 뒤를 잇는 인구대국이며, 정치적으로는 중동유럽 11개국을 대표하는 회원국으로 특별히 각료이사회에서는 영국의 EU 탈퇴로 독일과 프랑스에 버금하는 정치적 입지를 구축하였다.

폴란드는 경제적 측면에서 EU로부터 막대한 구조기금 수혜와 서유럽과 러시아의 중간에 위치한 입지를 활용하여 EU 내 제조업 생산기지로 발전하였는데, 향후 지식기반 경제로의 전환과 현대화로 지속적인 경제성장을 도모한다는 전략이다. 또한 폴란드는 EU에서 서유럽 회원국이 주도하는 기후변화와 이민망명정책 등에서는 제동을 걸지만, 자국에 사활적 이해가 걸린 공동안보방위정책(CSDP: Common Security and Defence Policy), 에너지와 동유럽정책에서는 적극적으로 이해를 개진한다.

둘째, 중동유럽국가와의 협력과 연대이다. 폴란드는 체코, 헝가리, 슬로바키아를 포함한 비세그라드의 주도국으로 참여국과 공동의 이해를 개진하고, 국경을 접한 리투아니아를 포함한 발틱국가 및 루마니아와 안보와 경제적 측면에서 긴밀한 협력을 유지한다. 특별히 비세그라드는 중동부 유럽에서 가장 핵심적인 지역협력기구로 폴란드는 본 협력체를 EU 내에서 영향력 행사 창구이며, 러시아와 우크라이나 등 동유럽 국가에 대한 외교 플랫폼으로 활용한다. 이외에도 발틱해를 통해 접하는 스웨덴을 포함한 북유럽 국가 역시 특별히 경제, 환경 및 에너지 협력 측면에서 매우 중요한 이웃이다.

셋째, 우크라이나와의 관계 심화 역시 폴란드 외교정책의 주요한 현안이다. 폴란드는 자국의 안보와 정치적 불확실성 제거를 위해 우크라이나와는 독립 직후부터 전략적 동반자(strategic partner)로 칭하며, 민주주의 정착을 지원하였다. 또한 폴란드는 1990년대부터 장기적으로 우크라이나의 EU와 NATO 가입 성사를 추진하여왔다. 2014-15년 러시아의 크림반도 점령과 2022년 러시아의 군사행동을 계기로 우크라이나를 유럽의 일원으로 귀속시키기 위한 폴란드의 노력은 한층 가속화되었다.

2004년 EU 가입 이후 폴란드의 여러 정부에서는 EU에 대한 시각 차이와 무관하게, 공통적으로 국가이익을 최우선한 특유의 대외노선을 견지하였다. 폴란드는 자국에 사활적 이해가 걸린 안보, 에너지와 우크라이나를 포함한 동유럽의 지원에서 EU 차원의 공동정책 확대를 주장하여 왔다. 반면에 농업, 난민과 이민 및 기후변화정책 등에서는 자국의 특수한 상황을 들어 EU의 공동정책과 조치에 소극적으로 대처해, 서유럽 회원국과 빈번하게 의견충돌을 빚어왔다.

안보는 폴란드가 EU에서 최우선 과제로 생각하는 정책이다. 폴란드는 매 정부마다 장기적인 국가안보전략을 세워 이를 근간으로 EU 내에서 안보방위정책에 적지 않은 영향력을 행사하였다. 폴란드는 2007년 EU에서 리스본조약 체결 시 회원국간 방위부분에서 연대의 원칙(principle of solidarity)을 관철하였고, 이후에도 정상회담과 각료이사회 내에서 EU 차원의 안보방위정책 확대를 지속적으로 주장하여왔다(Agnieszka (Bieńczyk-Missala, 2016: 106).

에너지정책 역시 안보문제와 연계되어 폴란드의 의지는 확고하다. 폴란드는 EU 가입 이후 러시아에 대한 천연가스 의존을 경계하여 회원국간 에너지 동맹과 공동에너지정책을 줄기차게 주장하여 왔다. 이러한 정책의 기조로 폴란드는 유럽에서 우크라이나와 함께 러시아 천연가스 도입에 가장 높은 비용을 치루면서도, 러시아와 독일이 밀착해 추진하는 북해의 파이프라인 건설을 반대하여 왔다.

한편으로 폴란드는 자국의 정치질서에 영향을 미치는 내무와 사법 등 민감한 사안에서는 선택적으로 EU의 정책을 수용하여 있다. 단적으로 폴란드는 국가 주권의 침해를 이유로 2021년 EU가 오랜 준비 끝에 야심차게 출범한 유럽검찰국(EPPO: European Public Prosecutor's Office) 참여를 거부하였다(Boer, 2014: 14).

결정적으로 폴란드는 EU의 난민과 이민정책에 노골적인 반감을 드러내고 EU가 부과하는 조치를 거부하거나 소극적으로 수용하여왔다. 폴란드는 인구의 98%가 폴란드계로 EU에서 단일민족 비율이 가장 높아 전통적으로 폐쇄적인 이민정책을 취하여, EU의 난민과 이민정책에 강력히 저항하여 왔다. 2015년 집행위원회는 대규모 난민유입 사태에 직면해 회원국간 연대차원에서 난민할당을 추진하였다. 그러나 폴란드는 집행위원회의 결정은 사회적 안보를 해치는 중대한 사안이라고 맹비난하면서, EU가 의무적으로 부과한 난민쿼터 조치에도 불과하고 헝가리와 함께 단 한명의 난민도 수용하지 않았다(Jonathan (Olsen & McCormick, 2016: 270).

이와 같이 폴란드는 중동유럽 회원국의 이해를 대표하는 정치적 입지를 활용하여, EU의 여러 공동정책에서 유럽적 목표보다는 극단적 자국이해를 추구하여 회원국간 연대와 책임공유를 회피한다는 비난을 받아왔다.

물론 폴란드가 독단적인 이해추구 경향이 두드러지지만 괄목하게 성장한 정치적 역량을 배경으로 여느 중동유럽 회원국과 달리 EU의 운영에 적지 않은 기여를 하였다는 평가가 지배적이다. 단적으로 폴란드는 2011년 하반기 각료이사회 의장국직을 수행하였다. 당시 EU에서는 아랍의 봄에 따른 난민유입과 유로존(Eurozone) 금융위기 여파가 남아 의장국의 리더십이 어느 때보다 중요한 시기였다. 더욱이 폴란드는 유로존 국가도 아니라는 점에서 의장국 수행에 우려가 제기되었다. 그러나 폴란드는 여느 중동유럽국과 달리 의장국 수행을 위한 오랜 준비를 통해 국가이익을 뒤로 하고 회원국간 정직한 중재자(honest broker)로 임무를 완수하여 EU 내에서 정치적 위상을 높였다(Karolewski & Wilga, 2018: 17-18.).

폴란드는 중동유럽에서 최초로 공산주의 정권을 붕괴시키고 민주주의와 시장개혁을 단행하였으며, 철저하게 유럽화를 지향한 국가이다. EU 가입 이전까지 폴란드 정치권에서는 서유럽으로의 접근과 이웃한 동유럽국가와의 관계 심화라는 외교정책 기조에 논쟁의 여지는 없었다. 그러나 EU 가입 이후 폴란드 정치는 점차 우경화되면서 EU에 부정적 시각이 팽배해졌다. 이에 따라 EU 가입 이후 폴란드의 여러 정당 간에는 미국과의 동맹과 동유럽정책에서는 의견을 같이 하되, EU와의 관계에서는 의견차를 드러냈다. 단적으로 2007년부터 2015년까지 집권한 보수주의 중도우파 성향의 시민연단(Civic Platform)은 철저하게 친유럽 지향의 외교정책을 유지하였다. 그러나 극단적 보수성향의 법과 정의당(Law and Justice Party)에 기반을 둔 카친스키(Kaczyński) 형제가 각각 총리와 대통령을 역임할 2005-08년 기간에는 외교안보정책에서 EU에 회의적 시각을 갖고 극단적인 친미정책을 취하였다(Bayir, 2021: 52).

이후에도 2015년 10월에 재집권한 법과 정의당은 대외적으로 폴란드의 우호적 이미지를 널리 알리기 위해 공공외교 강화를 천명하였지만, 기본적으로 유럽회의론(eurosceptical)이 팽배하였다. 이 결과 폴란드 정부가 EU는 물론이고 독일과 프랑스 등 주요 회원국과 여러 정책에서 마찰을 빚어왔다. 결정적으로 법과 정의당은 집권 후 헌법재판소 개혁을 추진하여 EU로부터 설립조약에 명기된 헌정질서와 법치의 훼손으로 강력한 비판을 받으며 양측간 갈등은 최고조에 달하였다.

EU의 설립조약에 따르면 EU는 회원국의 법치와 민주주의 훼손에 대한 제재를 가할 수 있지만, 유럽의회에서 2/3 이상의 다수결 표결과 각료이사회에서는 4/5 이상의 찬성을 요하는 특별다수결(special majority)이 적용된다. 따라서 회원국간 합의의 난항으로 공식적 제재조치가 매우 어렵다(Corbett et. al, 2011: 256-257). 이에 따라 EU는 폴란드 정부의 사법부 독립성 훼손에 대해 법적 제제보다는 정치적 타협과 예산할당 보류 등을 통해 압박하여 왔으나, 폴란드 정부는 강경하게 저항하여 왔다.

법과 정의당의 완고한 국수주의를 확인할 수 있는 단적인 사건은 2016년 7월 폴란드 하원(Sejm)의 볼린 대학살(Volyn massacre)을 제노사이드로 규정한 결의안 채택이다. 볼린 대학살은 2차 대전 기간인 1943-44년에 러시아의 지원을 받은 우크라이나 반란군에 의해 약 35,000-60,000명의 폴란드인이 희생된 사건이다. 당시 폴란드 하원의 결정에 대해 우크라이나의 포로셴코(Petro Poroshenko) 대통령은 크림반도 상실 이후 양국간 러시아라는 공동의 적에 맞선 유래 없는 협력이 손상되었다며 깊은 유감을 제기하였다(Radio Liberty, 2016).

본 사건은 집권당이며 하원에서 다수를 점한 법과 정의당이 주도하였다는 점에서 현실을 도외시한 완강한 보수정당의 일면을 보여주었다. 다만, 폴란드 집권당의 보수적 성향은 EU와 필연적으로 긴장관계를 유발하였지만, 미국과 우크라이나와의 관계를 포함한 기존의 대외정책 근간은 일관되게 유지하여 왔다. 폴란드는 EU의 핵심 회원국인 독일과 국경을 접하고, 최대의 교역국으로, 러시아에 대한 공동의 대응을 위해 긴밀한 관계를 유지하여 왔다. 1989년 폴란드 최초의 비공산주의자 총리로 등극한 마조비에츠키는 '독일을 통한 서방으로의 복귀(Poland's return to the West road through Germany)'라는 유명한 언명을 통해 독일과 새로운 관계를 선언하고, 독일통일 지지를 공개적으로 내비쳐 양국관계는 급진전되었다(Zięęba, 2019: 37-38.). 이어서 폴란드는 1991년 2차 대전 이후 독일과 프랑스의 화해와 협력경험을 상기하여 외무장관간 정례회합인 바이마르 트라이앵글(Weimar Triangle)을 결성하였다. 바리마르 트라이앵글은 프랑스도 참여하여 폴란드의 EU 가입지원을 위한 3개국 외무장관간 협력시스템으로 출발하였다(Germany Federal Office, 2022).

2004년 폴란드의 EU 가입 이후 바이마르 트라이앵글은 EU 내 핵심 회원국인 3개국간 정치적 논의의 장이 되었고, 정상회담부터 실무관료까지 다양한 회합이 정례화되었다. 또한 폴란드의 주도로 러시아와 우크라이나가 참여하는 바이마르 트라이앵글+ 회합이 개최되기도 하였다. 폴란드는 바이마르 트라이앵글을 통한 독일과 프랑스와의 연대로 출범 이후 지지부진한 공동안보방위정책(CSDP)의 활성화에 큰 역할을 하였다.

이와 같이 폴란드는 복잡한 양국간 역사를 뒤로 하고 EU 가입 이전부터 독일과 우호적인 관계를 유지하여 왔다. 폴란드와 독일은 EU 내에서 주요한 사안에서 양자간 협력이 빈번하였는데 2008년 유로존 금융위기 시 양국간 협력은 EU의 개혁을 이끌어내는데 큰 역할을 하였다. 경제적 측면에서도 폴란드는 독일에 크게 의존한다. 2019년 기준 폴란드의 전체 교역에서 독일은 약 35%를 점하는데, 영국, 프랑스, 이탈리아 및 체코가 각각 5-7% 수준이라는 사실을 고려하면, 독일과의 경제교류가 매우 심화되었다는 것을 확인할 수 있다(Ambroziak, et. al., 2021: 22).

특별히 2007-15년간 집권한 시민연단은 EU에서 주도국으로 도약하기 위해 전략적 측면에서 독일과 연대를 강화하였다. 이와 같이 폴란드는 독일과 깊은 정치, 경제적 유대로 자국의 이해가 얽힌 여러 이슈에서 독일과 의견을 달리하지만, 양국간 파국을 야기할 갈등으로 이어지지는 않았다.

그러나 2015년 이후 집권한 법과 정의당은 독일에 회의적 시각을 갖고 경계하여, 상호 이해가 엇갈리는 사안에서는 양국이 노골적으로 대립하여 왔다. 2015년 집행위원회는 회원국간 난민 분산수용을 담은 의제를 채택하였는데 난민이 집중된 독일은 적극 환영한 반면, 폴란드는 집행위원회의 난민쿼터 할당을 거부하였다. 본 사건으로 독일은 회원국간 연대의 원칙을 저버린 폴란드를 비난하여 양국간 긴장이 조성되었다.

한편 에너지안보에서 있어서는 역으로 폴란드가 러시아와 밀착한 독일의 정책을 강력히 반대하였다. 폴란드는 러시아가 추진한 북해를 통해 독일로 이어지는 노드스트림 I(Nordstream I) 가스관 건설을 저지하였으나, 독일은 러시아의 계획에 동조하여 노드스트림 II(Nordstream II) 건설까지 이어졌다.

폴란드는 북해 가스관은 러시아에 대한 에너지 의존을 심화하여 EU의 에너지 안보와 회원국간 연대를 손상한다는 이유를 내세웠다. 그러나 독일은 폴란드의 주장과 달리 에너지 수급은 국내문제라는 이유로 러시아와의 양자관계를 통한 에너지 조달을 택하였다. 본 사안은 결과적으로 2022년 러시아의 우크라이나 침공에 따른 유럽 에너지 위기의 동인으로 부각되어, 폴란드는 퇴임한 독일 메르켈(Angela Merkel) 총리의 친러시아정책을 공개적으로 비난하기에까지 이르렀다(Kuzernko, 2014: 65).

이와 같이 폴란드는 EU 가입 이후 독일과의 경제적 유대와는 별개로 정치안보 측면에서는 이해를 달리하여 마찰을 빚어왔다. 이러한 가운데 2020년 1월 브렉시트(Brexit)가 완료되면서, 폴란드 정치권에서는 EU 내에서 독일을 견제할 한축이 사라지면서 독일의 영향력 확대와 독주에 우려가 커졌다. 따라서 향후 EU 내에서 폴란드는 안보정책에서는 중동유럽국가와의 연대 그리고 정치, 경제적 측면에서는 프랑스와의 협력을 통해 독일을 견제할 것으로 전망된다.

폴란드의 중동유럽정책에는 이웃한 여러 국가와 유사하게 러시아로부터의 군사적 침공과 지배의 기억이라는 동질성이 내재한다. 폴란드는 20세기 들어 1차 대전 직후인 1918년 오랜 러시아의 지배를 벗어나 독립국가를 이루었지만, 1939년-45년 다시 독일과 러시아의 침공 그리고 1946년부터 1989년까지 소련의 압력에 따른 공산화를 겪었다. 폴란드는 이러한 역사적 경험을 공유하는 체코, 헝가리 및 슬로바키아와 유대가 매우 깊다.

한편으로 폴란드의 영토는 EU와 NATO의 최동부이며 러시아의 영향력이 상존하는 동유럽의 최서단을 경계 짓는다. 동시에 폴란드는 북유럽의 스칸디나비아, 발틱, 아드리아해와 흑해까지 이어진 중동유럽의 교차점이다. 이와 같이 폴란드는 유럽의 남북과 동서를 잇는 지정학적 허브라는 점에서 유사한 역사적 경험과 국경을 접한 중동유럽국과 관계가 깊을 수밖에 없다. 중동유럽 4개국이 참여하는 비세그라드는 이러한 배경에서 출범하였다. 1991년 체제전환을 기한 폴란드, 헝가리 및 체코슬로바키아 3개국은 비세그라드 선언(Visegrad Deceleration)을 통해 정치, 외교안보 및 경제 등 다방면에서 국가간 협력을 의도한 지역협력체인 비세그라드를 결성하였다. 이후 1993년 체코와 슬로바키아의 분리로 비세그라드는 4개국이 되었다. 비세그라드 4개국은 EU와 NATO 가입에 협력을 취하였고, EU 가입 이후에는 구조기금 협상, 난민문제, 에너지 안보 및 우크라이나정책 등 주요 현안에서 이해관계 조율과 공동대응을 취하여 왔다. 또한 장기적으로 이들 4개국은 공동군사훈련을 포함해 안보부분에서도 협력 강화를 의도하고 있다(Visegrad Group, 2022).

비세그라드 4국은 역사적으로 1335년 폴란드, 헝가리 및 보헤미아(Bohemia) 공국들간 연대에 기원을 두고, 역사와 문화를 상당부분 공유하며, 지리적 인접성과 유사한 경제발전 단계로 수평적 협력이 용이한 구조이다. 이에 따라 비세그라드는 현존하는 중동유럽 내 지역협력체 중 EU에서 가장 영향력이 있는 기구로 발전하였다. 특별히 폴란드에게는 EU의 의사결정에서 Big 3로 칭하는 독일, 프랑스 및 영국 중 영국의 탈퇴로 안보, 에너지 및 제도개혁 등 주요한 사안에서 비세그라드와의 연대로 영향력을 확대하였다는 점에서 각별하게 중요하다. 그러나 2015년 EU의 난민할당 그리고 2020년 탄소중립을 위한 그린딜(Green Deal) 계획에서 폴란드와 헝가리의 강한 저항 등에서 확인할 수 있듯이 비세그라드 국가들은 종종 EU 내에서 극단적인 자국이해를 추구하기도 하였다. 이에 따라 2016년 이코노미스트(Economist)지에서는 'Big, bad Visegrad'라는 자극적 제목을 단 기사를 게재할 정도로 서유럽 주요 회원국에서는 부정적 시각도 존재한다(Economist, 2016).

한편 폴란드는 비세그라드 이외에 16세기부터 국가연합을 이루었고 중동유럽에서 동일한 가톨릭 국가인 리투아니아와 각별한 관계에 있다. 폴란드는 1994년 리투아니아와 우호협력협정(Friendship and Cooperation Treaty)을 체결하고 경제, 군사 등 다방면에서 긴밀한 협력관계를 유지하여왔다. 양국은 모두 역사적으로 반러시아 감정이 팽배하고 발트해에 접한 러시아의 고립영토인 칼리닌그라드(Kaliningrad)와 국경을 접하여 러시아의 군사적 위협에 직접적으로 노출되어 있다. 이에 따라 특별히 안보 문제에 있어 폴란드는 리투아니아를 가장 중요한 지정학적 동반자(main geostrategic partner)로 고려하여 국경지역에 공동군을 유지하고 NATO 내에서 긴밀하게 연대하여 왔다(Artun, 2007: 37).

〈그림-2〉 2017년 10월 브뤼셀에서 열린 비세그라드 4개국 총리와 EU집행위원장 융커(Jean-Claude Juncker)의 회동

출처: European Union, 2022, Audiovisual Service

폴란드는 2014년 러시아의 크림반도 점령을 목격하며 EU가 동유럽 국가에서 진행하는 민주주의 정착과 시장경제 현대화 등을 담은 동유럽 동반자(Eastern partnership) 관계에 회의를 품게 되었다. 폴란드는 자국의 안보와 경제적 이익을 위해 동유럽국가와 더욱 밀접한 협력이 필요하였다. 이에 따라 폴란드는 성장한 경제력을 배경으로 자국이 능동적으로 주도하여, 기존의 비세그라드보다 지리적 범위를 확대한 동유럽국가간 협력시스템을 강구하였다.

이러한 배경에서 2015년에 취임한 두다(Andrzej Duda) 대통령의 주도로 3해 연합(Three Sees Initiative)이 결성되었다. 3해 연합은 폴란드의 시각에서 의미가 깊다. 폴란드는 최전성기인 16세기 야기엘론스키 왕조(Jagiellonian dynasty) 집권 시기 발틱해에서 흑해 그리고 보헤미아에서 헝가리까지 영향력을 행사하였다. 폴란드는 이러한 기억을 되살려 잠시 독립국가를 이루던 20세기 초에 중동유럽국가간 협력체를 구상하였으나 2차 대전의 발발로 무산되었다(Zięęba, 2019: 201-202).

3해 연합은 폴란드를 위시해, 에스토니아, 라트비아, 리투아니아, 체코, 슬로바키아, 헝가리, 오스트리아, 루마니아, 불가리아, 슬로베니아 및 크로아티아 등 발틱해(Baltic Sea), 아드리안해(Adriatic Sea) 그리고 흑해(Black Sea) 연안 12개국의 협력포럼으로 출발하였다. 3해 연합은 중동유럽의 중심국가로 도약하려는 폴란드의 정치적 의지가 깊숙이 개입되었다. 한편으로 본 협력체는 서유럽 중심의 EU 운영과 이에 따른 경제적으로 낙후된 중동유럽에서 인프라 구축과 경제협력을 도모한다는 실리적 목적도 함유한다. 따라서 3해 연합은 EU 내에서 동서간 격차를 완화한다는 명분을 내세워, 서유럽을 제외한 유럽의 남북과 동서를 잇는 일종의 경제벨트의 성격을 갖는다(Three Seas, 2022).

3해 연합 결성은 유럽에서 높아진 폴란드의 정치경제적 위상을 보여주지만 역으로 폴란드의 리더십에 회원국의 부정적 시각도 존재한다. 또한 다수의 참여국으로 이해관계의 폭이 넓어 비세그라드와 같은 결속력과 제도화에까지는 이르지 못하고 있다. 이와 같이 여러 문제가 있지만 3해 연합 출범은 EU 내에서 폴란드가 중동유럽국가의 리더로 자리매김하였다는 현실을 보여준다.

4. 러시아의 침공과 우크라이나와의 운명공동체

우크라이나에 대한 폴란드의 지대한 이해는 역사적 경험과 지정학에 근거한다. 폴란드 정치인들은 종종 자국은 16-17세기 리투아니아와의 연방을 구축해 동유럽에 광활한 영토를 보유한 유럽의 강대국으로, 관대한 다민족 국가였다는 사실을 거론할 정도로 우크라이나를 포함한 동유럽과 일체감을 갖는다.

결정적으로 서유럽과 동유럽과의 중간지점에 위치한 폴란드의 지정학은 우크라이나와 피할 수 없는 관계를 형성하였다. 폴란드는 EU와 NATO 회원국인 독일, 체코, 헝가리, 리투아니아 그리고 또 다른 진영으로 러시아, 우크라이나 및 벨라루스와 국경을 접한 중간지역에 위치한다. 이러한 요인으로 폴란드의 외교정책 기저에는 자연적 혹은 인위적으로 구축된 지정학적 위험과 기회라는 사고가 깊숙이 자리 잡고 이는 우크라이나와의 관계를 특징짓는다. 이러한 배경에서 폴란드는 EU에서 배제된 우크라이나는 물론이고 벨라루스 및 몰도바를 포함한 동유럽국가의 정치적 상황을 자국의 안보에 결정적인 요소로 인식하여 왔다(Zięęba, 2019: 17).

폴란드가 EU에 가입하면서 폴란드의 국경이며 동시에 EU의 공동국경이 러시아의 영향이 상존하는 동유럽과 접하게 되었다. 이에 따라 EU에서는 2004년 폴란드를 위시한 중동유럽 9개국의 가입과 함께 새로운 동유럽정책이 논의되었다. 냉전 이후 유럽에서 동유럽(Eastern Europe)은 정치적, 지정학적 측면에서 EU에 가입하지 않은 우크라이나, 몰도바, 벨라루스 여기에 광의의 범주로는 러시아까지 포함한 국가군을 지칭한다. 이외에 EU에 가입한 동유럽은 별도로 중동유럽(Central Eastern Europe)으로 칭한다.

폴란드는 EU 가입 이전부터 동유럽과의 역사적 교류 및 지정학적 위치를 들어 자국이 중추적 역할을 담당하는 새로운 동유럽정책의 필요성을 역설하였다. 폴란드는 EU 가입 직전인 2003년 EU와 러시아를 포함한 발트해 국가간 협력체제인 북부지역 협력(Northern Dimension)의 예를 따라, 우크라이나를 포함한 동유럽과의 동부지역 협력(Eastern Dimension) 개념을 EU에 제안하였다(Artun, 2007: 47).

폴란드는 동유럽국가들이 EU가 제시한 정치발전 모델에 따른 정치개혁과 경제의 현대화만이 탈러시아화를 이루고 지역적 안정을 이룰 수 있다고 생각한다. 이러한 사고에서 폴란드는 EU 내에서 동유럽 동반자(Eastern

Partnership) 관계의 심화를 적극적으로 주장하여 왔다. 또한 EU와 NATO는 장기적으로 동유럽국가에게도 문호를 개방해야 본 지역국가들이 개혁동인을 갖고 민주주의 이행과 효과적인 시장경제 시스템을 구축할 수 있다는 논리를 전개하여 왔다.

폴란드의 동유럽에 대한 깊은 관심은 결국 본 지역의 핵심국가인 우크라이나에 대한 이해와 동일시된다. 폴란드는 1991년 우크라이나의 독립을 적극적으로 환영하였지만 러시아의 간섭을 벗어나 주권수호와 정치경제적 안정에 회의적 시각을 가졌다. 폴란드로서는 국경을 접한 우크라이나는 운명공동체로 본 지역에서의 정정불안은 러시아의 개입을 가져와 자국에 커다란 안보위협으로 이어진다. 이러한 우려로 폴란드는 EU 내에서 우크라이나의 회원국 수용을 주장하는 대표적인 국가로 경제와 군사적 측면에서 우크라이나와 양자관계가 공고하다.

폴란드는 우크라이나와 국경을 접하고, 역사와 문화를 공유하며 공통적으로 러시아라는 상대하기 버거운 이웃을 두었다는 점에서 동질의식을 갖는다. 폴란드는 러시아 정치인들이 우크라이나에 대해 특별한 이해(special interests) 혹은 특별한 역할(specific role)을 언급할 때마다 민감하게 반응하여 왔다. 이러한 위기의식에서 폴란드는 독립 이후 우크라이나를 전략적 동반자(strategic partnership)로 칭하며 밀접한 관계를 유지하여 왔다(Zięba, 2002: 196).

폴란드는 1991년 8월 우크라이나가 독립을 선언하자 즉각적으로 총리와 외무장관의 상호방문을 통해 정치적 협력을 모색하여, 이듬해 1992년

5월 폴란드-우크라이나 동반자 협력협정(Poland and Ukraine on Good Neighbor Relations, Friendship and Cooperation)을 체결하였다. 여기에는 양측간 전략적 동반자를 제도화한 것으로 본 협정에는 국경문제를 위시한 분쟁의 평화적 해결 및 양국에서 소수민족인 상대방 국민의 권리 보호 등을 담았다. 이후 양국은 상호간 가장 중요한 협력국가라는 사실을 강조하며, 정상과 고위급 회담을 빈번하게 개최하였다.

폴란드 정치인들은 종종 우크라이나가 유럽으로의 귀속만이 동유럽에서 러시아의 전체주의 부활을 막을 유일한 방안이라고 언급하였다. 이러한 언명에는 냉정한 국제관계 환경에서 폴란드의 현실적 이해가 깊숙이 내재한다. 폴란드는 최대의 안보위협인 러시아와의 사이에 위치한 우크라이나가 친서방 지향 혹은 EU와 NATO 회원국이 되어야 일종의 완충지역(buffer zone)을 형성해 자국안보를 보장한다고 생각한다. 이러한 절박한 인식으로 1990년대 이후 폴란드의 정치권과 학계에서는 '자유로운 우크라이나가 없다면 자유로운 폴란드는 존재하지 않는다(There may be no free Poland without a free Ukraine)'라는 언명이 회자되기도 하였다(Artun, 2007: 174).

폴란드는 1990년대 이후 우크라이나의 친유럽정책 지원에 적극 나서 여러 NATO 정상회담에서 우크라이나와의 특별한 관계설정과 궁극적으로 회원국 가입을 주장하였고, EU에서는 우크라이나와 몰도바의 회원국 가입을 지지하여 왔다. 그러나 2014년 러시아의 크림반도 점령 이전까지 EU와 국내에서 폴란드의 우크라이나에 대한 회원국 수용주장은 종종 '자신보다 더 큰 아기를 돌보는 보모(maiden with a baby bigger than herself)'로 비유될 정도로 현실적으로 버거운 목표로 치부되었다(Artun, 2007: 44).

한편으로 양국은 밀접한 관계 속에서도 상호 타협하기 어려운 이해 역시 존재하였다. 2004년 이전까지 폴란드 대외정책의 최우선 과제는 유럽으로의 복귀로 우크라이나와의 관계는 후순위에 위치하였다. 폴란드는 EU와 쉥겐지역 가입을 위해 EU가 요구한 동부국경의 엄격한 통제를 수용하여 우크라이나와의 자유왕래에 까다로운 조건을 내걸었다. 이에 2000년대 초반 우크라이나의 쿠치마(Leonid Kuchma) 대통령은 폴란드의 조치는 새로운 '서류의 장막(paper curtain)'으로 명목상의 전략적 동반자라며 불편한 심기를 드러내기도 하였다.

우크라이나 역시 러시아의 크림반도 점령 이전까지 폴란드는 가장 중요한 이웃으로 EU로 가는 통로라는 외교적 수사와 달리, 자발적 혹은 타의에 의해 러시아와의 관계를 최우선으로 고려할 수밖에 없었다. 우크라이나는 유라시아의 지정학적 중추(geopolitical pivot)로 외교정책은 태생적으로 유럽과 러시아를 모두 포괄하는 다원적 궤도(multi-vector)를 지향하였다. 따라서 우크라이나의 국내정치는 친유럽과 친러시아 세력의 대립이 고착화되어 외교정책이 어느 한 진영으로 집중되면 정정불안으로 이어졌다. 역설적으로 우크라이나 역대 정부는 이러한 현실을 이용하여 유럽과 러시아라는 양 진영의 존재와 압력을 들어 양측으로부터 최대한 이해를 이끌어 내는 정책을 취하였다.

결국 우크라이나는 유럽지향의 폴란드와 지정학적, 경제적 이해가 전적으로 일치하지 않는다. 우크라이나는 1990년대 전반에 걸쳐 폴란드의 EU 가입과 NATO 가입을 지지한다고 공개적으로 천명하였다. 그러나 우크라이나는 본 사안들이 실현되면 자국은 지정학적으로 유럽과 러시아 사이의 회색지역으로 고착화되어, 양측 모두로부터 배제될 가능성을 깊이 우려하였다(Zięba, 2002: 205-206).

〈그림-3〉 1992년 5월 바르샤바에서 폴란드-우크라이나 동반자 협력협정(Poland and Ukraine on Good Neighbor Relations, Friendship and Cooperation)에 서명하는 양측 정상

출처: Republic of Poland, Poland and Ukraine - Thirty Years of Partnership and Friendship (2022)

2014-15년 러시아의 크림반도 점령은 21세기 중동유럽에서 강대국의 힘의 정치가 현존한다는 냉엄한 현실을 보여주었다. 폴란드는 러시아가 크림반도에서 멈추지 않고 자국과 발틱 3국까지 군사적 행동을 취할 것으로 판단하였다. 이에 따라 러시아의 크림반도 점령 당시 외무장관 시코르스키(Radosław Sikorski)를 필두로 이후 역대 외무장관은 폴란드 안보의

최대 위협은 러시아라고 공개적으로 언급하였다. 폴란드 언론 역시 2014년 이후 반러시아 기조가 노골화되어 수시로 러시아의 군사적 위협 가능성을 제기하였다. 위기의식을 느낀 폴란드는 우크라이나를 운명공동체로 인식하고 다소 수사적인 개념의 전략적 동반자에서 전폭적 후원자로 양자관계를 재조정하였다. 폴란드는 우크라이나를 더 이상 유럽의 회색지대로 방치할 수 없다고 생각하였다. 이에 폴란드는 EU에서 동유럽동반자(Eastern Partnership) 국가인 우크라이나, 몰도바 및 조지아에 대한 지원을 확대하고, 장기적으로 회원국 수용을 계획하였다. 폴란드는 또한 EU 내에서 공동안보방위정책(CSDP)의 강화와 러시아에 대한 일관된 경제제재를 주장하고, NATO에서도 이전보다 더욱 거세게 우크라이나의 회원국 수용을 촉구하였다(Bayir, 2021: 53).

우크라이나의 회원국 수용에 대한 폴란드의 확고한 의지는 복합적 요인에 기인한다.

첫째, 폴란드는 EU의 공동역외국경이면서 자국의 동부국경이 우크라이나와 접하므로 우크라이나의 러시화화는 최악의 안보위협이다. 그러므로 우크라이나의 회원국 수용으로 역외공동국경이 동부로 이동하여 러시아와의 완충지역을 형성해 국경관리 부담과 러시아로부터의 군사적 위협을 완화한다는 전략이다.

둘째, 우크라이나의 인구, 영토 및 지정학적 위치를 고려할 때 회원국 수용 시 기존 동서유럽 회원국간 권력관계에 지대한 파급을 야기한다. 물론 이러한 변화는 전통적으로 중동유럽을 정치적으로 대표하는 선도국에 위치한 폴란드에게 EU 내에서 발언권 강화를 가져오는 효과를 낳을 수 있다.

셋째, 러시아의 크림반도 점령과 군사적 침공 이후 폴란드 내에서는 자국과 우크라이나는 역사적 경험과 문화를 공유한다는 온정적 시각이 커졌다. 여기에 경제적 이해와 사회적 안정에 부정적 영향을 미치는 난민수용 부담을 완화해야 한다는 현실적 고려 역시 우크라이나의 회원국 수용 사유로 작용하였다.

폴란드는 2022년 2월 24일 러시아의 전격적인 우크라이나 침공에 대응해 EU 내에서 가장 강경하게 우크라이나의 회원국 수용을 주장하는 국가이다. 이미 2014년 러시아의 크림반도 병합으로 우크라이나의 EU 가입논의가 가시화되었으나, 회원국간 이견과 우크라이나의 국내개혁 미비 및 러시아와의 관계 등이 얽혀 진척은 없었다. 그러나 러시아의 우크라이나 침공으로 상황은 반전되었다. 유례없는 국가위기 상황에 처한 우크라이나는 러시아 침공 4일 뒤 2월 28일 EU에 가입신청서를 접수하고, 다음날 3월 1일 유럽의회는 특별회기를 개최하여 우크라이나에 가입후보국 지위(candidate status)를 촉구하는 결의안(Resolution)을 채택하였다(Appel, 2014: 2). 폴란드 역시 이러한 상황에 즉각적으로 대응하였다. 폴란드 하원(Sejm)은 우크라이나 정부가 EU 가입신청서를 제출한 이틀 뒤 3월 2일 회원국 수용을 지지하는 결의안을 작성하였다. 폴란드 하원은 본 결의안을 통해 정부와 국민은 러시아에 대항한 우크라이나를 전폭적으로 지원하며, 우크라이나 난민을 무조건적으로 수용한다는 입장을 천명하였다. 또한 폴란드 하원은 EU 집행위원회에게는 신속한 가입 로드맵 작성과 각료이사회 역시 빠른 시일 내 가입후보국 지위 부여 결정을 촉구하였다(The Sejm of the Republic of Poland, 2022).

폴란드 정부도 발 빠르게 대응해 여타 중동유럽 7개국과 연대하여 EU에 우크라이나에 대한 즉각적인 가입후보국 지위부여와 협상개시를 요구하였다. EU는 유럽안보의 심각성을 인지하여 폴란드의 강경한 목소리를 수용할 수밖에 없었고, 6월 23-24일 양일간 개최된 정상회담에서 만장일치로 우크라이나와 함께 몰도바의 가입후보국 지위 부여를 결정하였다. 그러나 이후부터 회원국간 치열한 정치적 논쟁이 시작되고 있다. 독일, 프랑스, 네덜란드 및 스페인 등 EU 내 서유럽 주요 회원국은 극히 예외적 상황을 감안해 우크라이나에게 가입후보국 지위부여를 수용하였다. 그러나 향후 과정에서는 명시된 엄격한 가입조건과 절차적용을 고수하고 있다. 이들 국가들은 오래 전부터 국내개혁, 지정학 그리고 가입 시 자국이 부담해야할 막대한 경제적 비용으로 우크라이나의 회원국 수용을 노골적으로 반대하여왔다.

따라서 유래 없는 특수한 상황에 대한 정치적 고려가 없다면 우크라이나의 EU 가입실현은 요원하다. 결국 가입후보국 지위부여 이후 폴란드가 주도하는 중동유럽국가간 결속과 정치적 역량이 향후 과정에 결정적 영향을 미칠 것으로 예상된다. 러시아-우크라이나 전쟁이 발발하자 폴란드 정치인들은 EU에 대해 '우리는 이미 러시아의 군사행동 가능성을 경고하였다. 그러나 당신들은 우리의 경고를 들으려 하지 않았다.'라는 언사를 노골적으로 내비치며 EU의 신속한 대응을 강하게 압박하였고 EU는 이에 수긍하였다(Dempsey, 2022).

이와 같이 우크라이나 전쟁 초기 예외적이며 긴박한 상황에서 폴란드의 강경한 입장이 수용되었지만, 향후 폴란드의 정치적 목소리와 리더십이 지속될지는 예측하기 어렵다. 따라서 러시아의 우크라이나 침공은 결과적으로 EU에서 폴란드의 정치적 역량과 폴란드가 주도하는 중동유럽 국가와의 연대에 대한 새로운 시험무대가 되었다.

우크라이나 전쟁 발발 2주가 경과한 2022년 3월 9일 폴란드 하원은 우크라이나 난민 지원을 위해 특별법(Special Act)으로 명명한 입법을 제안하고, 이어서 대통령은 약 2주가 경과한 3월 26일 본 법안에 서명하였다. 특별법은 우크라이나 난민에 대해 18개월간 폴란드 체류허용 및 최대 3년간 체류연장, 우크라이나 난민의 고용허가, 의료와 사회적 보호 등의 내용을 담았다. 이외에 본 입법을 통해 전쟁 이전 폴란드에 이미 거주하였던 우크라이나인에 대해 2022년 말까지 비자연장을 허용하였다(Regan & Walawender, 2022).

신속한 입법을 통해 폴란드는 2022년 2월 우크라이나 전쟁발발 이후 약 5개월여 만에 우크라이나 난민수용을 위해 GDP의 1%에 가까운 비용을 지출하였고, 국민의 약 70%가 숙소제공과 생필품 지원 등 다양한 방법으로 난민지원에 참여하였다. 유럽의 어느 국가도 단 며칠간 200만 명이 넘는 난민유입을 경험한 적이 없고, 300만이 넘는 난민을 수용할 인프라와 인력을 갖춘 곳도 없다(Visit Ukraine Today (2022). 그럼에도 폴란드 정부는 국가 차원에서 큰 경제적 희생을 무릅쓰고, 우크라이나 난민을 무조건적으로 수용하고 경제사회적 지원을 하였다.

이러한 우크라이나 난민수용 조치는 유럽에서도 난민과 이민자 수용에 가장 폐쇄적인 폴란드로서는 전례가 없는 사건이다. 폴란드는 출산율 저하와 2004년 EU 가입 이후 서유럽으로의 노동력 이동으로 인구가 정체된 국가이다. 그럼에도 폴란드는 경직된 이민정책을 취하여 2011년 인구조사에 따르면 폴란드 내 외국인 거주자는 약 10만여 명에 불과하였다. 그러나 2014년을 기점으로 경제성장에 따른 노동력 부족과 러시아의 크림반도 점령이 맞물려 2019년에는 외국인 거주자가 약 200만 명으로 급증하였는데, 이중 우크라이나인이 135만 명에 달하였다. 이와 같이 폴란드는 2010년대 이후 우크라이나인을 중심으로 이민자가 급증하였으나 대부분 노동인력 부족을 해소할 계절형 노동인력을 포함한 남성 노동자로, 여전히 인도적 차원의 난민수용에는 부정적이었다(Duszczyk & Kaczmarczyk, 2022: 164-165).

2022년 7월 폴란드 일간지 DGP(Dziennik Gazeta Prawna)에 따르면 폴란드 내 우크라이나인은 전쟁 전 거주자를 포함해 337만 명으로 전체인구의 8%를 점한다. 이중 약 36만 명이 각급 교육기관 그리고 4만여 명이 유치원에 등록되어 있다(Visit Ukraine Today, 2022). 전쟁 직후 3개월간 약 500만여 명의 우크라이나인이 폴란드로 들어왔고, 타국으로의 이동과 본국 귀환 등으로 전쟁 초기보다 난민수가 감소하였지만, 여전히 폴란드가 감당하기 어려운 난민규모이다.

폴란드는 EU 내에서도 정부의 보건의료 지출규모가 상대적으로 낮고 만성적인 의료인력 부족으로 2017년 기준 저소득층을 중심으로 약 14%는 사실상 필요한 의료서비스의 사각지대에 있다. 따라서 난민에 대한 충분한 의료지원이 힘든 상황이다. 또한 기존의 교육기관 수가 충분치 않아 우크라이나에서 넘어온 6-18세 아동과 청소년 중 약 1/3만 수용하는 실정이다. 그럼에도 폴란드가 난민이 대거 유입된 전쟁초기 EU와 타 회원국의 지원 없이 자발적으로 난민을 수용한 것은 극히 이례적이다. 폴란드 정부는 약 100만 명의 우크라이나 난민에게 폴란드 주민번호(PESEL)를 발급하여 의료와 사회적 서비스를 제공하였다((Duszczyk, 2022: 4). 나아가 여러 사유로 폴란드 주민번호를 발급받지 못한 난민에게도 의료와 사회적 서비스 접근을 허용하는 관대한 조치를 취하였다. 이후 전쟁이 장기화되면서 독일을 위시한 여러 EU 회원국이 자발적으로 폴란드로 유입된 난민을 재수용하였는데, 이 과정에 폴란드 정부가 타 회원국에 난민의 분담수용을 직접적으로 요구하지 않았다.

이와 같이 유례가 없는 폴란드의 인도적 조치는 EU와 회원국에게 깊은 인상을 주었고, NATO에서는 러시아의 군사적 행동을 억제할 최전선으로 폴란드의 중추적 역할을 재인식하는 계기가 되었다. 물론 유럽의회를 비롯해 EU 내에서는 폴란드의 적극적 헌신으로 유럽인의 연대를 보여준 사실을 높이 평가하지만, 폴란드 정부의 우경화와 법치의 훼손과는 별개의 사안이라는 입장을 취하고 있다. 그럼에도 폴란드 정부와 국민의 자발적인 난민수용과 지원은 그동안 EU 내에서 독선적이며 강경한 국가 이미지를 완화시켰고, 향후 EU와의 관계에서도 긍정적 영향을 미칠 것으로 예상된다.

〈그림-4〉 2022년 3월 폴란드 국경도시 메디카(Medika)에 도착한 우크라이나 난민

출처: European Union, 2022, Audiovisual Service

러시아-우크라이나 전쟁은 EU에서 전통적인 국가간 권력의 균형에 적지 않은 균열과 변화를 가져왔다.

첫째, 군사외교정책에서 러시아와의 타협을 통해 현상유지를 고수하였던 독일과 프랑스의 입지가 위축되었다. 반면, 대러정책에서 강경한 입장을 견지하였던 폴란드의 정치적 목소리가 한층 강화되었다. 전쟁 발발 직후 독일과 프랑스는 러시아와의 정치적 협상을 시도하면서 한편으로 우크라이나에 대한 대대적 지원조치를 취하였지만, 러시아를 저지하지

못하였고, 약속한 무기지원도 신속히 이행하지 않았다. 결국 권력의 중재자(power brokers)로서 독일과 프랑스의 위치는 흔들리고, 우크라이나에 대한 전면적인 군사적 지원과 난민수용에 나선 폴란드의 영향력이 극대화되었다.

둘째, 폴란드는 러시아-우크라이나 전쟁을 통해 자국을 포함한 중동유럽의 안보는 미국이 주도하는 NATO에 전적으로 의존할 수밖에 없다는 현실을 목격하였다. 동시에 프랑스를 위시해 서유럽 국가들이 주장하는 EU 차원의 전략적 자율성(strategic autonomy)은 공허한 언명이라는 사실을 확인하였다. 더불어 우크라이나 전쟁을 목도한 폴란드인들은 러시아는 군사적 위협을 넘어 자신들의 삶을 파괴하는 적대국가라는 사고가 더욱 확고해졌다. 따라서 폴란드는 EU 밖에서 미국과 영국은 물론이고 이웃한 중동유럽, 스칸디나비아 및 발틱국가와 안보협력을 강화할 것이다. 이에 따라 군사안보 측면에서 중동유럽국가들은 이미 지역 내 정치적 리더로 자리한 폴란드가 주도하는 동맹에 적극적으로 참여할 것으로 예상된다.

셋째, 러시아-우크라이나 전쟁은 국내정치에도 파급을 야기하였다. 전쟁이 발발하기 직전, 법과 정의당의 극단적 보수 성향과 코로나 펜더믹에 따른 경제침체로 정부운영에 부정적 시각이 팽배하였다. 그러나 러시아의 우크라이나 침공으로 폴란드 내에서는 정부 비판보다 국민적 단합이 절실하다는 공감대가 형성되었고, 이는 법과 정의당의 지지율 상승으로 이어져 집권 초부터 추진하였던 군비증강 계획에 힘을 실어 주었다.

그러나 극적인 상황변화로 폴란드가 EU에서 주도적 국가로 자리매김 하였다고 받아들이기는 힘들다. 여전한 프랑스의 정치적 영향력과 독일의 경제력을 배경으로 한 서유럽 중심의 EU 운영이 지배적이며, 폴란드는 군사외교 이외에서는 회원국을 이끌 역량과 리더십이 결여된다. 그럼에도 폴란드는 중동유럽국가와 연대하여 EU에서 또 다른 정치적 축을 형성하였다는 사실은 명백하다.

한편으로 우크라이나 전쟁을 계기로 NATO 역시 폴란드의 중추적 역할을 재인식하게 되었다. 폴란드는 오래 전부터 서유럽 회원국의 유화정책에 맞서 푸틴의 동유럽 팽창의지를 경고하여 왔는데, 이러한 폴란드의 주장이 정치적 공감대를 형성하였다. 또한 NATO에서 폴란드는 동부국경의 최전선으로 중동유럽국의 최다 군사비 지출 국가로, 러시아를 견제할 가장 중요한 동맹국이라는 인식이 확고해졌다.

5. 미국과의 가치동맹

폴란드와 미국과의 관계는 전통적으로 전략적 공유성에 근거한다. 폴란드는 미국이 국제관계에서 추구하는 민주주의와 법치 그리고 약소국을 위협하는 권력정치의 배제 등 보편적 규범과 가치에 기반을 둔 국제관계 시스템을 지지한다. 또한 양국은 유럽에서 NATO의 능력향상, 테러리즘 대응, 핵확산 억제 및 미사일 방어체제 강화 등 군사적 협력은 물론이고 경제성장과 혁신, 에너지 안보 그리고 중동부 유럽국간 협력 등에서 이해를 공유한다(Szczerbiak, 2022).

집권당인 법과 정의당은 서구식의 민주주의에 반하는 권위주의적 일면을 갖지만, 폴란드 역대 정부와 궤를 같이하여 미국이 국제사회에서 내세우는 보편적 가치를 절대적으로 지지한다. 이러한 폴란드의 친미성향 근원에는 이웃한 러시아와 독일이 국제관계의 보편성보다는 월등한 군사력과 경제력을 통해 자국에 영향력을 행사하였다는 과거의 경험이 내재한다. 한편으로 폴란드와 미국간 공고한 결속은 미국 내 약 960만 명에 달하는 폴란드계 미국인의 존재와 이들의 영향력과 문화적 유대에서도 기인한다.

그러나 EU의 공동안보방위정책(CSDP) 기조를 벗어난 폴란드의 미국과의 군사적 밀착은 종종 독일과 프랑스를 비롯한 EU 회원국과 NATO로부터 반발을 야기하였다. 2003년 이라크 전쟁에서는 EU의 주요 회원국들이 명분 없는 전쟁을 이유로 미국과의 공조에 소극적인 반면, 폴란드는 영국과 함께 본 전쟁에 참여하여 여러 유럽국가로부터 비난을 받았다. 이러한 폴란드의 노선은 자국의 사활적 안보문제에 있어 EU 차원의 안보방위정책은 불충분하며, 유일한 대안은 미국과의 대서양 동맹(transatlantic partnership)이라는 사고에서 비롯된 것이다(Congressional Research Service, 2019: 9).

미국은 폴란드의 외교안보정책에 있어 절대적인 존재로 역대 폴란드 정부는 이념적 방향과 무관하게 일관되게 미국과의 대서양 동맹에 주력하여 왔다. 폴란드가 대서양 동맹에 절대적으로 의존하는 이유는 두 가지 맥락에서 이해할 수 있다.

첫째, 역사적 요인으로 폴란드는 동서로 국경을 접한 러시아와 독일에 오랜 지배와 침략의 기억을 갖고 있어, 양국과 친선관계를 유지하되 절대적인 신뢰를 갖지 않는다.

둘째, 현실적으로 감당하기 힘든 초강대국인 러시아로부터의 안보위협에 대응하기 위해 또 다른 초강대국인 미국의 군사적 지원이 필요불가결하다. 따라서 폴란드는 자국은 물론이고 주변 중동유럽국에도 미군 주둔을 적극적으로 주장하여 왔으며, 미국이 전 세계에서 펼치는 대테러대응의 핵심적 동반자로 연대하여 왔다. 특히 2014년 러시아의 크림반도 병합으로 직접적인 안보위협에 처한 폴란드는 자체 군사력 증강과 함께 친미정책이 더욱 노골화되었다.

미국 역시 1991년 폴란드의 체제전환 이후 중동유럽의 핵심적 동반자로, 군사, 정치 및 경제적으로 유대관계를 유지하여 왔다. 폴란드는 지정학적 위치, 인구와 영토 규모 등을 고려할 때 중동유럽에서 가장 중요한 국가이다. 따라서 미국의 정치인과 관료들에게 폴란드는 가치를 공유하는 핵심 동맹국이며 유럽대륙에서 자국에 가장 우호적인 국가라는 점에 이견은 없다.

한편으로 폴란드는 EU 차원의 안보방위정책 강화와 NATO 내에서 러시아에 대한 대응에 가장 적극적으로 목소리를 내는 회원국이다. 그럼에도 NATO 내에서는 폴란드를 '유럽에 있는 미국의 트로이의 목마(United States' Trojan horse in Europe)'라는 언명이 제기될 정도로, 폴란드의 안보문제에서는 미국과의 대서양 동맹을 최우선으로 고려하여 왔다(Zięęba,

2019: 102).

　미국은 폴란드를 필두로 중동유럽에서 공산정권이 붕괴되자 대대적인 정치, 경제지원을 통해 신속한 체제전환을 이끌어 내었다. 1989년 폴란드 공산정권이 붕괴되자 당시 미국의 부시(George H. W. Bush) 대통령은 즉각적으로 자유노조 대표 바웬사(Lech Walesa)에게 정치적 협력과 경제적 지원을 약속하고, 의회에서는 폴란드와 헝가리의 민주적 개혁을 지원할 동유럽 민주주의 법(East European Democracy Act)을 발의하였다.

　미국의 발 빠른 대응으로 폴란드는 공산주의 붕괴 이후 순조로운 체제 이행을 거쳐 1999년에 NATO에 가입하였다. 폴란드의 NATO가입 이후에도 미국은 군사적 측면에서 유럽에서 새롭게 지정학적 균형을 도모할 수 있는 국가로 고려해 폴란드군의 현대화를 적극적으로 지원하였다. 이와 같이 미국은 폴란드의 독립 이후 약 20여 년간 경제, 군사적 지원을 통해 확고한 동맹관계를 유지하였다.

　그러나 2009년 전임자와 달리 상대적으로 유럽에 관심이 덜한 오바마(Barack Obama) 대통령이 취임하면서 폴란드 정치권에서 기존의 양자관계의 이완에 대한 우려가 제기되었다. 오바마는 민주주의 국가의 보편적 가치를 강조하는 인물로 2016년 바르샤바 방문 시에는 EU 회원국으로서 법치를 존중해야 한다는 직접적 언사로 폴란드를 자극하기도 하였다. 그러나 오바마 대통령 역시 폴란드 국내문제에 대한 비판적 입장과 달리 안보이슈에서는 기존의 대서양 동맹을 답습하였다. 오바마 행정부는 폴란드의 안보는 미국과 NATO의 이익에 부합한다는 정책기조를 내걸고 2012년

11월 폴란드에 미공군 기지를 구축하였다. 이후 2014년 러시아의 크림반도 점령으로 동유럽에 위기가 고조되자, 동년 7월 폴란드와의 연대와 동반자 로드맵(joint solidarity and partnership roadmap)을 출범하여 폴란드군에 대한 군사훈련 프로그램을 진행하였다(Bieńczyk-Missala, 2016: 109).

폴란드와 미국간 관계는 2017년 트럼프 대통령(Donald Trump)이 집권하면서 새로운 전기를 맞았다. 트럼프 대통령은 취임과 함께 미국의 경제적 이익을 위해 중국을 포함한 동아시아정책에 집중한다고 천명하였다. 그는 또한 독일을 포함한 EU와의 관계에 부정적 시각을 견지하고, 미국이 과도한 부담을 떠안은 NATO에 대해서도 비판적 입장을 취하여 폴란드 정부를 긴장시켰다. 그러나 폴란드의 이러한 생각은 기우에 불과하였다.

폴란드 집권당인 법과 정의당과 트럼프 대통령은 태생적으로 보수적 이념과 국수주의 성향을 공유하고, 유럽통합에 대한 회의적 시각 역시 유사하였다. 트럼프 대통령은 집권 후 미국 우선주의(America First)를 표방하면서 종종 서유럽 주요 동맹국의 이해에 어긋나는 자국중심의 외교정책을 취하였다. 또한 그는 유럽국가간 결속을 옹호하기보다는 에너지안보와 NATO 분담금을 놓고 EU 및 독일과 대립하였다.

반면에 트럼프 대통령은 폴란드에 대해서는 유럽에서 이상적인 동반자로 생각하였다. 트럼프의 시각에서 폴란드는 중동유럽 안보의 핵심 국가이며, NATO가 요구하는 GDP 대비 2% 이상 국방비 할애와 2003년 독일과 프랑스의 반대를 무릅쓰고 이라크전에 폴란드군 파병 등의 전례로 자국이익에 부합하는 동맹국이다.

이러한 사고에서 트럼프 대통령은 폴란드 정부가 추진하는 탈러시아 에너지정책과 3해 연합을 적극적으로 후원하였다. 트럼프 대통령의 관심은 유럽에서 자국의 이해관철이다. 따라서 그는 EU와 달리 폴란드 정치의 우경화에는 관심이 없었고, 공개석상과 양측간 정상회담에서 본 문제를 거론하지도 않았다(Szczerbiak, 2022).

폴란드 역시 독일과 에너지안보를 두고 의견충돌을 빚고 EU와는 자국의 국내정치 문제로 갈등관계에 있어, 서유럽 주요 회원국으로부터 고립에 처한 상황이었다. 따라서 두다 대통령은 트럼프 행정부와의 밀착으로 안보문제를 해결하고, 동유럽정책에서 지원을 받는다는 전략을 구사하였다.

키신저(Henry Kissinger)는 종종 유럽은 국제전화 국가번호가 다르다는 은유적 표현을 통해 이들 국가들이 단일화된 목소리를 내지 못한다고 언급하였다. 트럼프 대통령은 전략적이고 계산적인 지도자로 이러한 유럽국가의 제각각의 주장과 이에 따른 EU의 느린 의사결정을 들어 군사문제에 있어서는 해당 국가와의 양자간 대화를 선호하였다. 이에 트럼프 대통령은 독일 등 개별 동맹국과 접촉하여 NATO에서 미국의 과도한 부담을 들어 재정분담 압력을 가하였으나, 별다른 성과를 거두지 못하였다. 폴란드의 두다 대통령은 이러한 상황을 이용하여 법치와 민주주의 손상을 이유로 EU의 압력이 거세질수록 미국과의 양자협력을 심화하여 자국의 군사력을 보강하고 더불어 정권의 정당성 강화를 기하였다(Schnepf, 2019).

군사적 측면에서 폴란드의 가장 큰 불안요인은 방어 장벽이 없는 드넓은 동부평원과 국경을 접한 칼리닌그라드에 러시아군의 미사일 배치와 대규모 군사훈련이다. 러시아로부터의 안보위협은 폴란드가 자력으로 해결하기 어렵다. 폴란드 정부는 이러한 판단 하에 러시아의 크림반도 점령 이후 NATO 주둔 미국 병력의 폴란드 내 영구주둔과 병력증강을 실현하고, 군사적 요충지인 발트지역의 레드지코보(Redzikowo)에 미국의 패트리어트 미사일을 포함한 첨단 공중방어망 구축에 전력을 기울여왔다.

　두다 대통령은 러시아의 군사위협을 억제할 가장 효과적 방안은 자국에 미군기지의 영구적 주둔이라는 점을 역설하며, 트럼프 행정부와 군사협력을 중심으로 밀월관계를 형성하였다. 두다 대통령은 2018년 9월 워싱턴 공식방문에서 자국 내 미군기지의 영구 상주와 미군의 추가적 배치를 제안하였다. 그는 자국 내 유치할 미군 기지를 이른바 '트럼프 요새(Fort Trump)'라고 언급하며 소요예산 20억 달러를 전액 부담한다는 파격적 제안을 하였다(Congressional Research Service, 2019: 11).

　그러나 폴란드 내 미군기지 운영은 1997년 NATO와 러시아간에 체결한 협력 및 안보에 관한 기본협정(Founding Act on Mutual Relations, Cooperation and Security)을 저해하는 조치로 러시아를 자극할 우려가 있어, EU와 미국 내 일부 정치인과 관료들이 반대하였던 첨예한 정치적 사안이었다. 1997년 NATO와 러시아간 체결된 협력 및 안보에 관한 기본협정에는 바르샤바 조약(Warsaw Pact) 국가였던 동유럽에 항구적인 전투병력 배치를 배제한다는 내용을 담았다. 다만 본 협정은 상호간 구속력을 갖지 않고 서방과 러시아간 암묵적 규범으로 존재하여 왔다(Deni, 2017).

폴란드는 이러한 사실을 충분히 인지하지만, 러시아로부터의 안보위협에 자력으로 대처하는데 한계가 있다는 점을 들어 미국에 요청한 것이다. 결국 2019년 6월 트럼프와 두다 대통령은 워싱턴에서 회동을 갖고 독일에 주둔하는 미군병력 1,000명을 로테이션 형태로 폴란드에 배치하고, 더불어 병참과 훈련기관 설립도 합의하였다.

이러한 양국간 밀월관계로 2020년 2월 글로벌시장조사기관인 퓨 리서치 센터(Pew Research Center)가 발표한 통계에 따르면 폴란드 국민의 79%가 미국에 호감을 갖는다는 결과가 나올 정도로 폴란드 여론도 미국에 우호적이었다. 결과적으로 이러한 전개는 두다 대통령의 의도대로 법과 정의당에 대한 지지로 이어졌다(Sendhardt, 2020).

이와 같이 EU와 여러 유럽국가의 반대를 무릅쓴 두다 대통령의 파격적 행보는 두 가지의 상황을 말해준다.

첫째, 폴란드는 NATO와 상의 없이 미군기지 유치를 독단적으로 추진하였다는 점에서 대서양 동맹에 절대적으로 의존하는 안보현실을 보여준다. 특별히 2015년 법과 정의당이 집권하면서 안보군사 측면에서는 미국과의 전략적 연합은 한층 강화되었다.

둘째, 미국은 여러 행정부가 교차하면서도 일관되게 유럽의 안보에서 폴란드의 절대적 중요성을 인지하고 긴밀한 양자관계를 이어왔다는 사실이다. 2014년 이후 러시아의 우크라이나에 대한 군사행동으로 폴란드-미국간 관계는 더욱 공고해졌다.

〈그림-5〉 2018년 9월 워싱턴에서 회동을 갖는 트럼프 미국 대통령과 두다 폴란드 대통령

출처: flickr

　2021년에 취임한 바이든(Joe Biden) 미국 대통령은 전임자인 트럼프와는 달리 폴란드와 기존의 공고한 양자관계를 지속하되, EU와 NATO를 통한 협력 역시 병행되어야 한다고 생각하였으며 EU는 경쟁자가 아니며 미국이 해결해야 하는 여러 문제에서 함께 논의하고 행동해야 할 동반자라고 생각하였다.

　친EU 노선의 연장선에서 바이든 대통령은 집권 초기 1년간은 독일과의 오랜 유대관계 복원에 공을 들였다. 바이든 대통령은 유럽의 안보를 위해 노드스트림2로 대표되는 서유럽의 러시아에 대한 과도한 에너지 의존을 경고하고, 폴란드를 위시한 중동유럽의 탈러시아 에너지정책을 지지

하였다. 그럼에도 바이든 행정부는 유럽에서 핵심적인 안보 동맹국인 독일과의 충돌을 피하기 위해 독일기업이 러시아와 진행하는 노드스트림 파이프라인 건설을 제지하지는 않았다.

반면에 EU와 독일과의 전통적인 유대관계 복원을 내건 바이든 대통령에게 EU와 갈등을 빚는 폴란드는 불편한 존재였다. 바이든 대통령은 이미 2020년 대통령 선거 유세에서 법과 정의당은 이념적, 도덕적으로 잘못된 방향으로 가고 있어 민주주의가 위협받고 있다고 공개적으로 비난할 정도로 부정적 시각을 가졌다. 또한 바이든 대통령은 폴란드가 주도하는 3해 연합이 서유럽 국가 주도의 EU 운영을 보완하는 시스템이 아니라, 독일-프랑스 축을 견제하는 대항마로 생각할 정도로 폴란드의 정치외교 행보를 우려하였다(Szczerbiak, 2022).

결정적으로 폴란드 정부가 추진하는 방송법 개정으로 바이든 행정부에서 폴란드에 대한 인식이 더욱 악화되었다. 법과 정의당은 방송법 개정을 통해 2021년 9월에 라이선스가 종료되는 반정부 성향의 TVN 채널에 대한 라이선스 연장을 봉쇄하려 하였다. TVN 채널은 미국의 디스커버리(Discovery) 그룹 소속으로 법과 정의당의 정책을 강력히 비판하여 왔는데, 정부의 방송법 개정은 사실상 TVN 채널을 대상으로 한 것이라는 시각이 지배적이었다. 이에 미국정부는 본 조치가 폴란드에서 언론자유를 침해하고 양국관계에 악영향을 끼칠 것이라고 비난하였다.

심각성을 인지한 두다 대통령은 2021년 12월 법과 정의당에서 강력하게 추진하였던 방송법 개혁이 미국기업이 운영하는 TVN 채널의 상업적 이해를 저해한다는 이유를 들어 비토권을 행사하여, 결국 TVN 채널의 라이선스 연장이 이루어졌다(Fried & Wisnewski, 2021: 6). 이러한 방송법 개정을 둘러싼 양국간 갈등은 법과 정의당의 권위주의적 성격과 미국과의 관계를 최우선한 외교노선간 마찰로, 여하간의 경우에도 대미관계를 희생할 수 없다는 폴란드 정부의 입장을 단적으로 보여준 사건이다.

바이든과 두다 대통령은 러시아-우크라이나 전쟁 이전부터 이들 국가에 대한 생각은 동일하였다. 이들은 러시아의 푸틴 대통령이 호전적이며 부패한 정권이라는 점에서 극도의 경계가 필요하다는 점 그리고 우크라이나의 영토보전과 독립, 나아가 민주주의와 법치의 확립을 위해 서방의 적극적 지원이 요구된다는 사실에서도 의견을 같이하였다. 따라서 우크라이나 전쟁은 바이든 행정부 초기 폴란드와 소원한 관계를 일시에 해소하는 계기가 되었다. 전쟁발발과 함께 폴란드 정부는 즉각적으로 미국의 강경한 대러정책과 우크라이나에 대한 지원을 지지하고, 미국과 연대하여 우크라이나에 대한 군사지원과 자국의 군 현대화에 나섰다.

바이든 행정부 역시 전쟁이 발발하자 우크라이나 난민을 무조건적으로 수용하고 무기공급에 나선 폴란드를 중동유럽 최전선에서 러시아에 맞서는 국가로 명확히 인식하였다. 이에 따라 바이든 행정부는 법과 정의당과 이념적 차이에 따른 부정적 시각을 뒤로 하고 현실적 필요에서 양국 관계를 재설정하였다. 이와 같이 우크라이나 전쟁은 폴란드와 미국은 필수불가결한 동반자라는 사실을 재확인한 계기가 되었다.

러시아의 우크라이나 침공 한 달 뒤 2022년 3월 바르샤바에서 바이든과 두다 대통령은 정상회담을 가졌다. 본 회담에서 두다 대통령은 바이든 대통령 취임 초기 폴란드의 우경화에 대한 비판을 의식하여, 폴란드는 미국과 공동의 가치(common values)로 결속되어 있으며, 양국간 전략적 유대를 통한 러시아에 대한 대응을 역설하였다(Cienski & Toosi, 2022).

바이든 대통령은 이에 화답으로 폴란드를 형제(brother)로 지칭하며 양국은 러시아의 침공으로 어려움에 처한 우크라이나를 도와야할 인도적 책임을 갖는다며 불가결한 동맹을 강조하였다. 당시 바르샤바를 방문한 바이든 대통령은 폴란드의 국내정치를 일절 언급치 않고, 양국간 군사외교적 연대를 강조한 것은 이러한 바이든 행정부의 인식전환을 보여준다.

러시아-우크라이나 전쟁은 신냉전 도래의 전환점이 되었다. 이러한 급작스런 상황변화로 2000년대 이후 발틱 3국과 함께 러시아의 군사적 위협을 경고하고, NATO가 요구하는 GDP 대비 2% 이상 군사비 지출 요구를 이행하여온 폴란드는 영국과 더불어 미국의 군사적 동맹국으로 입지가 강화되었다. 많은 전문가들은 러시아-우크라이나 전쟁 이후 폴란드와 미국과의 관계는 2차 대전기간 미국-영국 동맹과 유사하며, 전쟁 이후에도 양국간 유대의 기억으로 여타 이슈에서도 긴밀한 협력관계가 유지될 것으로 전망한다.

6. 반러시아와 중국에 대한 견제

대다수 폴란드인은 여전히 2차 대전과 이후의 공산주의 시대의 소련을 경험과 학습으로 기억하며, 현재의 러시아 역시 소련의 연장선으로, 자국에 가장 큰 위협으로 인식한다. 폴란드 정치인들은 이러한 국민정서를 반영하여 종종 자국의 외교정책은 강대국의 침략에 따른 수많은 순교자의 기억을 담은 이른바 '역사적 정치(historical policy)'가 내재하며, 서유럽에서는 이러한 상황을 이해하지 못한다고 언급한다. 특별히 러시아는 역사적으로 권위주의적이며 침략적인 제국으로 폴란드 정치인과 엘리트들의 의식에는 러시아에 대한 공포(Russophobia)가 뿌리 깊게 자리 잡고 있는 대러시아정책의 기저를 형성한다(Zięęba, 2019: 58).

폴란드의 시각에서 러시아는 수백여 년 간 가해자였으며, 자국은 희생양으로 양국간 정상적 관계 회복은 러시아의 반성과 사과로부터 시작되어야 한다. 따라서 폴란드는 러시아와의 회합마다 2차 대전의 불법점령에 대한 보상과 점령 시 반출된 폴란드 예술품의 반환이 양측관계 개선의 전제로 이의 해결을 요구하였다.

소련시절에 자행된 역사적 과오인 카틴 학살(Katyn massacre)에 대한 폴란드 정부의 집요한 조사와 집착은 대표적 사례이다. 폴란드 정치엘리트들은 독립과 동시에 2차 대전 중 소련이 폴란드인에게 자행한 카틴 학살에 대한 진상규명을 요구하였다. 폴란드의 카틴 학살 진상규명 요구는 시간이 갈수록 거세져 2000년 7월 예지 부체크(Jerzy Buzek) 총리는 카틴 학살 행사를 공식적으로 거행하고, 본 사건에 대한 조사와 러시아에 대한 책임추궁을 공개적으로 언급하였다. 뒤이어 2004년 폴란드 국립추모연구소(Institute of National Remembrance)에서 카틴 학살은 전쟁범죄를 넘어 반인륜적 제노사이드라는 조사내용을 발표하였다.

나아가 폴란드는 유럽인권재판소(ECHR: European Court of Human Rights)에 본 사안에 대한 판결을 구하였다. 그러나 2012년 4월 유럽인권재판소는 폴란드의 주장과 달리 카틴 학살은 제노사이드가 아닌 전쟁범죄라는 최종의견을 내놓았다. 이에 폴란드 정부는 강하게 반발하고 자체적으로 카틴 학살 조사를 계속하였다(Zięęba, 2019: 60-62).

러시아 역시 폴란드의 주장에 대응해 2005년 연방군사재판소에서 조사를 벌여 단 한명의 피의자도 특정하지 않고 통상의 전쟁범죄로 결론지었다. 다만 2010년 러시아 연방하원(Duma)은 카틴에서의 범죄는 스탈린과 소련 지도자들의 지시로 이루어진 사건으로 피해자에게 깊은 유감을 표하며 폴란드와 새로운 친선관계를 촉구하였다. 러시아의 이러한 전향적 자세에도 불구하고 폴란드는 여전히 키친학살을 전쟁범죄로 한정한 러시아의 자세를 수용치 않고 있다.

폴란드는 역사적 경험과 지정학적 요인으로 유럽에서 발틱 3국과 함께 반러시아 감정이 가장 팽배한 국가이다. 폴란드는 1989년 독립 이후 1990년대 전반에 걸쳐 러시아와는 정치, 경제적으로 최소한의 수준에서만 관계를 유지하면서, 군사적 측면에서 러시아를 경계하고 철저하게 배제하였다. 러시아 역시 폴란드에 대한 적대감으로 양국은 여러 이슈에서 충돌하였다.

양국간 적대적 감정이 최고조에 달한 사건은 폴란드의 NATO 가입이다. 폴란드의 NATO 가입 추진은 러시아의 반발을 야기하였지만, 폴란드는 이에 대해 러시아의 이해를 구하는 대화를 시도한 적이 없다. 러시아 역시 폴란드를 위시한 비세그라드 국가의 NATO 가입이 결정되자 강하게 반발하였으나, 사실상 양국간 외교채널 부재로 폴란드와 본 사안을 논의하거나 직접적으로 저지하지는 않았다. 다만 1996년 당시 러시아 국방장관 로디오노프(Igor Rodionov)는 중동유럽에서 소련군 철수 시 서방의 지도자들은 고르바초프(Mikhail Gorbachev) 대통령에게 NATO의 확대는 없다는 구두공약을 상기시키며 NATO의 동진을 비판하였다. 이후에도 러시아는 공공연하게 중동유럽으로의 NATO의 확장은 전략적 실책이라고 주장하며, 폴란드와 대립하여 왔다.

이러한 뿌리 깊은 적대감으로 폴란드는 러시아와 최소한의 대화 창구를 유지하면서도 우려와 견제를 멈추지 않았다. 1999년부터 10여 년간 진행된 체첸 분쟁 시 폴란드는 유럽안보협력기구(OSCE)에서 강경하게 반러시아 입장을 견지하였고, 폴란드 언론에서도 체첸에 대한 우호적 시각으로 러시아의 반발을 야기하였다. 이외에도 폴란드는 우크라이나의 EU와 NATO 가입을 공개적으로 지지하여 러시아와 대립하였다. 급기야 2000년 1월에는 폴란드 정부가 9명의 자국주재 러시아 외교관을 스파이 혐의를 들어 기피인물로 지정하면서 양국간 긴장이 고조되었다.

물론 폴란드는 러시아에 대한 에너지 의존이라는 엄정한 국제관계 현실에서 역사적 경험에 비추어 러시아를 일방적으로 배제하는 것은 아니며, 궁극적으로 양측간 대화와 교류가 정상적으로 이루어져야 한다는 원칙적 입장을 표명하여 왔다. 단적으로 폴란드는 NATO의 러시아에 대한 대응개념인 3D 즉, 방어(Defence), 억제(Deterrence) 및 대화(Dialogue)를 적극적으로 옹호하여 러시아와의 대화와 협력을 배제하지는 않는다(Artun, 2007: 37, 118).

2000년 5월 러시아에서는 푸틴(Vladimir Putin) 대통령이 취임하면서 양측간 일시적인 화해 분위기가 조성되었다. 푸틴 취임 후 2개월 후 폴란드의 크바시니에프스키(Aleksander Kwaśniewski) 대통령이 모스크바를 방문하여 '긴장관계 해소(breaking the ice)'를 역설하였다. 이듬해 2001년 5월에는 러시아의 카시야노프(Mikhail Kasyanov) 총리가 바르샤바를 방문하였다. 그러나 양측간 경계심과 소극적 자세로 고위급 정례회담 개최 합의 이외에 별다른 성과를 거두지는 못하였다(Artun, 2007: 122).

2007년 시민연단(Civic Platform)이 집권하면서 러시아에 대한 폴란드의 유화적인 자세는 지속되었다. 당시 시민연단을 이끈 투스크(Donald Tusk) 총리는 소련영토를 수복하려는 러시아의 영토확장 가능성이 적다는 판단 하에 양국간 관계개선을 모색하였다. 러시아 역시 폴란드에 전향적인 자세로 나왔다. 2008년 2월 투스크 총리와 푸틴 대통령은 회동을 갖고, 2009년 9월에는 푸틴대통령이 폴란드 그단스크(Gdansk)에서 개최된 2차 대전 발발 70주년 기념식에 참석하면서 양국간 화해 분위기가 조성되었다.

이와 같이 폴란드는 푸틴 대통령 집권 이후 조심스럽게 러시아와 정치적 대화를 유지하였다. 그러나 2014년 러시아의 크림반도 점령으로 폴란드에서는 러시아가 민족간 대립을 조성하여 약소국을 침해하고 국제법을 훼손하는 적대국이라는 기존의 고정관념이 다시 표면화되었다. 더불어 러시아의 군사적 위협은 다시 폴란드 정치의 핵심 의제가 되었다. 뒤이어 2015년 강경한 대러정책을 견지하는 법과 정의당이 집권하면서 러시아의 교류는 완전히 단절되었다.

크림반도 병합을 목격한 폴란드는 EU 내에서 러시아에 대한 경제제재를 가장 강력히 주장하는 회원국이 되었으며, 미국의 경제제재에도 적극적으로 동참하였다. 2015년에 집권한 법과 정의당은 여러 정책에서 EU와 갈등을 빚지만 안보방위 부분에서는 EU 내에서 일관되게 강경한 대러제재 입장을 취하였다.

폴란드 정치권과 국민은 우크라이나의 유럽으로의 귀속을 막는 적대적 세력은 푸틴 대통령이라는 인식이 굳어졌다. 폴란드 내에서는 푸틴 대통령이 국내에서 권위주의 통치를 강화하고 대외적으로는 소련의 부활을 위해 우크라이나와 벨라루스의 개입을 더욱 노골화할 것이라는 우려가 확산되었다. 푸틴의 시각에서 우크라이나는 정치적 무능이 지속되고 경제성장이 지체되어야 영향력 행사가 용이하므로, 정치권의 갈등을 부추기고 에너지와 교역 의존구조를 심화해야 한다.

폴란드 정치권과 여론에서는 이러한 푸틴의 야욕을 막기 위해 우크라이나를 유럽으로 귀속시켜야 한다는 의견이 더욱 확산되어, 크림반도 상실은 결과적으로 폴란드와 우크라이나 관계를 이전보다 밀착시키는 계기가 되었다. 러시아의 크림반도 점령 이후 우크라이나 정치권은 친유럽 기조로 방향을 선회하고, 본격적으로 EU와 NATO 가입을 준비하였다. 폴란드는 이러한 우크라이나의 변화를 긍정적으로 평가하고 러시아의 영향력 차단과 우크라이나의 EU 가입에 외교적 지원을 집중하였다(Szeptycki, 2021: 1122-1123).

폴란드의 공신력 있는 비영리 여론조사기관인 공공여론조사센터(Public Opinion Research Center)에서 2022년 4월 실시한 여론조사에 따르면 응답자의 79%가 우크라이나 전쟁은 폴란드 안보의 큰 위협으로 인식하였다. 또한 조사대상자의 54%는 국제사회에서 러시아에 대한 제재가 불충분하며 보다 강력한 제재가 필요하다고 응답하였다(Public Opinion Research Center, 2022). 폴란드 국민의 강경한 입장은 러시아의 우크라이나 침공은 역사적, 지정학적으로 볼 때 추후 자국에 대한 군사적 위협의 전조라는 불안감을 반영한 것이다. 폴란드인에게 우크라이나 전쟁은 국경 밖에서 진행되는 군사적 충돌이 아니라, 자국에게 실존하는 전쟁의 위협이다.

폴란드 정부 내에서는 러시아로부터의 위협을 막는 최선의 방안은 여하간 희생을 각오하고 러시아와 모든 관계의 차단이 최선의 방안이라는 강경한 기조가 형성되었다. 이에 따라 폴란드는 전쟁발발 이후 국내소비의 약 30% 이상을 점하는 러시아산 에너지 수입을 전면 중단하였다. 이미 폴란드는 우크라이나 전쟁 이전부터 러시아로부터의 에너지 독립을 위해 높은 비용을 치르며 노르웨이 등지로 천연가스 수입을 다변화하고, 북부 발트해 연안에 위치한 시비노우이시치에(Świnoujście)에 LNG 터미널을 건설하였다. 폴란드는 상대적으로 러시아산 에너지 수입보다 높은 비용지불과 에너지 부족으로 2020년 한해에 GDP는 0.2-2.3% 하락이 예상되었다. 그럼에도 폴란드 정부와 여론에서는 이러한 경제적 고통을 기꺼이 감수한다는 공감대가 형성되었다(Antosiewicz et. al., 2022: 10).

러시아-우크라이나 전쟁 이전까지 우크라이나는 서방측에서 볼 때 NATO와 러시아와의 전략적인 완충지역이었다. 그러나 상황은 변화하였다. 우크라이나가 서방의 군사적 지원을 받지만 NATO 회원국은 아니다. 따라서 더 이상 러시아 사이에 회색지대는 존재하지 않고, 폴란드의 우크라이나와 벨라루스와 접하는 600km의 국경은 NATO 동부의 최전선으로 러시아의 군사적 위협에 노출되었다.

폴란드는 이미 오래 전부터 이러한 시나리오를 예상하고 NATO 내에서 동부지역의 군사력 강화와 미군의 영구주둔을 주장하여 왔으나 서방은 외면하여 왔다. 러시아-우크라이나 전쟁은 이러한 상황을 전환시켜, '폴란드가 없다면 NATO의 동부도 존재하지 않는다(Without Poland there is no NATO eastern flank)'는 공감대가 형성되었다(Conley, 2022). 우크라이나에 대한 서방의 군사지원은 모두 폴란드를 경유하므로 사실상 폴란드는 서방과 러시아 사이에 군사적 대치의 최전선이 되었고, 폴란드는 전쟁의 승패에 결정적 영향을 끼치는 서방의 핵심 동맹국이 되었다.

또한 러시아의 우크라이나 침공으로 폴란드와 발틱 3국간 안보협력은 한층 공고해졌다. 2022년 2월 폴란드는 라트비아, 리투아니아 및 에스토니아와 함께 전시상황에서 러시아 시민의 왕래는 안보와 공공질서에 반한다는 이유를 내세워 쉥겐지역 비자를 발급받은 러시아 시민의 영토통과를 금지하였다. 이러한 조치는 4개국 간 결속의 단면이다.

러시아의 우크라이나 침공은 폴란드와 러시아 관계에 있어 21세기 들어서도 폴란드가 주장하는 역사적 정치가 유효하다는 현실을 보여주었다. 전쟁 발발 후 러시아 정치인과 관료들은 폴란드의 강경한 반러시아 조치를 들어 폴란드 정치인들이 러시아에 대한 공포를 의도적으로 조장한다고 비난할 정도로 폴란드와 러시아 관계는 최악으로 치달았다. 이 결과 양국간 모든 관계는 단절되었고 폴란드는 유럽에서 신냉전의 최전선에서 서방의 대러시아 제재와 군사적 위협을 억제할 핵심 국가가 되었다.

한편 폴란드는 중국과의 관계에서도 신중한 접근을 취하고 있다. 미국은 중국의 일대일로(Belt and Road Initiative)를 통한 동유럽에서 경제적 영향력 확대를 경계하여 왔다. 그러나 폴란드는 우크라이나 전쟁 이전까지 중국과의 관계에 대해서는 미국의 입장과 일치하지 않았다. 폴란드는 미국과 EU가 강조하는 공정한 무역과 투명한 공급망 운영에 원칙적으로 동의하며, 이러한 국제적 규범을 무시하는 중국에 대한 미국의 제재를 수용하였다. 그럼에도 폴란드는 중국의 일대일로 계획을 통한 동유럽 투자를 긍정적으로 생각하였다(Fried & Wisnewski, 2021: 7).

폴란드의 대중국 정책은 무엇보다도 경제적 이해가 깊숙이 내재한다. 폴란드는 중국이 일대일로 계획을 발표하기 직전인 2013년 중부의 공업 도시 우쯔(Łóźto)와 중국 청도(Chengdu)간 철도망을 연결하여 양측간 고부가치 상품과 중간재의 교역이 증대하였다. 이에 고무된 폴란드는 2015년부터 진행된 유라시아 대륙을 가로지르는 경제벨트(SREB: Silk Road Economic Belt) 구축을 핵심으로 한 중국의 일대일로 계획에 큰 기대를 걸었다(Szczudlik, 2020: 124).

폴란드는 지정학적으로 아시아에서 유럽으로 연결되는 길목으로 중국의 유럽진출을 위한 관문(gateway to Europe)이다. 폴란드의 관심은 중국이 추진하는 일대일로 계획을 통해 대규모 직접투자 유치로 아시아로 연결되는 운송망과 물류시스템을 구축하여 중동부유럽의 경제허브로 도약하는 것이다. 이외에도 폴란드로서는 중국이 제조업 부분에 투자유치 및 공동 R&D를 통한 기술이전 그리고 서유럽으로 편중된 공급망을 다변화하며 중국을 통한 아시아 시장확대를 위한 이상적인 파트너였다. 이와 같이 폴란드의 중국에 대한 접근은 정치, 군사적 관계보다는 경제적 이해에 집중되어 러시아와는 달리 국내에서 대중 경제의존에 대한 특별한 경계나 반대여론은 형성되지 않았다.

물론 폴란드 정부는 국제사회의 중국의 정치적 영향력을 고려하여 정치적 측면에서도 보다 밀접한 관계가 필요하다고 생각하였으나, 중국과는 상호간 정치적 이해관계가 적어 통상의 외교관계 수준에 만족하였다. 더욱이 중국은 폴란드의 적대국인 러시아와 우방이라는 점에서 중국과의 정치적 관계 심화는 매우 신중할 수밖에 없었다. 역으로 중국의 시각에서 폴란드는 유럽에서 영향력이 크지 않는 일단의 중동유럽국에 불과하며, 중동유럽국이 대부분 참여하는 16+1이 보다 큰 정치, 경제적 기회를 가져다준다는 점에서 폴란드와 특별히 정치적 관계를 심화할 동인이 없었다.

2012년 중국의 주도로 설립된 16+1은 중국과 중동유럽 및 동유럽 16개국 간에 결성된 다자간 경제협력체로 초기에는 양 대륙간 디지털 실크로드 구축 등 야심찬 계획을 세웠다. 중동유럽국은 EU에 대한 무역의존도 완화와 투자확대를 위해 큰 기대를 걸었다. 그러나 중국은 중동유럽과 동유럽 내 핵심 국가와 양자협력에 주력하고, 시간이 경과하면서 대중무역 심화로 예상과 달리 성과는 미비하였다(Szczudlik, 2020: 124-125).

16+1은 2019년 그리스가 참여하여 17+1로 확대되었으나 2022년 중국과 정치적 갈등을 빚은 리투아니아와 리투아니아를 지지하는 라트비아와 에스토니아의 탈퇴로 14+1로 축소되었다. 더욱이 2022년 러시아-우크라이나 전쟁이 발발하고 중국이 친러시아 기조를 유지하면서 폴란드를 위시해 중동유럽국에서 대중감정이 악화되어 향후 운영전망이 밝지 않다.

2015년 중국이 일대일로를 본격 출범하고 이듬해 2016년 6월에는 중국의 최고지도자 시진핑(Xi Jinping)이 바르샤바를 방문하여 폴란드 정부와의 무역과 투자확대 및 인프라 구축에 관한 일련의 합의를 진행하였다. 이와 같이 일대일로 계획 초기 폴란드와 중국은 상호간 핵심적인 경제적 동반자로 생각해 협력이 급진전되었다. 그러나 중국과 경제교류를 중심으로 원만한 관계를 유지하였던 폴란드는 2017년을 기점으로 점차 중국에 회의적 시각을 갖게 되었다. 폴란드 정부는 투자유치를 위해 자국시장을 적극적으로 개방하였으나, 중국은 까다로운 무역장벽을 내세워 대중국 무역 적자가 누적되었다. 또한 중국의 대 폴란드 투자 역시 기대와 달리 2021년 누적합계는 2억3,300만 유로로 전체 폴란드 투자액의 불과 0.1%에 불과하여, 동 기간 폴란드의 중국 투자액 2억1,400만 유로와 유사한 수준에 머물렀다(Szczudlik, 2022: 129).

　폴란드 정부의 사고는 이중적이었다. 폴란드는 중국의 미미한 투자규모에 실망하면서 한편으로 핵심 인프라에 대한 중국자본의 침투에 우려를 가졌다. 폴란드는 이미 EU로부터 구조기금을 위시해 충분한 재정지원을 받는 바, 중국과 폴란드 기업간 합작형태를 통한 투자를 원하였다. 그러나 중국은 폴란드 핵심 기간산업에 100% 자체 투자를 통한 운영권 확보에 주력해 폴란드 내에서도 점차 중국자본의 위험성을 인지하게 되었다.

　한편 정치적 측면에서 트럼프 행정부가 들어서 중국과의 적대적 관계가 표면화되면서, 폴란드는 미국으로부터 대중관계에 직간접적 압력을 받게 되었다. 결정적으로 폴란드 정부가 중국기업인 화웨이를 통해 5G 통신망 구축에 나서면서 트럼프 행정부는 폴란드의 대중 접근에 노골적으로 불만을 드러내었다. 미국 측에서는 부통령과 국무장관이 번갈아 바르샤바를 방문하여 폴란드 정부에게 화웨이를 통한 5G 통신망 구축 시 양국의 안보협력이 손상된다고 경고하였다(Szczudlik, 2020: 126-127).

　이와 같이 미국의 대중정책에 대한 압력이 거세지는 가운데 2019년 1월 바르샤바 주재 화웨이 직원 2명이 스파이 혐의로 당국에 체포되는 사건이 발생하였다. 폴란드 정부는 중국을 자극하지 않기 위해 본 사건은 개인적 범죄라고 공표하였지만, 내부에서는 중국과의 관계를 재고려하는 계기가 되었다.

　이러한 기류변화로 폴란드 정부는 중국 측으로부터 자국농산물 수입 봉쇄 등 여러 경제적 불이익을 감수하고, 스웨덴과 캐나다의 예에서 확인할 수 있듯, 안보문제와 미국의 압력으로 5G 통신망 구축에 화웨이를 배제할 것으로 예상된다. 또한 2022년 러시아의 우크라이나에 대한 군사행동에서 보여준 중국의 친러 행보와 우방국인 발틱 3국의 16+1 탈퇴 등의 여러 상황을 고려할 때, 향후 폴란드의 대중접근은 경제적 이해에 한정해 조심스럽게 전개될 것이다.

7. 결론 및 한국에 주는 함의

폴란드는 1989년 공산정권 붕괴 이후 유럽으로의 복귀를 내걸고 신속히 체제전환을 기하여 정치적 안정과 경제발전을 이루어 이미 NATO와 EU 가입 이전에 중동유럽에서 중추적인 국가로 부상하였다. 2004년 EU 가입 이전까지 폴란드의 눈부신 발전은 EU와 서방세계의 전적인 정치, 경제적 지원을 통한 법치와 시장경제 확립이 결정적 배경이 되었다. 폴란드가 한국보다 경제발전이 현저히 뒤처진 상황에서 1996년 한국과 함께 OECD에 가입하였다는 사실은 이러한 EU와 미국을 위시한 서방세계의 전폭적 지지를 말해준다.

또한 폴란드 정치권에서 체제전환은 곧 EU 가입으로 고려되어 가입을 위한 충족조건 이행에 전념하여 과거사 청산을 위한 소모적 논쟁을 배제하고, 경제발전에 전념한 것도 정상국가로의 복귀를 앞당긴 요인이 되었다. 이외에도 1990년대 전반과 2000년대 초반에는 러시아로부터의 가시적 군사적 위협이 없었다는 상황 역시 폴란드의 정치경제 발전에 긍정적으로 작용하였다.

이러한 정치권의 전략적인 사고와 우호적인 국제정치 환경으로 폴란드는 공산정권 붕괴에서 EU 가입 시까지 두 가지 외교정책 목적 즉, 유럽으로의 복귀를 위한 민주주의 이행과 시장경제로의 전환을 이루고, NATO 가입을 통한 안보공동체에 귀속으로 러시아로부터의 잠재적 안보위협 대응을 효과적으로 달성하였다.

 한편 EU 가입 이후 폴란드는 중동유럽의 맹주에서 독일, 프랑스 및 이탈리아 등 서유럽 주요국에 버금하는 정치적 영향력을 행사는 중심국가로 발돋움하였다. 특히 영국의 EU 탈퇴로 Big 3(독일, 프랑스, 영국)의 균형이 흔들리면서 그 공백을 폴란드가 채우면서 EU의 핵심 국가로 인식되고 있다. 경제적 측면에서는 EU 내에서 가장 앞선 경제성장률을 지속적으로 유지하여 EU의 제조업 생산기지로 발전하였고, 2010년대 들어서는 IT, 스타트업 등 지식기반경제로의 전환을 추진하여 상당한 진척을 이루었다. 이 결과 폴란드는 EU 가입 이후 가장 큰 외교적 과제인 EU와 NATO 내에서 중동유럽국을 대표하는 중추적 역할과 효과적인 국가이익 개진이라는 외교적 과제에 가시적인 진척을 이루었다.

 그러나 폴란드는 2015년부터 정부를 구성한 우파성향의 법과 정의당이 사법부의 독립성 제약을 담은 일련의 정책을 취하고, 국수주의와 반EU 노선을 노골화하여 EU와 심각한 갈등을 빚어 왔다. 이러한 상황에서 폴란드는 러시아와 독일을 잇는 천연가스 파이프라인이 EU의 에너지시장 왜곡과 에너지 안보를 위협한다는 점을 들어 격렬하게 반대하여 독일과 불편한 관계를 이어왔다. 이와 같이 폴란드는 EU 가입 이후 브뤼셀의 의사결정에서 자국의 이해관계를 굽히지 않고 개진하는 강경하고 비타협적인 국가라는 이미지가 형성되었다.

상황은 반전되어 2022년 2월 러시아의 우크라이나 침공으로 폴란드는 EU와 NATO에서 러시아에 대항하는 최전선으로 유럽안보에 가장 중요한 국가가 되었다. 우크라이나 전쟁으로 폴란드가 오랫동안 주장하여 왔던 에너지 안보와 러시아에 대한 견제가 결과적으로 유효한 현실이라는 사실 역시 입증되었다. 국내소비 천연가스의 상당부분을 러시아로부터 도입하는 폴란드가 자국에 에너지 위기를 가져올 수 있는 상황에서 강경한 대러정책을 주장하였다는 점에서 경제적 이해를 앞세운 독일과 대비되어 EU 회원국에게 깊은 인상을 주었다.

또한 우크라이나 전쟁발발 후 폴란드는 자국의 경제적 희생을 무릅쓰고 우크라이나 난민의 무조건적인 수용과 적극적인 군사적 지원으로 러시아에 맞서는 자유동맹 진영의 최전선으로 EU와 국제사회에서 외교, 군사적 입지는 한층 강화되었다. 한편으로 폴란드의 외교, 군사적 역량의 증강은 서방세계 특별히 미국과 민주주의 국가로서 보편적 가치를 공유하는 동반자로 오랜 유대에서 비롯되었다. 우크라이나 전쟁은 상호간 자유세계의 수호자이며 중동유럽 안보의 핵심국가로서 동맹관계를 한층 강화한 계기가 되었다는 점은 의심의 여지가 없다.

이와 같이 폴란드의 독립 이후 정치, 안보 및 외교의 발전은 유사한 지정학적 환경에 처한 한국에 여러 시사점을 준다.

첫째, 폴란드와 한국은 모두 각기 유럽과 동북아시아에서 태생적으로 지정학적 환경에 영향을 받는 중견국으로 주변의 강대국과의 관계에서 절대적으로 안보의 중요성을 갖는다. 미국의 정치가로 현실정치에 깊숙이 참여한 브레진스키(Zbigniew Brzezinski)는 우크라이나의 지리적 위치를 들어 서방과 러시아간 권력의 교차점이라는 점에서 지정학적 중추(geopolitical pivot)라는 개념을 제기하였는데, 폴란드와 한국 역시 이러한 국제정치 현실에서 자유롭지 못하다.

오랜 기간 폴란드는 러시아와 독일, 그리고 한국과 북한도 물론이고 중국과 일본으로부터의 군사적, 정치적 압력이 외교정책의 상수로 존재하여 왔다. 따라서 양국은 강대국의 세력균형점으로서 전략적인 외교정책과 군사적 역량강화에 집중할 수밖에 없고, 자국의 역량만으로 주변국과의 관계에 대응하기 버거워 전략적 동반자로서 미국과의 관계를 최우선으로 고려하여 왔다. 트럼프 행정부 시절 폴란드의 미군기지 유치와 주한미군의 주둔은 국경을 접한 적대적 국가에 대한 가장 효과적인 안보수단이라는 점은 양국이 공통적으로 갖는 현실이다.

둘째, 폴란드는 러시아와 독일과 최대한의 우호적 관계를 지향하되, 단기적인 외교안보와 경제적 이해보다는 장기적 견지에서 최악의 상황에서도 이들 주변국가에 대응할 수 있는 역량을 갖추어 왔다. 한국 역시 폴란드와 지정학과 경제적 이해에 있어 대외적 상황을 공유한다는 점에서 폴란드의 한결 같은 외교정책 기조에 관심을 가질 필요가 있다. 폴란드는 특히 1990년대 이후 러시아의 상황이 변화하는 가운데에서도 역대 정권은 모두 강경한 대러정책을 유지하여 왔고, 우크라이나 전쟁으로 이러한 폴란드의 일관된 정책의 유효성이 확인되었다.

국제관계는 국가간 화해친선 기조에서도 적대적 관계로 급변할 수 있다. 폴란드는 오랜 피지배의 역사로 이러한 현실을 충분히 인지하고, 자국의 안보를 최우선한 외교군사정책을 유지하여 왔다. 이러한 상황은 동북아에서 북한과 중국과의 관계에서도 관찰되며 한국은 폴란드의 독립 이후 30여 년간의 대외정책 기조를 참조하여 여하간의 상황에서도 북한과 주변국에 효과적으로 대응할 수 있는 군사적 역량과 전략적 외교정책을 취해야 한다.

셋째, 폴란드는 자국과 이해를 공유하는 주변 중동유럽국가와 비세그라드 및 3해 연합 등 여러 협력체를 구축하여 지역 내에서 정치, 경제적인 선도국의 입지를 확고히 하였다. 물론 폴란드는 EU와의 관계에서 국가이익에 대한 과도한 집착과 비타협적 자세로 비난을 받기도 하였지만, 문제를 공유하는 주변국과는 최대한의 밀착된 관계를 유지하면서 상호이해와 집단적 협상력을 도모하였다.

한국의 경우 이러한 상황은 폴란드와 상이하다. 지정학적으로 한국의 주도로 공동의 이해 관철을 위한 협력체를 구축할 주변국가는 사실상 전무하다. 따라서 지정학이라는 한계를 벗어나 국제사회에서 문제를 공유하는 국가들과 경제 관계 이외에 전략적 협력을 취할 필요가 있다. 이점에서 한국-폴란드 관계는 매우 중요하며, 방위산업 부분에서 협력을 시작으로 다방면에서 양측간 긴밀한 관계를 취할 필요가 있다. 즉, 한국은 시장과 경제적 관점 이외에 일국차원에서 역량이 제한되거나 많은 비용을 요하는 방위산업, 기후변화, 및 과학기술 등에서도 협력이 필요하다.

전략적 견지에서도 폴란드는 비세그라드, 발틱 및 우크라이나까지 영향력을 행사할 정도로 정치경제적 입지가 확고하여, 한국의 중동유럽 진출의 핵심 교두보로 기능할 수 있는 바 대 폴란드 정책을 더욱 강화할 필요가 있다. 냉엄한 국제정치 현실에서 유사한 역사적 경험과 주변 국가와 끊임없는 갈등을 겪는 한국과 폴란드가 전략적 동반자로 발전하면 양국이 문제를 공유하는 여러 부분에서 긍정적인 결과를 가져올 것이다.

# NATO의 최전선 그리고 한국-폴란드 안보협력

이 선 필

1. 서 론

2022년 2월 24일 발생한 우크라이나 전쟁은 '역사는 반복된다'는 단순하고도 명쾌한 논리를 확인시켜 주고 있는 듯하다. 정확히 40년 전 후쿠야마(F. Fukuyama)가 역사의 종말(The End of History and the Last Man)에서 단언했던 자유민주주의의 완전한 승리와 평화로운 세계가 도래할 것이라는 예언이 틀렸음을 입증하는 순간이다. 우리가 오늘날 중·동부유럽에서 목격하고 있는 것은 역사의 종말이 아니라 역사의 회귀이기 때문이다. 1989년 베를린 장벽의 붕괴, 1990년 독일의 통일, 1991년 소련연방(USSR)의 해체 등 일련의 사건들이 가져온 냉전의 종결은 유럽에 안정적인 안보환경을 가져다준 것처럼 보였다.

구소련은 해체되어 그 구성원들은 적어도 형식적으로는 민주주의를 받아들였으며, 소련의 영향력 아래에 있던 중·동부유럽 국가들은 NATO와 EU에 가입하면서 역사적 상처를 치유한 것처럼 보였다. 후쿠야마의 단언이 반론의 여지가 없는 것처럼 보였던 것은 당연하다.

　우크라이나 전쟁은 이러한 모든 가정과 단언을 뒤엎었다. 냉전기간 동안 동결 상태로 남아있던 중·동부유럽의 인종적, 영토적 갈등이 1990년대 초 발칸반도에서부터 녹아내리기 시작해 2000년대에는 코소보, 조지아로 확대되더니 결국에는 우크라이나에 이르렀다. 우크라이나 전쟁은 제2차 세계대전 이후 유럽에서 일어난 가장 큰 전쟁으로 향후 유럽사를 바꿀 변곡점이 될 가능성이 크다. 전쟁이 이미 서방과 러시아 사이에 대립적 구도를 형성시키기 시작했기 때문이다.

　NATO는 동부유럽을 중심으로 NATO군을 전진 배치하기 시작했으며, 독일과 프랑스 등 NATO의 핵심국가들도 군사력 강화에 열을 올리고 있다. 전쟁을 바라보는 주변국들의 대응 또한 대결적 구도로 회귀하고 있다. 영세중립국인 스위스와 오스트리아까지 러시아 제재에 참여하였고, 중립국인 스웨덴과 핀란드는 이미 NATO 가입을 검토하기 시작했다. NATO의 우산 아래에서 지난 수십 년 동안 적은 군사비 지출로도 확실한 안보를 보장받았던 중·동부유럽 국가들 역시 눈앞에 닥친 안보위협 앞에서 자체적으로 군사력 강화에 눈을 돌리고 있다.

　우크라이나 전쟁으로 직면하게 된 위기나 러시아와 NATO의 대결적 구도와는 별개로, 현 상황은 폴란드에게 다른 어떤 국가나 어떤 시기보다도 기회와 도전이라는 이중적 시험을 부과하고 있다. 폴란드는 현재 동부유럽 국가들의 군사력 강화 움직임을 선도하고 있다. 사실 폴란드의 군사력 강화 계획은 우크라이나 전쟁이 일어나기 전부터 이미 시작되었고, 대규모 군사작전을 펼치듯이 속전속결로 진행하고 있다. 러시아의 우크라이나 침략을 확신한 폴란드는 2월 중순부터 시작해 미국과 한국으로부터 대량의 무기 구매계약을 체결하고 있다. 폴란드의 국방력 강화는 단순히 무기 구매에서만 나타나는 것이 아니다. 지난 3월 17일 폴란드 하원은 2021년부터 계속해서 논쟁의 대상이었던 소위 '조국 수호법(law on defense of the motherland)'을 반대표 하나 없이 통과시켰다. 다음 날 두다(A. Duda) 대통령이 이 법안에 서명함으로써 지난 수십 년 동안 유지되었던 폴란드의 군사전략과 안보정책은 급격하게 수정되게 되었다. 이 법안에 따르면 국방비가 GDP의 2.2%로 증가하고 2023년에는 3%로 더욱 늘어날 예정이다. 법안이 통과된 후 법과 정의당(PiS) 당수이자 부총리인 카친스키(J. Kaczynski)는 향후 국방비를 5%까지 올리겠다는 야심찬 계획을 내놓기도 했다. 게다가 현재 약 11만 명 수준의 군대 규모를 직업군인 25만 명과 국가방위군 5만 명을 포함해 두 배 이상인 총 30만 명의 상비군으로 늘리도록 계획했다. 이러한 결정은 2월 24일 러시아가 우크라이나를 침략한 날로부터 한 달도 안 되어 이루어진 것이어서 더욱 의미 있는 것이다.

  폴란드는 체제전환 이후 NATO와 EU 가입을 통해 안정적인 안보구조 속에서 높은 경제적 성장을 이룩했다. 인구와 경제력에서 이미 중·동부 유럽의 핵심국가로 부상한 폴란드는 미국과 한국으로부터 대대적인 무기 구매를 통해 군사력에서도 유럽의 강대국으로 부상할 예정이다. 향후 폴란드의 노정에 있어서 더욱 중요한 문제는 폴란드가 러시아를 가장 큰 위협요인으로 상정하기 시작했다는데 있다. 2014년 러시아의 크림반도

(Crimea) 병합과 돈바스(Donbas) 지역에 대한 러시아의 군사적 개입 이후에도 폴란드는 러시아에 공개적으로 적의를 드러내지 않았다. 하지만 최근 폴란드 북부의 러시아 영토인 칼리닌그라드(Kaliningrad)와의 국경에 건설하고 있는 철조망 장벽이 보여주듯이 우크라이나 전쟁은 폴란드를 통해 유럽의 질서를 냉전시절의 대결 구도로 회귀시키고 있다.

우크라이나 전쟁은 외교안보정책 분야에서 폴란드의 모든 것을 바꾸어놓을 태세다. NATO에 대한 신뢰를 더욱 강화하고 NATO의 최전선 국가로서 기능함으로써 NATO 내에서의 위상이 급격히 변화될 것이다. EU의 공동안보방위정책에 대한 불신과 소원했던 EU와의 관계를 변화시켜 더욱 서방에 결속된 국가로 재탄생할 가능성 또한 높다. 하지만 강화된 위상과 대량의 무기 구매를 통해 현대화된 자주국방 능력을 바탕으로 중·동부유럽 국가들을 주도하고 EU 내에서 목소리를 더욱 높일 것이 확실하다. 우크라이나 전쟁은 확실히 폴란드의 미래에 있어서 기회와 도전이다.

본 장에서는 최근 한국 등으로부터 대량의 무기 구입을 통해 유럽의 군사대국으로 발돋움하고 있는 폴란드의 안보정책을 정치·군사적 영향력 확대라는 측면에서 살펴본다. 우크라이나 전쟁이 가져온 중·동부유럽 국가들의 위기의식은 폴란드에게 국방력 강화라는 필요성을 제시해 주었고, 폴란드는 이를 NATO와 EU 내에서 자신의 영향력을 확대할 기회로 삼고 있다는 것이다. 이를 위해 먼저 탈냉전 이후 변화된 안보환경 속에서 폴란드의 대응을 살펴보고, 우크라이나 전쟁이 폴란드의 안보환경에 준 영향과 이에 대한 폴란드의 대응을 안보전략과 안보정책 측면에서 살펴본다.

2. 유럽의 안보환경: 변하는 것과 변하지 않는 것들

1991년 바르샤바 조약기구(Warsaw Pact)와 소련의 해체에 따른 갑작스러운 냉전의 종결은 유럽의 안보환경이라는 측면에서 두 가지 상반된 결과를 가져왔다. 우선 냉전의 종결은 반세기 동안 진행된 이데올로기로 포장된 군사적 위협이 공식적으로 사라지게 됨을 의미하고, 이는 결과적으로 유럽의 안보환경이 훨씬 개선될 것이라는 전망을 안겨주었다. 냉전의 한 축을 담당했던 소련의 핵심권력이었던 공산당이 1991년 8월 쿠데타 실패 이후 해체됨에 따라 이데올로기 대립의 적이 사라져버렸다. 중·동부유럽 국가들 역시 1989년부터 속속 공산주의 체제를 버리고 소위 '유럽으로 회귀'함으로써 구소련 군대는 이들 국가와 동독에서 철수하였다. 이에 상응하여 NATO 회원국들에 주둔하던 미군 역시 급격히 축소되면서 탈냉전 후 유럽의 안보에 대한 긍정적 전망을 더욱 밝게 해 주었다. 냉전의 전제조건이었던 자본주의와 공산주의라는 가상의 적이 사라진 유럽의 안보환경은 긍정적인 방향으로 급속히 변화될 수 있는 문을 열어주었다.

하지만 바르샤바 조약기구와 소련의 해체는 새로운 안보위협과 여러 가지 고려사항들로 인해 유럽의 안보환경에 불안정성과 불확실성을 높여주는 역설적 결과를 가져왔다. 첫째, 소련의 해체를 통해서 중·동부유럽 국가들이 강력한 정치, 경제, 군사적 지배에서 벗어났지만, 해체에 따른 정치적 변동과 경제적 혼란으로 서유럽으로 수많은 난민을 유출하면서 유럽에 불법이민, 마약, 범죄 등 연성안보의 문제를 야기했다. 게다가 해체된 소련연방의 종주국이었던 러시아에서 민족주의적이고 권위주의적인 체제가 등장하면서 주변국들을 위협할 가능성 또한 상존하게 되었다. 둘째, 옛 유고슬라비아의 위기는 EC, NATO, 유럽안보협력기구(OSCE) 등 유럽 안보기구들의 무능력을 보여주었으며, 민족주의의 대두와 인종주의의 대내외적 확산에 따른 위험성을 보여주었다. 마지막으로 체코슬로바키아의 해체는 비록 평화적으로 진행되었지만, 민족에 따른 국가의 분리라는 새로운 움직임을 주변국들에 전파할 수 있었다. 탈냉전 이후 나타난 이러한 새로운 현상들은 특히 유럽에서 불안정하고 불확실한 안보환경의 등장을 가져왔다. 다시 말해, 탈냉전 이후의 안보는 이데올로기적 대립으로부터 오는 것이 아니라, 인종적 갈등과 영토적 분쟁의 확산으로 대체되었다.

탈냉전 이후 불안정성과 불확실성은 서유럽보다는 바르샤바 조약기구가 제공했던 안보구조가 일순간에 사라져 보호막 없이 남겨지게 된 중·동부유럽 지역에서 더욱 두드러졌다. 소련과 유고슬라비아의 해체로 많은 국가가 새로 탄생했고, 공산주의 시절 이데올로기적 연대의식으로 냉동된 상태로 유지되었던 이들 국가의 억눌렸던 민족주의적 감정과 인종적 갈등이 해동되면서 언제든지 지역과 유럽 전체의 안보를 위협할 수 있는 요소로 등장했다. 유고슬라비아의 위기는 공산주의라는 이데올로기로부터 해빙된 민족주의와 인종적 갈등을 보여주는 대표적인 사례라고 할 수 있다.

우크라이나 전쟁은 유럽에서 안보구조가 전혀 작동하지 못하고 있다는 사실을 여실히 보여주었다. 그리고 인종적, 영토적 갈등이 언제든 군사적 위협으로 변화될 수 있다는 것을 보여주었다. 2000년대에 들어서면서 구소련의 부활을 꿈꾸는 러시아 푸틴 대통령의 야욕에 유럽과 미국이 소극적으로 대처하면서 유럽의 안보위기는 점점 축적되었다. 러시아의 조지아 전쟁(2008), 크림반도 병합(2014), 돈바스 전쟁(2014), 우크라이나 침략(2022) 등은 영토불가침, 영토보전, 동등한 주권 인정, 분쟁의 평화적 해결, 내정 불간섭, 국가간 협력을 원칙으로 하는 헬싱키협정(Helsinki Final Act)에 대한 러시아의 도전이었다. 헬싱키협정이 탄생시킨 범유럽 다자간 집단안보기구인 OSCE는 러시아의 잇따른 협정 위반에 대한 해결능력을 보여주지 못했다. EU의 공동안보방위정책(CSDP)은 제대로 작동하지 못했고, 유럽평의회(Council of Europe) 역시 러시아가 크림반도를 병합했을 때 유럽의 연대성을 보여주지 못했다. 러시아에 대한 미온적 조치는 서방세계의 분열과 러시아 에너지자원에 의존하는 유럽의 한계에도 기인한다. 2018년 노드스트림 II(Nord stream II) 가스관 건설을 놓고 러시아를 제재하려는 미국과 가스관 건설을 강행하려는 독일 사이의 갈등이 대표적이다.

우크라이나 전쟁은 러시아와 서방(미국과 유럽)의 대립이라는 새로운 냉전의 양상을 가져왔다. 러시아는 이미 여러 차례 군사적 행동을 통해 조지아, 몰도바, 우크라이나를 포함한 흑해 지역에 자신들의 국가이해가 걸려있다는 것을 분명히 했다. 여기에 항상 러시아에 우호적인 벨라루스(Belarus)가 가담해 발트해에서 흑해로 이어지는 국경 지역에서 계속해서 위기를 초래할 것이 확실해졌다. 이러한 러시아의 공격적 정책은 탈냉전 이후 서방세계, 특히 NATO의 동진정책에 대한 잠재적인 불만의 표출이기도 하다. 러시아에서는 탈냉전 직후 암묵적 합의인 현상유지 정책을 깨뜨리고 계속해서 동부유럽 국가들로 확대하는 NATO의 동진정책에 대한 불만이 축적되어 왔다. 1999년 코소보 전쟁에서 NATO군의 세르비아 공습과 2008년 NATO와 EU의 코소보 독립 승인 역시 중·동부유럽에서 러시아의 국가이익을 해치는 것으로 받아들였다. 새로운 냉전은 흑해와 발트해에서 러시아의 추가적인 군사기지화는 물론 몰도바, 조지아, 벨라루스 등의 경계지역에서 위기를 초래함으로써 중·동부유럽 지역을 불안정하고 불확실한 안보환경에 노출시켰다. 냉전시기에 대결의 전선이었던 철의 장막이 동쪽으로 이동해 발트해에서 흑해로 이어지는 곳에 새로운 철의 장막이 형성되고 있는 것이다.

우크라이나 전쟁이 중·동부유럽 국가들을 불안한 안보환경에 노출시켰다면, 다른 한편으로는 이들 국가들에 더욱 튼튼한 안보구조를 제공해주는 결과를 가져오고 있다. 2014년 러시아의 크림반도 병합 이후 NATO는 2017년 EFP(enhanced forward presence)군을 폴란드, 리투아니아, 라트비아, 에스토니아에 순환 배치하여 동쪽 측면을 강화하는 결정을 했다. 최근에는 신속대응군(NRF) 숫자를 30만 명으로 늘리고 중·동부유럽 지역에 영구 주둔하는 계획을 검토하고 있다. 이러한 계획은 중·동부유럽 국가들에 대한 NATO의 안전보장이라고 할 수 있다. 이외에도 우크라이나 전쟁은 방위비 지출이나 NATO의 미래 등에 있어서 유럽과 미국 사이의 견해 차이를 좁히면서 결국은 NATO 회원국들 사이의 연대성을 강화하게 될 것이다. 마지막으로 우크라이나 전쟁은 러시아와의 대결에서 최전선에 서 있는 중·동부유럽 국가들의 발언권을 강화함으로써 NATO와 EU 내에서 이들의 정치적 비중을 증가시킬 것이다. 결국, 우크라이나 전쟁은 단기적으로는 중·동부유럽 지역의 안보환경을 악화시킬 것이지만, 장기적으로 볼 때 안보구조의 강화라는 상호 모순적인 결과를 가져올 것이 확실하다.

3. 체제전환 이후 폴란드의 안보전략과 안보정책

1989년 공산주의 체제가 붕괴한 이후의 폴란드는 안보환경이라는 측면에서 이전과는 완전히 다른 환경에 노출되었다. 우선, 폴란드의 안보를 책임졌던 구조가 갑자기 사라져버렸다. 기존까지 안보를 책임져주었던 바르샤바 조약기구가 1989년 이후 거의 빈사 상태에 머물다가 1991년 갑자기 해체되면서 중·동부유럽의 다른 체제전환국이나 독립국가들처럼 안보의 공백상태에 놓이게 되었다. OSCE는 냉전의 붕괴 과정에서 폴란드에게도 특별한 해결책을 제시해 주지 못했다. 다행인 것은 중·동부유럽 국가들의 체제전환 과정이 공산주의의 붕괴와 소련의 해체 과정과 동시에 진행되면서 이들을 직접적으로 위협할만한 국가가 존재하지 않았다는 사실이다. 그렇다고 하더라도 안보불안이 없었던 것은 아니다. 자국 영토 내에는 여전히 구소련 시대의 군대가 주둔하고 있었고, 소련은 혼란스러운 해체 과정에서 언제든지 동부유럽, 특히 자국의 대내외적 안보를 위협할 수 있었기 때문이다.

소련의 해체에 따른 지정학적 환경의 변화 또한 새로운 안보환경이었다. 그리고 지리적 환경의 변화는 폴란드가 겪은 독특한 역사적 경험과 결합되어 향후 복잡한 외교안보적 선택을 만들어낼 수 있었다. 러시아와 독일 사이에 위치하고 발트해에 면한 지정학적 위치는 항상 폴란드의 안보

전략과 정책 수립에 있어서 중요한 요인이다. 이와 함께 러시아와 독일 두 국가로부터 수차례 침략과 분할을 당한 역사적 기억 역시 폴란드 외교안보정책 형성의 중요한 요인이다. 특히 1939년 몰로토프-리벤트로프 조약에 의해 독일과 소련에 분할되어 점령당한 기억은 탈냉전 이후 폴란드 외교안보정책 형성에 대한 독립변수로 남아있다. 제2차 세계대전에서 숨진 600만 명 이상의 유대인과 폴란드인 문제는 독일에 대한 폴란드인들의 불신의 토대가 되었다. 한편 1990년 러시아가 공식적으로 인정했듯이 1940년 4월~5월 있었던 약 15,000여 명에 달하는 폴란드 민간 지식인 학살 사건, 이른바 카틴숲 학살사건은 폴란드의 일반 국민뿐만 아니라 정책결정자들에게도 깊이 각인되어 있다. 즉, 통일된 독일과 러시아 등 구원(舊怨) 관계에 있는 국가들과의 관계 문제는 체제전환 이후 폴란드의 외교안보정책과 긴밀히 연계되어 있었다.

게다가 소련의 영향권에서 벗어난 1989년의 폴란드 영토는 1939년 이전의 그것과 다른 모습이었다. 특히 소련에 병합당한 동부지역은 전쟁이 끝난 이후에도 수복되지 못하고 소련의 해체 이후 리투아니아, 벨라루스, 우크라이나의 영토로 귀속되었다. 전후 패전국 독일로부터 보상받은 서부지역의 영토는 향후 독일과 영토문제를 두고 분쟁을 야기하는 요인이 될 수 있었다. 이러한 배경 아래에서 냉전 시기에 동독, 체코슬로바키아, 소련 등 세 나라와 국경을 접하고 있었던 폴란드는 소련의 해체 이후 독일, 체코, 슬로바키아, 우크라이나, 벨라루스, 리투아니아, 러시아 등 7개 국가와 국경을 마주하게 되면서 외교안보전략이 한층 복잡하게 되었다. 리투아니아, 벨라루스, 우크라이나 등 러시아와 폴란드 사이에 완충국가들이 형성되었다는 점에서 러시아로부터의 직접적인 군사적 위협 가능성은 줄어들었지만, 이들 완충국가들의 영토가 된 옛 폴란드 영토 문제는 폴란드 내에서 언제든지 민족주의적 감정의 도화선이 될 수 있었다.

〈그림-1〉 1939년 폴란드의 영토분할과 현재 영토

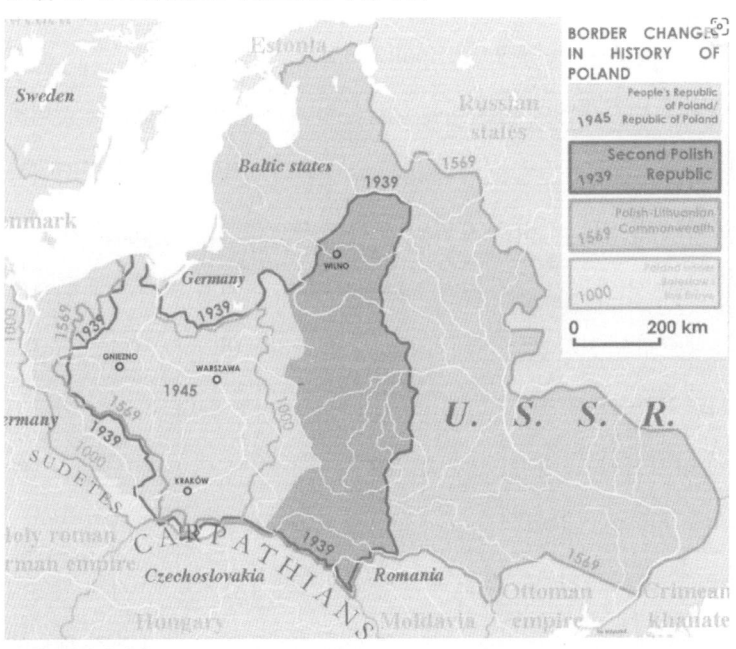

출처: 위키피디아

결국, 1989년 이전과 비교해 이후의 폴란드는 훨씬 더 모호하고 불확실성이 지배하는 환경에 노출되게 되었다. 따라서 체제전환 직후 외교안보 분야에서 정책결정자들의 선택지는 많지 않았던 것이 사실이다. 폴란드를 포함해 중·동부유럽 국가들의 일부에서 중립화라는 불가능한 희망을 품기도 했지만, 이것이 현실적인 대안이 되기는 어려웠다. 그렇다면 새로 탄생한 러시아나 서방 어느 하나의 안보구조에 편승하는 것이 유일한 대안이었다. 이러한 안보딜레마 상황에서 바웬사(L. Wałęsa) 정부는 적어도 1991년 말까지 러시아와의 관계를 유지하면서 소련으로부터 독립한 우크라이나, 벨라루스, 리투아니아 등 주변 국가들과 우호적인 관계를 발전시키는 이중트랙 동방정책(ostpolitik) 전략을 선택했다.

폴란드는 빈사상태에 있는 바르샤바 조약기구에서 선제적으로 탈퇴하지 않고 우크라이나 등 주변국과 군사적 성격의 협력을 시도해 러시아를 자극할 수 있는 일을 하려 하지 않았다. 특히 우크라이나의 독립을 가장 먼저 인정하면서 양국간 군사협력을 추진했지만, 이것을 러시아에 대항한 안보동맹으로 발전시키는 것에 대해서는 유보적이었다. 오히려 러시아를 고립시킬 수 있는 우크라이나의 제안을 거절하기도 했다. 이러한 전략은 1990년 러시아와 '러시아연방과의 우호선언'과 1992년 10월 선린우호조약(Friendship and Good Neighborship)을 체결하도록 이끌었다.1) 폴란드가 이렇게 '망한' 러시아와 우호적 관계를 유지하려 한 것은 두 가지 사실에 기인한 것이기도 하다. 하나는 소련연방이 해체되었지만 폴란드 북부에 위치한 폴란드와 리투아니아로 둘러싸인 항구도시이자 강력한 군사도시

---

1) 바웬사 대통령이 러시아를 방문했을 당시 러시아의 옐친 대통령은 1940년 15,000명 가량의 폴란드 지식인 대량학살 사건이 자신들이 주장한 것처럼 독일인들에 의해서가 아니라 사실은 스탈린의 명령에 따른 것이었음을 증명하는 자료를 넘겨줌으로써 사죄와 책임을 인정하고 신뢰를 구축하려 하였다.

인 칼리닌그라드의 존재 때문이다. 둘째는 폴란드 영토 내에는 여전히 옛 소련 시절에 주둔하기 시작한 4만여 명의 러시아군이 존재하고 있었다는 사실이다.2) 게다가 러시아는 유사시 폴란드의 안보에 직접적으로 영향을 줄 수 있는 발틱지역에서 철군을 계속해서 늦추고 있었다. 셋째, 당시 폴란드인들은 러시아를 크게 위협적인 요소로 생각하지 않고 있었다. 1992년 1월에 행해진 여론조사에 따르면 폴란드인들의 약 38%는 우크라이나를 가장 위험한 국가로 생각했다. 28%는 독일을 지적했고, 러시아가 가장 위험한 국가라는 응답은 16%에 불과했다. 이는 체제전환 직후 폴란드인들 사이에 과거 공산주의 시절의 향수와 소련과 가졌던 연대의식이 여전히 살아남아 있었음을 의미하는 것이라 할 수 있다. 마지막으로 적어도 1990년대 초반까지 폴란드는 외부로부터의 군사적 침략이라는 가정을 하지 않고 있었다. 1992년 7월에 발표된 방어전략에는 외부로부터의 침략 위협을 명시하지 않았고, 오히려 주변국에서의 인종적 갈등이나 난민 유입 등을 안보위협 요인으로 명시했다. 따라서 군사력을 약 20만 명 정도로 축소할 것을 설정했다.

체제전환 초기 중·동부유럽 국가들은 바르샤바 조약기구가 해체되면 NATO의 역할 역시 감소할 것이므로 OSCE가 중·동부유럽의 안보 역할을 담당할 것이라고 생각했다. 따라서 적어도 소련의 해체 이전까지는 NATO에 가입한다는 전망을 두고 있지는 않았다. 하지만 1990년대 초반 유럽 무대에서 일어난 사건들을 접하면서 점차 NATO를 유럽의 가장 중

---

2) 이들 중 전투병력은 1992년까지 철수하였고, 나머지 비전투병력은 1993년에 철수하였다.

요한 안보조직으로 바라보기 시작했다.

이러한 사건들이란 첫째, 소련의 해체 이후 러시아에서 점차 권위주의적이고 민족주의적 성향의 체제가 등장하면서 러시아의 헤게모니적 야망이 되살아나는 것을 보았다. 둘째, 유고슬라비아 전쟁에서 EC가 보인 반응은 유럽기구가 아직 안보 및 방어 분야에서 정체성을 형성하지 못하고 있다는 것을 드러냈다. 게다가 1992년 체결된 마스트리히트조약에서 덴마크가 EU의 공동외교안보정책(CFSP)을 이유로 조약의 비준을 거부하면서 EU 차원에서 공동의 안보정책 실행에 대한 불확실성이 존재했다. 마지막으로 미국이 지속적으로 안보에 대한 NATO의 중요성을 중·동부유럽 엘리트들에게 강조하였다. 미국은 걸프전에서 자신의 능력을 보여줌으로써 미국이 주도하는 NATO가 신뢰할만한 안보기구라는 인식을 중·동부유럽 국가들에 어필했다. 이상과 같은 요인들로 인해 중·동부유럽 엘리트들 사이에서 NATO의 역할과 중요성이 재평가되기 시작했다.

NATO에 대한 폴란드의 태도 역시 1991년 초부터 조금씩 변하기 시작했다. 이전까지는 구소련에 대한 폴란드인들의 우호적인 입장과 소련군대의 주둔 문제 등으로 러시아와 우호적인 관계를 유지하려 노력했지만, 우호적 관계를 군사동맹으로까지 발전시켜야 한다고 생각하지는 않았다. 폴란드는 소련이나 서방 등 어느 한쪽과의 군사동맹이 서방 및 동방과 긴밀한 관계를 유지하려는 폴란드 외교안보정책에 오히려 부정적인 요인이 될 수 있다고 보았다. 하지만 1991년 3월 바웬사 대통령은 NATO 본부를 방문해 폴란드는 NATO에 의해 보장되는 안전한 유럽을 희망한다는 메시지를 통해 NATO 가입 의사를 피력했다. 1년 후 NATO 사무총장인 뵈르너(M. Wörner)가 폴란드를 방문해 "NATO를 향한 문은 열려있다"고 선언한 이후 폴란드는 공식적으로 NATO 가입을 강조하기 시작했다. 이에 따라 1992년 7월 작성된 방어 독트린에 NATO를 폴란드의 미래 안보구조로 제시했다. 1994년 NATO의 평화를 위한 동반자관계 프로그램(PIP: Partnership for Peace Programme)에 참여하면서 폴란드군이 포즈난(Poznan) 외곽에서 13개 NATO 회원국이 참여하는 공동훈련에 참여하기도 했다. PIP는 NATO가 러시아의 적대적 시각을 의식하여 중·동부유럽 국가들의 회원국 수용을 미루고, 대신 이 지역 국가들과 광범위한 군사적 협력을 제도화한 것이다. 그러나 폴란드는 이러한 NATO의 온건한 조치에 크게 반발하였다. 폴란드는 자국을 포함한 비세그라드(V-4)는 동부유럽 공산주의 붕괴를 가져온 벨벳혁명(velvet revolutions)의 진원지이기 때문에 특별한 고려가 필요하며, 신속한 NATO 확장으로 중·동부유럽에서 안보공백을 해소해야 한다고 역설하였다.

 폴란드가 비세그라드 국가들까지 동반하며 NATO 가입을 강력히 요구한 것은 예측하기 어려운 러시아의 상황에 따른 안보불안에 따른 것이다. 폴란드는 러시아가 공공연히 내세우는 동부유럽에서의 국가이익을 잠재적 위협으로 인식하기 시작했다. 나아가 소련 시절의 무기체계가 남아있는 폴란드로서는 러시아에 대한 의존을 탈피하기 위해 필요한 무기와 부품을 최대한 우크라이나와 슬로바키아에서 조달하는 상황이었다. 따라서 폴란드는 장기적으로 NATO 가입으로 국방 부문의 전환이 필요하였다.

한편으로 폴란드가 EU에 앞서 NATO 가입을 선택한 것은 가장 중요한 국가인 미국과의 동맹관계 심화를 위한 최선의 길은 NATO 가입이라는 현실적 인식 때문이다. 폴란드의 NATO 가입은 예상외의 외부변수에 의해 이루어졌다. 1995년 재임에 나선 클린턴(B. Clinton) 미국 대통령은 1999년 NATO 창설 50주년 이전에 NATO 가입을 원하는 선두국가의 수용을 공약하였다. 이에 1997년 7월 마드리드에서 개최된 NATO 정상회담에서는 바르샤바 조약기구 회원국이었던 폴란드, 체코, 헝가리의 NATO 가입이 결정되었다.

1999년 폴란드는 공식적으로 NATO의 회원국이 되면서 공식적으로 서방의 안보구조에 편입되게 되었다. NATO 입장에서도 폴란드의 가입은 전략적으로 중요했다. 이러한 전략적 중요성은 폴란드가 발트국가들에 접근할 수 있는 수왈키회랑(Suwalki Corridor)을 가진 전략적 교차로라는 사실로부터 나온다. 수왈키회랑은 러시아의 입장에서 보면 자신에게 우호적 국가인 벨라루스를 거쳐 이스칸다르(Iskandar) 핵미사일이 설치된 발틱함대 기지 칼리닌그라드에 육로로 접근할 수 있는 지역이기도 했기 때문에 러시아와 NATO 양쪽 모두의 이해관계가 얽힌 지역이다.

폴란드의 NATO 가입은 전략적 필요성에 기인하였다. 폴란드는 NATO 가입으로 서방의 안보구조 속에 편입됨으로써 안보적 보장뿐만 아니라 정치·경제적 지지를 기대할 수 있었다. 이는 이제 막 체제전환을 과정을 마쳤지만, 여전히 안정되지 않은 정치적 유동성을 잠재우고 경제발전을 위한 서방세계 지원의 토대를 구축했다는 점에서 의미가 있다. 폴란드는

NATO 가입을 통해 단순히 안보의 보장뿐만 아니라 다양한 측면에서 혜택을 누리게 되었다. 먼저 NATO 가입을 통해서 워싱턴조약 제5조가 규정하는 집단방어 조항을 통해 확실한 안전보장을 구조를 확보했다. 사실 대서양동맹의 집단안보 조항은 폴란드인들이 제2차 세계대전 기간에 느꼈던 공포와 혼자라는 감정을 치유해줄 중요한 위안의 요소였다. 탈냉전 이후 폴란드인들이 찾고자 했던 것은 자신들의 영토적 완결성에 대한 보장자였다. 이를 통해서 역사적 트라우마가 재발하는 것을 막을 수 있을 것으로 생각했고, NATO는 충분히 그 보장자가 될 수 있을 것 같았다.

〈그림-2〉 유럽의 안보조직과 폴란드

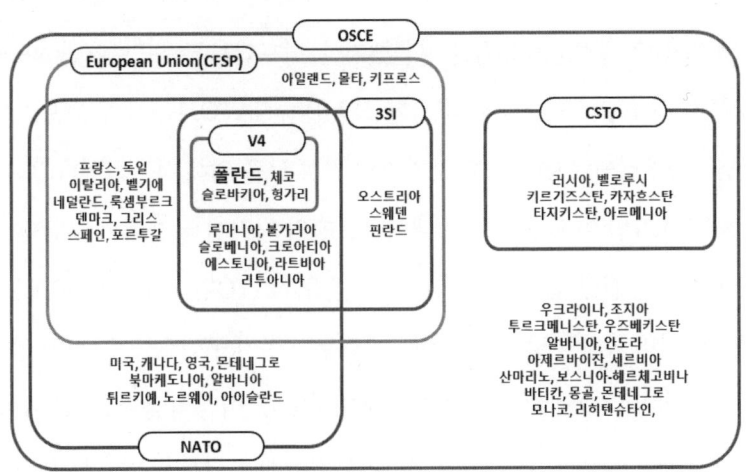

출처: 저자 작성

이러한 역사적 감정 이외에 폴란드는 NATO군과의 훈련을 통해 대서양동맹 회원국과의 상호운용성 역시 확보할 수 있게 되었다. 게다가 회원국으로서 연합작전에 참여함으로써 폴란드가 믿을 만한 동맹국이라는 국제적 평판과 위상의 제고를 가져왔다.

한편 폴란드의 NATO 가입은 장비 운용기술의 현대화, 징병제에서 지원병제도로의 변화, 그리고 지휘통제 시스템의 개혁 등과 같은 변화를 가져와 폴란드군을 NATO 기준에 맞추면서 전체적으로 폴란드군의 현대화를 가져왔다. NATO 가입은 또한 폴란드군의 직업군인화를 가져왔고, 그들이 미국, 영국, 독일, 이탈리아 등에서 훈련을 받고 다양한 NATO 작전에 참여함으로써 다국적군의 지휘구조 등의 경험을 할 수 있게 되었다. 마지막으로 NATO 가입은 폴란드군의 현대화를 위한 기반시설 구축에도 도움을 주었다. 1999년부터 2015년까지 폴란드는 NATO에 대한 분담금으로 약 10억 주워티(PLN)를 지출했지만, 나토안보투자프로그램(NSIP)을 통해 약 15억5천만 주워티를 완납받았다. NATO로부터 투자받는 환급금은 공항, 연료저장소, 해군기지의 건설 등을 위해 사용되었다.

NATO 가입 이후 폴란드는 대서양동맹의 최전선 국가로서 NATO 정책에 가장 충실한 회원국 중 하나가 되었다. NATO가 요구한 GDP의 2% 이상 방위비 할당을 달성했고, 미국으로부터 무기 구입 등 군 장비의 현대화를 통해 NATO의 동쪽 측면 강화에 기여했다. 이렇게 폴란드가 NATO 정책에 적극적인 이유는 NATO만이 유일하게 폴란드의 안전을 보장해줄 수 있다는 믿음 때문이었다. 폴란드는 2014년 러시아의 크림반도 병합 이후부터 자국 영토 내 NATO군 영구 주둔지 설치를 요구했다.

2015년 법과 정의당이 정권을 잡은 이후부터 20억 달러에 해당하는 지원금을 약속하면서 폴란드 영토 내에 포트 트럼프(Fort Trump) 미군기지를 설치할 것을 요청하기도 했다. 비록 폴란드의 요청은 거절당했지만 EFP의 일환으로 약 5,000명의 미군이 폴란드에 순환 배치되게 되었다. 이밖에 폴란드는 발트해 인근인 레드지코보(Redzikowo)에 NATO 육상 미사일 요격체계인 이지스 어쇼어(Aegis Ashore) 설치를 위해서도 적극적이었다.

NATO에 대한 충성과는 달리 폴란드는 EU의 안보구조인 공동안보방위정책(CSDP)에 대해서는 크게 신뢰하지 않는 경향을 보인다. 소위 '유럽으로의 회귀'로 표현되는 중·동부유럽 국가들의 EU 가입은 이들 국가를 EU의 정치, 경제, 안보 구조 속에 포함시켜 유럽 전체의 공동번영과 평화를 보장한다는 의미가 들어있다. 중·동부유럽 국가들은 EU 가입 이전부터 EU로부터 다양한 지원을 통해 민주주의와 경제발전을 달성한 후 2004년 정식 회원국으로 가입할 수 있었다. 폴란드는 특히 EU 가입 후 회원국들의 투자와 EU로부터의 지원을 통해 비약적인 경제발전을 이룩했다. 하지만 폴란드는 EU를 안보 제공자로서가 아니라 경제적 이익을 제공하는 기구로 보고 있다. 특히 안보문제와 관련한 협력이나 통합 문제에 대해서는 회의주의적 태도까지 보인다. 다음 〈그림-3〉에 나타난 것처럼 폴란드인들은 EU가 폴란드의 안보에는 도움이 되지 않는다고 생각하고 있다.

사실 EU는 NATO와 같은 안보구조를 제공하는 규정을 가지고 있다. CSDP의 법적 근거를 제공하는 리스본조약 제42조 7항에 따르면 "EU 회원국이 무력 침략의 희생자가 될 경우, 다른 회원국들은 모든 수단을 동원해 해당 국가를 돕고 지원할 의무가 있다"고 규정하고 있다.

〈그림-3〉 EU가 폴란드에 준 최고의 혜택은 무엇인가?

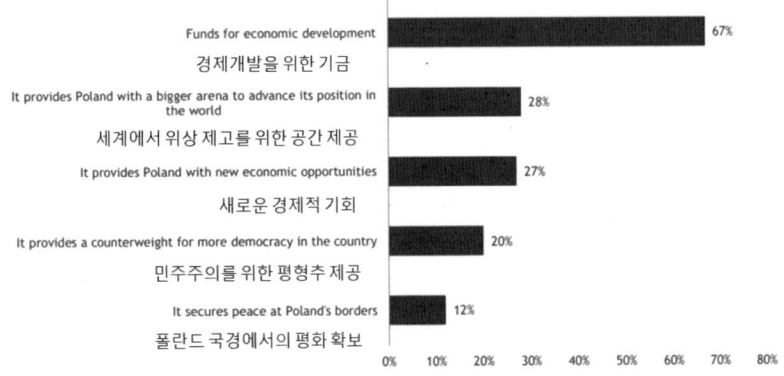

출처: Center for insight in survey research

    이는 대서양동맹의 워싱턴조약 제5조의 "동맹국에 대한 공격은 다른 동맹국에 대한 공격으로 간주된다"고 규정하는 집단방어 조항과 유사하다. 오히려 리스본조약 제42조가 워싱턴조약 제5조보다 더 강력하다. 왜냐하면, CSDP의 경우 회원국에 대한 지원을 '의무'로 규정해 회원국들을 구속하고 있지만, 워싱턴조약의 제5조는 훨씬 광범위하게 해석될 여지가 있다. 하지만 EU 회원국, 특히 NATO 회원국들은 리스본조약의 제42조를 정치적으로 훨씬 연약한 것으로 생각하고 있다. 그들 사이에는 NATO는 영토 방어에 책임이 있고, EU는 위기관리를 담당한다는 일종의 암묵적 합의가 존재한다. 그리고 만약 러시아가 유럽을 공격한다면 EU의 대응은 NATO의 그것보다 훨씬 연약할 것으로 생각한다. 두 기구의 차이는 NATO는 군사동맹으로 유럽 전역에 NATO군이 파견되지만, EU는 경제동맹으로 형성되어 이제야 안보와 방위 정체성을 형성하기 시작했다는 점이다. 〈그림-4〉에서 나타난 것처럼 폴란드인들은 안보와 방어 분야에서 EU가 거의 역할을 하지 못한다고 생각하고 있다.

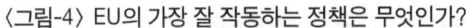

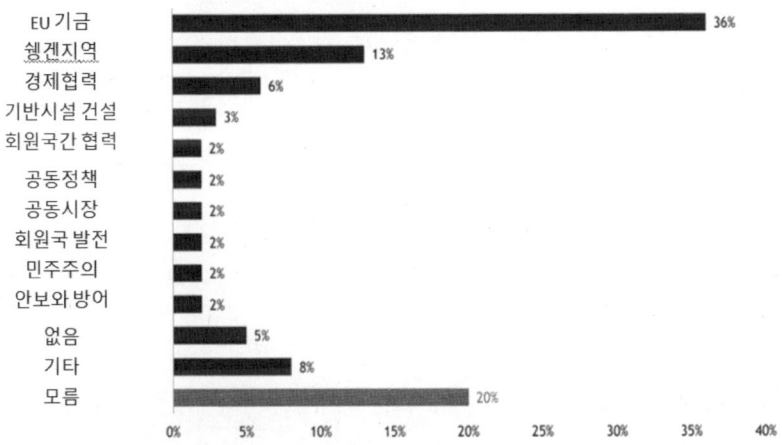

출처: Center for insight in survey research

회원국들의 생각과는 달리 최근 EU는 안보와 방위 분야에서의 통합을 위해 노력하고 있다. 유고슬라비아 전쟁에서 보여준 EC의 무능력이 나타난 이후 본격적으로 추진되기 시작해 1992년 마스트리히트조약에서 공동외교안보정책(CFSP)을 형성하면서 안보 분야에서 EU의 공동행동을 추구하였다. 대신 서유럽동맹(WEU)에는 인도적 활동, 평화유지, 군비축소와 같은 임무가 부여되었다. 1999년에는 EU의 자체적 방위구조를 만들기 위해 ESDP(European Security and Defence Policy)를 형성하고, 2009년 리스본조약으로 ESDP는 CSDP로 변경되었다.

2016년 프랑스와 독일은 방위산업 분야의 연구개발을 자극하고 공동의 방어능력 발전을 고무하기 위한 재정을 지원해 유럽방위산업의 협력을 고무하기 위한 유럽방위기금(European Defence Fund)과 회원국 군대의 조직적 통합을 위한 PESCO(Permanent Structured Cooperation)를 제안했다. 이러한 시도는 다양한 측면에서 유럽 안보환경의 변화의 결과이다. 먼저, 남유럽 국경에서의 갈등이 EU 내에서 테러활동뿐만 아니라 난민(불법이민)을 양산하였고, 2014년 러시아가 크림반도를 병합하고 우크라이나 동남부 돈바스 지역의 러시아계 독립주의자들을 지원하면서 동부유럽 지역에서 불안정성이 커졌다. 게다가 미국 행정부가 유럽으로부터 아시아로 관심을 돌리기 시작했다는 사실이 점차 명확해졌다. 특히 트럼프 행정부 등장 이후부터는 이러한 경향이 두드러지면서 유럽이 미국에 전적으로 의존할 수 없다는 인식이 강해졌다. 더구나 영국이 EU 탈퇴 가능성이 점점 짙어짐에 따라 EU 자체의 방위능력 강화와 협력의 필요성이 어느 때보다도 더 강해졌다.

　유럽방위기금과 PESCO는 EU가 NATO와는 별개로 자체적인 유럽 안보구조를 형성하려는 시도이다. 하지만 폴란드는 이러한 시도에 대해 신뢰하지 않았다. 폴란드는 EU를 단순한 경제적 구조로 생각할 뿐만 아니라, 유럽의 정치적 리더십이 프랑스-독일 축에 의해 주도되고 있다는 사실에 대해 반감을 가지고 있다. 이러한 정치적인 반감은 EU의 안보구조에 대한 불신으로 이어져 EU의 안보구조 속에 통합되기보다는 NATO 혹은 지역협력체나 자체적인 국방력 강화를 통한 안보를 우선적으로 생각하고 있다.

EU와의 관계에 관해서 현재 법과 정의당 정부는 폴란드가 보다 자율적인 EU 정책을 발전시켜야 하고 지배적인 프랑스-독일 축에 균형을 맞추기 위해 대안적인 파워블럭을 형성해 EU 내에서 자체적인 세력으로 발전해야 한다고 생각한다. 이를 위해서는 폴란드가 옛 공산주의 국가들과 긴밀한 관계를 강화함으로써 지역 리더 국가로 성장해야 한다고 생각한다. 이러한 형태 중 하나는 비세그라드 그룹(Visegrad Group: V4)이고, 다른 하나는 삼해연합(Three Seas Initiative)이다. V4는 폴란드, 체코, 헝가리, 슬로바키아 등 4개 국가가 지역협력을 고무하고 EU 내에서 영향력을 행사할 수 있는 세력을 만들기 위해 1991년 탄생했다. 삼해연합은 12개 탈공산주의 국가들을 결합하여 에너지안보 등과 같은 공동의 경제적 이해를 가진 분야에서 협력을 고무하기 위해 탄생했다. 이러한 지역협력체를 대표하는 국가로 EU 내에서 목소리를 높여가려는 것이 폴란드 외교안보정책의 전략이라고 할 수 있다.

4. 폴란드의 대러 안보정책

폴란드의 안보정책은 2010년대 중반부터 급격하게 변화하기 시작했다. 이러한 안보정책의 변화는 상호 연계된 두 가지 요인에 의해 동기부여 받았다. 새로운 안보정책의 방향은 군의 현대화를 통한 국방력의 강화와 국제질서보다는 자국과 이웃 국가의 국경에서 발생하는 위협을 일차적인 안보위협으로 보는 것이었다.

안보정책 변화에 대한 첫 번째 요인은 2014년 발생한 러시아의 크림반도(Crimea) 병합과 우크라이나 동남부의 돈바스 지역에서 발생한 분리주의 운동에 대한 개입이었다. 이 전쟁은 구소련의 붕괴 이후 처음으로 중·동부유럽에 대한 러시아의 직접적 위협이었다. 이는 폴란드에서 안보 인식에 대한 변화를 가져왔고, 폴란드인들은 러시아를 자국의 안보에 대한 위협 요소로 인식하기 시작했다. Pew Research Center의 조사에 따르면 '러시아가 폴란드에 주요 위협 요인'이라는 응답이 2018년에는 65%였지만 2022년 우크라이나 전쟁 이후에는 94%로 증가했다. 푸틴에 대한 신뢰도에 있어서는 94%의 응답자가 신뢰하지 않는다고 응답했고, 러시아에 대해서는 91%가 호감이 가지 않는다고 응답했다. 이는 2014년 크림반도 병합 이후보다 러시아에 대한 감정이 훨씬 부정적으로 변했음을 보여준다.

두 번째 요인은 그동안 중·동부유럽 지역에서 발생한 러시아의 위협에 대한 NATO의 실망스러운 대응이었다. 폴란드는 2008년 러시아의 조지아 전쟁과 우크라이나 전쟁에 대응하는 NATO 동맹국들의 태도에 실망했다. 폴란드 정부는 동맹국들이 오랫동안 러시아의 위협을 과소평가해 왔다고 비난했다. 특히 미국의 오바마(B. Obama) 행정부가 동부유럽을 러시아의 핵무기 공격으로부터 지켜줄 수 있도록 동부유럽에 스커드 요격미사일을 설치한다는 2009년의 계획을 포기하자 미국에 대한 폴란드 정부의 불만은 극에 달했다. 이후 미국이 러시아에 대한 제재를 강화했음에도 불구하고 폴란드의 동맹국에 대한 불만과 러시아에 대한 불안은 줄어들지 않았다. 폴란드의 불만은 러시아에 대해 유화적인 태도를 취하는 있는 EU 회원국인 독일과 V4 회원국인 헝가리로도 향했다.

폴란드의 반러시아적 입장은 영국, 스웨덴, 발트국가들로부터 지지를 받았다. 하지만 지나치게 민족주의적이고 단호한 폴란드의 대러시아 정책으로 외교적 행동의 자유가 제한되었기 때문에 최악의 상황의 경우에 자국 영토 내에서 러시아와의 직접적인 무력충돌에 대비하기 위해 자체적으로 군사력을 강화하는 선택을 하였다. 2015년 초 발표된 이른바 코모로프스키(B. Komorowski) 독트린은 폴란드군 해외파병의 축소, 군의 현대화, 비대칭 전쟁에서 지원병으로 이루어진 준군사부대의 창설 등을 특징으로 한다. 이에 따라 폴란드 정부는 NATO의 일원으로 아프리카와 중동 등지에 파견된 병력을 축소하거나 철수하고 유럽 수준에서 국경에서 발생할 수 있는 안보에 집중하였다. 코모로프스크 독트린은 향후 10년 동안 군사비를 GDP의 1.9%로 올리고 구소련 시대의 오래된 무기들을 서방에서 생산된 최신식 무기로 교체하여 육군과 공군 무기의 현대화를 목표로 두었다. 이에 따라 폴란드는 독일로부터 수십 대의 레오파드 II (Leopard II) 탱크를 구매하고, 미국의 록히드 마틴사로부터 F-16 전투기를 구매했다. 마지막으로 폴란드 정부는 상당수의 군사기지를 동부지역으로 이전 배치했다.

코모로프스키 독트린에 나타난 안보정책의 강화는 2015년 가을 법과 정의당이 선거에서 승리하면서 더욱 강화되었다. 법과 정의당은 독일과 같은 EU 강대국과의 협력을 통해 폴란드가 EU 내에서 주류로 등장할 수 있다는 주장을 한 자유주의 중도정당인 시민플랫폼(Civic Platform)과는 상반되는 주장을 펼쳤다. 그들은 지배적인 독일-폴란드 축에 균형을 맞추기 위해 중·동부유럽의 리더 국가로서 EU 내에서 자체적인 지역세력으로 성장해야 한다고 주장했다. 선거에서 승리한 법과 정의당 정부는 2017년 폴란드공화국의 안보개념(The Defence concept of the Republic of Poland)이라는 문서를 발표했다. 이 문서는 2014년 이후 촉발된 안보문제에 관한 논의의 결과물로 폴란드군의 새로운 비전을 제시하고 러시아가 폴란드 안보에 가장 큰 위협이라는 것을 명확히 했다. 이와 함께 군을 현대화하고 새로운 조직인 영토방위군(Territorial Defence Force)을 형성할 것을 명문화했다. 이 문서는 이후 폴란드의 안보에 관한 논의를 더욱 확대하고 재검토하는 출발점이 되었다.

폴란드 안보정책의 새로운 노선은 당시 폴란드인들이 가졌던 위협에 대한 인식과 맥을 같이 한다. 2017년 5월 여론조사에 따르면 약 26%의 사람들이 폴란드의 안보가 위협받고 있다고 응답했다. 한편 '폴란드의 국가이익에 가장 도움이 되는 국가는 어디인가?'라는 항목에 대해서는 EU(34%), 미국(13%), 독일(13%), 중국(1%), 러시아(1%) 순으로 응답했다. '폴란드의 독립성에 가장 큰 위협은 누구라고 생각하는가?'라는 질문에 대해서는 러시아(19%), EU(15%), 외국인과 이민자(14%), 현 정부(12%), 독일(7%) 순으로 나타났다. 여론조사에서 나타나듯이 당시 폴란드인들은 러시아를 자신들의 안보를 가장 위협하는 국가로 생각하고 있었다. 하지만 EU가 자신들의 안보문제를 해결해 줄 수 있는 것으로 생각하지는 않았다. 같은 여론조사에 따르면 EU는 폴란드의 경제발전과 세계무대에서 폴란드의 위상 강화를 제공해 주었다고 생각하지만, 안보를 제공하고 있다는 응답은 약 12%로 가장 낮았다. 이는 EU의 문제점에 대한 질문에서도 같은 결과를 보인다. 이 질문에서 EU가 유럽시민들에게 안보를 제공하지 못하고 있다는 응답이 31%로 가장 높았다. 결국, 폴란드인들은 EU가 경제적으로는 유용하지만 안보문제에 있어서는 큰 도움이 되지 못한다고 생각했다.

2022년 2월 24일 발생한 우크라이나 전쟁은 폴란드가 러시아로부터 위협당하고 있다는 인식을 재확인시켜 주었다. 이는 폴란드만이 아니라 중·동부유럽 대부분의 국가들이 느끼는 감정이었다. 전쟁이 발발한 직후 폴란드의 한 일간신문은 두 가지 동기 때문에 폴란드는 푸틴의 다음 목표가 될 것이라고 지적했다. 그가 지적한 첫 번째 동기는 폴란드가 우크라이나 난민들의 통로라는 것이고, 다른 하나는 폴란드를 공격하는 것은 NATO를 자극해서 NATO 회원국의 군대가 얼마나 연약한지를 보여주기를 원한다는 것이었다.

2021년 1월 폴란드는 「Winter-20」이라는 가상전쟁 게임을 실시했다. 이 훈련은 러시아가 폴란드를 공격할 경우 어떤 일이 일어날지를 시뮬레이션하는 것을 목표로 하였다. 이 군사훈련의 규모는 전후 폴란드의 역사에서 전례 없는 것이었다. 그러나 그 결과는 실망스러웠다. F-35 전투기, 패트리어트 대공방어 시스템, M142 Himars 고속기동포병로켓 시스템 등을 동원한 NATO의 지원에도 불구하고 폴란드의 최전방군은 순식간에 군대와 장비의 80%를 잃는 것으로 나타났다. 러시아 군대는 폴란드의 해군과 공군을 손쉽게 파괴했다. 22일 동안 예정된 훈련은 불과 5일 만에 바르샤바가 포위되면서 끝났다. 언론은 폴란드 국방력이 "1939년보다 훨씬 좋지 않다"고 혹평했다. 이 훈련은 폴란드 군사력의 현재를 판단할 수 있게 해 주었다.

1999년 NATO 가입 이후 지속적으로 무기 구매를 통해 군의 현대화를 추진했지만, 러시아의 잠재적 침략 앞에 폴란드군은 너무 무력했다.

「Winter-20」이 보여준 부정적 결과는 2015년 우파정부 집권 이후부터 계속된 군사력 강화 프로그램으로는 부족하다는 것이 드러났다. 따라서 곧바로 군사력 강화 요구로 이어져 10월 부아쉬착(M. Blaszczak) 국방부 장관과 카친스키(J. Kaczyński) 부총리는 군사력을 증가시키기 위한 새로운 법률안을 제출했다. 이 법률안은 군대를 30만 명 수준으로 증가시키고, 국방비를 GDP의 2.3%로 유지한다는 계획을 담았다. 사실 폴란드의 국방력 강화와 현대화는 NATO 가입 이후부터 진행되고 있었다. NATO 가입 이후 폴란드는 회원국 중 강력한 군대로 성장했고 GDP의 2%라는 NATO의 규정 역시 준수하는 국가였다. 2001년에는 NATO 가입 이후 첫 번째 군 현대화 프로그램이 발표되었다. 이 프로그램은 NATO 기준에 맞는 무기의 조달에 초점이 맞추어져 있었다. 이에 따라 2003년 최초의 무기계약이 이루어졌는데, 핀란드로부터 기술이전을 받아 Siemianowice Śląskie의 Rosomak S.A.에서 Rosomak 다목적 장갑차를 생산하기 시작했다. 2004년에는 미국의 록히드 마틴사로부터 48대의 F-16 전투기를 구입하고, 2012년에는 약 150억 달러에 이르는 2022년까지 수행할 군장비의 기술적 현대화 계획을 발표했다.

2019년 부아쉬착 국방장관은 폴란드는 군의 현대화를 위해 약 430억 유로를 사용할 것이라고 발표했다. 이는 2017년 EFP(Enhanced Forward Presence)군을 폴란드, 에스토니아, 라트비아, 리투아니아에 순환 배치한다는 NATO의 결정 이후에 이루어진 결정으로 NATO의 중·동부유럽 안보 수호 의지에 대한 폴란드의 응답이었던 셈이다.

〈표-1〉 2015-2022 군 현대화 계획에 따른 지출 비용

단위: 억 달러

연도	2015	2016	2017	2018	2019	2020	2021	2022
금액	27.5	29.1	31.1	33.2	35.4	37.6	39.7	41.9

출처: 저자 작성

군 현대화 계획은 잠수함 함대, 헬리콥터, 요격방어 시스템, 록히드 마틴의 5세대 전투기 F-35 등을 포함하는 무기와 군사장비의 조달을 위해 총액 약 488억 달러를 할당했다. 이 계획에 따라 2020년 46억 달러에 이르는 32대의 F-35 구매계약이 체결되어 2024년부터 인도될 예정이다. 폴란드는 2024년이 되면 중·동부유럽 지역에서 F-35 전투기를 처음으로 사용하는 국가가 될 예정이다. 새로 도입될 장비들은 러시아에서 제작된 MiG-29와 SU-22기를 대체해 군을 현대화하기 위한 것이었다. 2021년 10월의 법률안은 이러한 국방력 강화 프로그램들을 현실화시키는 재정적 수단을 제공하기 위한 것이었다. 「조국 수호법」이라는 명칭이 붙은 법률안은 야당의 강력한 반대로 논란이 되다가 2022년 3월 반대 없이 통과되었다. 「조국 수호법」에 따라 상비군 숫자가 증가할 경우 폴란드는 NATO 회원국 중 미국과 터키를 제외하고 가장 많은 상비군을 보유하게 된다. 2022년 현재 폴란드군의 상비군은 약 11만 명으로 향후 30만 명으로 증가하면 EU 회원국들 중에서 가장 많은 상비군을 보유하는 국가가 될 예정이다.

〈표-2〉 유럽 주요국의 상비군 수

국가	터키	프랑스	독일	이탈리아	영국	그리스	스페인	폴란드
인원(명)	355,200	203,250	183,500	165,500	148,500	142,700	122,850	114,050

출처: 저자 작성

    2022년 7월 여당 대표이자 부총리인 카친스키는 "우리가 우리 자신을 방어할 수 없으면 미국은 우리를 방어해주지 않을 것이다"라는 연설을 통해 유럽국가들의 국방력 강화를 주장하였다. 폴란드에게 있어서 국방력 강화는 군대의 규모를 늘리고 구소련 시절의 무기들을 현대 무기로 대체해 군을 현대화하며 방위산업의 발전을 통해 자주국방의 토대를 구축하는 것을 의미한다. 폴란드는 안보와 방위정책에 있어서 대서양주의에 중심을 두고 있지만, NATO가 자신들의 안보를 위한 유일한 보장책이라고 믿지는 않는다. 또한 폴란드는 독일, 이탈리아, 영국, 스페인, 터키 등에 존재하는 NATO의 상시 주둔기지를 가지지 못하고 있기 때문에 항상 안보 불안에 노출되어 있다. 따라서 2014년 국가안보전략은 군의 현대화를 통해 자신을 방어하기 위해서 자신의 능력에 의존한다는 전략을 세웠다.

    폴란드 의회는 2022년 8월 30일 다음 해 예산안을 통과시켰는데, 통과된 2023년 예산안에 따르면 방위 분야 지출은 약 970억 주워티로 GDP의 약 3%에 해당한다. 여기에 조국 수호법에 따라 군사 장비 구매를 통한 군 현대화 프로그램의 재정을 지원하기 위해 BGK 은행이 발행하는 국군지원펀드(Armen Forces Support Fund)가 추가된다. 모라비에츠키(M. Morawiecki) 총리에 따르면 2023년 이 펀드를 통해 약 64억~80억 달러가 조성될 예정이다. 국군지원펀드가 해당 회계연도 내에 사용되지 못하면 다음 해로 이월되도록 설계되었다.

〈표-3〉 폴란드의 방위비 지출(2011-2022년)

단위: 10억 달러

연도	2012	2013	2014	2015	2016	2017	2018	2019	2020	2021	2022
금액	8.79	10.36	10.67	10.30	9.8	9.5	10.1	12.5	12.5	13.3	14

출처: 저자 작성

방위산업은 군 현대화 계획과 밀접하게 연관된 분야이다. 냉전시기 동안 폴란드는 바르샤바 조약기구 내에서 소련의 군수산업에 의존하였다. 구소련 기술을 바탕으로 체코슬로바키아와 협력하여 탱크, 자주포 등 분야에서 자체적인 방위산업을 발전시키기도 했지만, 방위산업은 여전히 소련에 의존하고 있었다. 탈냉전 직후에도 자체적으로 디자인한 Twardy 라는 탱크를 생산하기도 했지만, 핵심 기술은 소련으로부터 가져온 것이었다. 체제전환 이후에도 폴란드의 방위산업은 구소련의 기술을 중심으로 무기 모델을 정비하고 변형하는 수준에 불과했다.

이러한 폴란드 방위산업의 한계는 탈냉전 이후 폴란드가 경험한 급속한 군사력 감축과 NATO 가입에 따른 안보 위탁에도 원인이 있다. 공산주의 시절 폴란드군은 35만 명 이상으로 유지되었다. 체제전환 이후 이렇게 많은 군대를 유지하는 것은 재정적으로도 어려웠고, 비효율적이기 때문에 군사력은 25만 명 수준으로 감축되었다. 한편 1990년 체결된 재래식무기감축협정(CFE)에 따라 폴란드는 약 200여대의 전투기와 1,100대의 탱크를 감축하였다. 군사력 감축은 폴란드 방위산업의 위축에도 영향을 미쳤다. 군사력은 계속 축소되어 2010년에는 10만 명 수준으로 축소되었다. 게다가 NATO 가입 이후에는 안보의 많은 부분을 NATO에 위임하면서 자체적인 안보시스템 형성에는 소홀했다. 마지막으로 적어도 2014년 러시아의 크림반도 합병으로 중·동부유럽에서 위기가 나타나기 전까지 유럽의 상황이 안정적이었기 때문에 새로운 무기에 대한 수요가 부족했다는 점도 방위산업 위축에 영향을 미쳤다.

공산주의가 붕괴한 지 30여 년이 지났고, 경제적으로도 상당한 발전을 이루었지만, 오늘날 폴란드의 방위산업은 여전히 침체되어 있다고 할 수 있다. 이는 폴란드가 유럽에서 5위에 해당하는 군사력을 가진 것에 비하면 어울리지 않는다. 폴란드 방위산업 침체가 계속된 이유에는 다양한 요인이 있지만 크게 두 가지를 지적할 수 있다. 첫째는 방위산업의 많은 부분이 여전히 국가 소유로 남아있다는 점이다. 드론과 커뮤니케이션 시스템을 생산하는 WB Electronics나 Remontowa Shipbuilding 등과 같은 경쟁력 있는 몇몇 민간기업을 제외하면, 방산기업들의 대부분 국영 지주회사인 PGZ(Polska Grupa Zbrojeniowa)에 소속되어 있다. 60개 이상의 기업을 거느리는 PGZ는 유럽에서 가장 큰 규모의 방산업체 중 하나이지만, 2018년 매출액은 약 12억5천만 달러에 불과하다. PGZ는 주로 국내시장을 대상으로 무기를 독점적으로 생산하는데, 과거 소련 시절의 기술에 의해 생산된 T-72 탱크가 대표적이다.

PGZ는 차륜형 자주포를 생산하는 Krab와 Borsuk 보병 전투차량(한국의 레드백과 같은 것)을 생산하는 Huta Stalowa 등 일부 경쟁력 있는 기업들을 보유하고 있기도 하지만, 소유구조로부터 기인하는 문제로 인해 국제적 경쟁력을 갖추지는 못하고 있다. 즉, PGZ는 자국 군대가 필요로 하는 무기를 거의 독점적으로 공급하면서 생존하는 방식이었기 때문에 경쟁력을 잃어버렸다. 한편 재무부에 의해 통제되었던 PGZ는 2015년 법과 정의당이 정권을 잡은 이후 그 통제권이 국방부로 넘겨졌다. 이는 생산자와 소비자가 하나로 통합되는 부정적인 결과를 가져왔다. 결국, PGZ는 국방부로부터의 안정적인 수요 덕분에 연구를 통한 새로운 무기 개발이나 경쟁을 두려워할 필요가 없게 된 것이다.

방위산업 침체의 또 다른 요인은 폴란드의 외교안보정책이 NATO와 미국에 집중되어 있기 때문이기도 하다. 이는 무기 구매에 있어서도 명확히 나타나는데, 1989년 체제전환 이후부터 2021년까지 폴란드는 대부분 미국으로부터 무기를 조달해 왔다. 이는 헝가리, 체코, 슬로바키아 등이 영국의 BAE System이나 스웨덴의 Saab Jas 39 Gripen 등 유럽국가들의 무기도 도입하곤 했다는 것과 대조되는 현상이다. 이는 유럽 방산기업들로부터 제안이 없는 것이 아니라, 폴란드가 정치적 이유로 유럽 방산기업들을 배제하고 있기 때문이다. 2000년대 초반 프랑스의 Dassault Aviation은 Mirage 2000 판매와 함께 기술이전을 제안했다. 하지만 폴란드는 Mirage 2000 대신에 협상도 없었던 미국으로부터 48대의 F-16을 구매하는 계약을 체결했다.

한편 2013년~2014년 폴란드 정부가 미사일 방어시스템과 다기능 헬리콥터 구매를 위한 절차를 시작했을 때, 프랑스의 Airbus, 이탈리아의 Leonardo S.p.A, 영국의 BAE 시스템 등이 합병하여 설립된 미사일 제조 전문 기업인 MBDA사는 폴란드에 미사일의 공동생산과 향후 공장 소유권을 폴란드에 넘긴다는 조건으로 오퍼를 제시했다. 하지만 결국 폴란드는 미국의 Raytheon사의 패트리어트 시스템을 약 100억5천만 달러에 도입하기로 결정했다. 또 다른 사례는 50대의 다기능 헬리콥터 구매계약이다. 당시 중도정부(2013-2014)는 프랑스 에어버스사의 Eurocopter EC725 Caracal을 폴란드 도시인 Lodz에서 PGZ가 생산하기로 하는 계약을 체결했다. 이 계약에 따라 PGZ는 기술이전을 받고 생산시설의 소유권도 가지며 사업 지분 90%를 소유하기로 했다. 하지만 2015년 법과 정의당 정부가 들어서면서 이 계약은 파기되었고, 정부는 입찰도 없이 미국의 록히드 마틴사의 블랙호크 헬리콥터를 구매할 것이라고 발표했다. 이 결정은 결국 취소되었지만 이러한 결정으로 폴란드 방위산업은 유럽 방위산업 부문에서의 협력 가능성에서 점차 멀어져갔다.

  폴란드의 미국 방산업체 선호는 결국 자국 방위산업체들이 기술이전을 통한 경쟁력 확보를 어렵게 만들었다. 미국 방산업체들의 경우 무기를 판매한 이후 기술이전이나 공동연구 등에는 소극적인 경향을 보였기 때문이다. 예를 들어 2002년 미국의 F-16 구매계약 이후 오프셋(offset) 조건은 대부분 충족되지 않았다. 2014년 유럽기업들의 제안을 거절하고 100억 달러가 넘는 비용을 지불하면서 미국의 패트리어트 시스템을 선택했지만, Raytheon사는 아직까지도 폴란드 방위산업에 대한 투자 약속을 지키지 않고 있다.

1989년 이후부터 계속된 산업전략의 부재 역시 방위산업 침체의 원인으로 지적될 수 있다. 독일, 프랑스, 이탈리아에서처럼 방위산업은 경제 분야 전반을 위한 지렛대가 될 수 있지만, 폴란드는 NATO 가입 이후 전략적으로 미국에 의존하면서 방위산업을 발전시키지 못했다. 폴란드 정부는 자국 방위산업의 육성보다는 해외, 특히 미국으로부터 조달을 통해 무기를 공급하는 전략을 선택했다. 예를 들어 2019년 폴란드 국방부는 PGZ, ZM(Zaklady Mechaniczne), WZM(Bumar-Labedy and Wojskowe Zaklady Motoryzacyjne) 등과 컨소시움을 통해 318대의 T-21M1을 개량 생산하는 계약을 체결했다. 하지만 22년 4월 미국과 250대의 M1A2 Abrams SEPv3 탱크를 도입하는 계약을 체결했고, 한국의 현대 로템과 980대의 K-2 탱크를 도입하기로 하면서 이 프로그램이 계속 진행될지는 의문이다. 폴란드는 무기체계를 NATO의 무기체계와 통일시키려 하고 있을 뿐만 아니라, 과거 소련제인 T-21을 대량으로 우크라이나에 양도하고 미국과 한국의 탱크로 교체하려고 한다. 시간이 걸리고 성공이 불확실한 국내에서의 연구개발보다는 단기적으로 해외에서 조달하는 쉬운 방법을 선택한 것이다.

유럽 국방 분야의 통합 정책에 대한 정치적인 고려 역시 방위산업 침체의 요인 중 하나이다. 회원국 군대의 구조적 통합을 목표로 유럽안보방위정책(ESDP)의 일부분으로 2009년 도입된 PESCO 프로그램에 대한 소극적 참여가 대표적이다. PESCO는 유럽 방위산업과의 협력을 통해 자국의 방위산업을 발전시킬 수 있는 좋은 기회였다. 2015년 법과 정의당이 집권하기 전까지 폴란드 정부는 PESCO에 대해 호의적이었다. 하지만 이후의 보수정부는 유럽 방위 분야의 협력에 회의적인 노선으로 돌아서면서 참여를 거부하다가 마지막 단계에서 참가하게 되었다. 하지만 PESCO의 17개 프로그램 중 별로 중요하지 않은 2개 프로그램에만 참여하고 있다.

방위산업의 발전은 오랜 시간의 연구개발과 대규모 투자를 동반하는 장기적인 프로그램으로 실행되어야 하는 분야이다. 폴란드 방위산업은 그동안 유럽의 안정적 안보환경으로 인해 국내적 수요가 적었고, 안보를 NATO에 의존하는 정책으로 인해 발전이 더디게 진행된 것이 사실이다. 근시안적인 무기 조달 정책을 통해 연구개발을 위한 여건을 제공해 주지 못한 것 역시 사실이다. 이러한 환경은 2014년 이후부터 조금씩 변화되기 시작했고, 폴란드 정부도 방위산업 분야에 대한 정책을 내놓기 시작한 것이 사실이다. 이러한 변화는 2022년 이후에 더욱 두드러지게 나타나고 있다. 폴란드군 현대화 계획은 군 수요에 대한 정확한 산정, 장비 인도 스케줄, 폴란드 산업의 참여 등 세 가지 원칙을 토대로 이루어지고 있다.

여기서 주목할 점은 폴란드 정부가 군 현대화 계획을 방위산업 발전과 연계시키고 있다는 점이다. 정부는 무기 구매계약을 체결하는 외국의 공급자들이 PGZ 소속 기업들과 협력 또는 합작투자를 통해 자국의 방위산업을 발전시키기를 기대한다는 점이다. 폴란드는 일반적으로 미국 무기에 대한 수용성이 매우 높았다. 그 이유는 미국이 기술적 우위를 가지고 고품질의 제품을 공급한다는 점이다. 하지만 최근 폴란드 정부의 무기 구매계약 체결 기준은 가격과 높은 품질뿐만 아니라 서비스와 교육훈련, 기술

지원 등을 복합적으로 고려하고 있다. 따라서 기존처럼 미국제품을 선호하는 경향은 유지될 것이지만, 그 비중은 점차 낮아질 가능성이 있다.

5. 한-폴란드 전략적 동반자관계와 안보협력

한국과 폴란드는 강대국 사이에 위치한 지정학적 중요성으로 인해 수많은 외세의 침략과 지배를 받은 경험을 가졌다는 점에서 역사적으로 많은 유사점을 가지고 있다. 이러한 유사점에도 불구하고 한국과 폴란드의 공식적인 관계는 1989년까지 이루어지지 않았다. 제2차 세계대전 직후 폴란드는 구소련의 위성국가로 1948년 10월 북한과 외교관계를 시작하면서 한국과는 단절되었기 때문이다. 1948년 한국 정부가 유엔(UN) 가입을 신청했을 때 폴란드는 한국에 반대표를 던진 6개 중·동부유럽 국가들 중 하나였다. 이후 폴란드는 국제무대에서도 한국과는 반대 진영에서 활동했다.

폴란드가 공식적으로 한국과 처음으로 접촉한 것은 1988년 서울올림픽에 참가하면서부터였다. 143명의 선수단을 파견한 폴란드는 전체 16개의 메달을 획득해 종합 순위 20위를 기록했다. 스포츠 무대에서의 접촉은 곧바로 외교적 접촉으로 이어졌다. 1988년 노태우 정부는 북방정책을 발표하면서 중·동부유럽 공산권 국가들과의 외교관계 정상화를 위한 접촉을 시작했다. 이에 따라 1989년 2월 처음으로 헝가리와 외교관계를 수립한 이후 중·동부유럽 국가들 중 두 번째로 11월 1일 폴란드와 정식으로 외교관계를 수립했다. 한국 정부는 같은 달 27일 바르샤바에 대사관을 개설했고, 폴란드는 이듬해 1월 서울에 대사관을 개설함으로써 본격적인 쌍

무관계가 시작되었다. 폴란드와 외교관계 수립은 당시 중·동부유럽 국가들의 탈공산화 과정과도 맞물리면서 이루어질 수 있었다. 폴란드에서 1989년 6월 바웬사가 이끄는 자유노조가 선거에서 승리하여 공산정권이 무너짐에 따라 비공산권 국가들과의 외교관계가 시작될 수 있었기 때문이다. 1994년에는 바웬사 대통령이 한국을 방문했고, 2018년 2월에는 두다 대통령이 방문해 문재인 대통령과 정상회담을 개최했다. 한국 측에서는 2004년 노무현 대통령이 폴란드를 방문해 '미래지향적 동반자관계'를 수립했고, 2009년에는 이명박 대통령이 폴란드를 국빈 방문했다. 양국은 2013년 양국 간의 관계를 전략적 동반자관계로 격상시키면서 정치, 경제, 사회, 문화, 국방 분야에서 협력을 도모하기 시작했다.

외교관계 수립 후 양국관계는 경제분야를 중심으로 급속히 발전하였다. 우리나라 기업들은 1991년부터 폴란드에 진출하기 시작했고, EU 가입 이후부터는 값싼 양질의 노동력이 풍부한 폴란드를 EU 지역에 대한 교두보로 삼았다. 폴란드는 자국의 경제발전과 고용 증대를 위해 투자기업들에 각종 혜택을 제공하면서 한국기업의 폴란드 진출을 도왔다. 1993년 폴란드에 진출한 대우 일렉트로닉스는 바르샤바 남서쪽에 위치한 공장에서 컬러TV와 디지털TV를 생산했다. 1999년에는 LG전자가 바르샤바 북부의 브와바(Mława) 지역에 진출하고, 2005년에는 폴란드 남서부의 브워츠와베크(Włocławek)에도 공장을 건설해 TV와 냉장고 등 전자제품을 생산하기 시작했다. 폴란드 정부는 LG전자에 세금감면, 인프라 구축 지원뿐만 아니라 2017년까지 법인세를 면제해 주면서 한국기업들의 후속 투자를 유도했다. 이후 삼성전자(2010년), 만도(2011년), KT(2013년), POSCO 건설(2013년), 현대글로비스(2014년), LG화학(2016년), LS전선(2019년), 현대엔지니어링(2019년) 등이 단독투자를 통해 폴란드에 진출해 있다. 특히 브워츠와베크에 설립한 LG화학의 배터리 공장은 연간 68기가와트시(GWh) 생산 능력을 가진 세계 최대의 전기차 배터리 공장 중 하나로 2025년까지 연간 생산능력을 100기가와트시로 늘릴 계획이다. 〈표-4〉에서 보는 것처럼 폴란드와 우리나라의 교역은 해마다 큰 폭으로 증가하고 있으며 우리나라는 계속해서 큰 폭의 무역수지 흑자를 기록하고 있다. 현재 한국과 폴란드 사이에는 2015년 체결된 한-EU FTA에 따라 자유무역협정이 체결되어 있다.

〈표-4〉 한국-폴란드 교역 현황

단위: 백만 달러

년도	2014	2015	2016	2017	2018	2019	2020	2021
수출액	3,850	2,808	2,912	3,116	4,334	5,314	5,639	6,595
수입액	773	696	541	628	673	771	834	1,101
무역수지	3,077	2,112	2,371	2,488	3,661	4,543	4,805	5,494

출처: 저자 작성

폴란드 무역투자공사(PAIH)에 따르면 260개가 넘는 한국기업이 폴란드에 진출해 아시아 국가 중 가장 많은 비중을 차지하고 있다. 한국기업들은 최근 5년 동안 중·동부유럽 국가들에 대한 투자의 56% 이상을 폴란드에 집중하고 있다. 2021년에는 인천공항공사가 폴란드 신공항 건설사업단과 전략적 자문사업 계약을 체결했고, 2020년 10월에는 한국수력원자력이 최대 약 30조원 규모의 폴란드 원자력 발전소 건설사업을 수주해 한국과 폴란드의 경제협력은 점차 강화되고 있다.

한국과 폴란드는 2013년 체결된 전략적 동반자관계를 바탕으로 최근 방위산업 분야에서도 협력을 강화하고 있다. 폴란드 정부는 지난 8월부터 한국의 방산업체들과 K-2 전차, K-9 자주포, FA-50 전투기, K-239 천무 다연장로켓을 구매하는 계약을 잇달아 체결했다. 이 계약은 K-239 천무 다연장로켓을 빼고도 구매 규모가 2021년 한국의 방산 수출액인 72억 5천만 달러의 두 배가 넘는 147억 6천만 달러에 이를 정도로 대규모 계약이다. 이에 따라 한국은 단숨에 세계적 무기수출 국가로 발돋움했다. 이에 더해 폴란드는 한화디펜스의 레드백 장갑차 구매를 고려하고 있는 것으로 알려져 한국무기의 폴란드 진출은 더욱 늘어날 예정이다.

폴란드는 지금까지 NATO 동맹국인 미국이나 독일산 무기를 선호해 왔다는 점에서 이번 한국산 무기의 대량구매는 이례적으로 받아들여지고 있고, 그 구매 규모는 세계를 놀라게 하고 있다. 사실 폴란드의 선택은 한국산 무기의 우수성을 확인했기 때문이기도 하지만, 현재 폴란드의 군사·재정적 상황, 장기적 안보전략 및 산업전략을 고려할 때 가장 합리적인 결정이라고 할 수 있다. 또한, 1991년 이후 우리나라가 폴란드에 집중적으로 투자하면서 쌓아온 신뢰와 폴란드 경제발전에 기여한 공로 역시 본 계약에 영향을 주었다고 할 수 있다.

폴란드는 2014년 러시아의 크림반도 합병 이후부터 군의 현대화를 위해 구소련 시절의 무기를 NATO 규격으로 된 표준화된 무기로 대체한다는 장기적 계획을 세웠다. 우크라이나 전쟁은 이를 실행하기 위한 결정적 기회를 제공하였다. 구소련 시절의 기술로 제작된 무기들을 우크라이나에 제공하여 소진하고, 새로운 무기의 도입과 기술이전을 통해 군의 현대화와 함께 자국 방위산업의 발전을 도모한다는 것이다.

〈그림-5〉 한국 방산업체들의 폴란드 수출 내역

출처: 조선비즈 (2022)

현재 폴란드군의 주력 장비는 구소련 시절의 기술로 제작된 것들이 대부분이다. 폴란드 육군은 800대 이상의 탱크를 운용하고 있었는데, 이 중 600대 이상은 구소련 시절의 기술로 제작된 T-72 MTB와 PT-91 Twardy MTB로 구성되어 있었다. 이밖에 독일로부터 도입해 개량한 250대 가량의 레오파드 2(Leopard 2)와 28대의 미국산 M1 아브람스(M1 Abrams)로 이루어져 있다. 최근 미국으로부터 250대의 M1A2 SEPv3 탱크와 116대의 중고 M1A1 SA 탱크를 구매하는 계약을 체결했지만 2025년 이후부터 인도가 시작될 예정이다. 문제는 폴란드 정부가 T-72와 PT-91 탱크의 거의 대부분을 우크라이나에 제공했다는데 있다. 따라서 현재 폴란드 육군이 가용할 수 있는 탱크는 250대의 레오파드 2와 28대의 M1 아브람스가 전부이다. 자주포의 경우에도 구소련 기술로 제작된 2S1 Goździk이 주력이었는데, 현재 약 200대 가량만 운용이 가능하고 나머진 노후화되어 창고에 보관하고 있다. 하지만 이 중 상당수는 이미 우크라이나에 제공되었다. 이밖에 각각 110대와 82대의 Wz. 1977 DANA와 M120 Rak이 운용되고 있지만 모두 구식이다. 한국의 K-9 차대를 수입해 폴란드 기술로 개발된 155mm Krab 자주포는 64대가 운용 중이고 152대를 추가로 주문한 상태이다.

주력으로 사용하던 BM-21 Grad 다연장로켓과 29대의 RM-70 역시 구소련과 체코슬로바키아 시절의 모델로 이들 중 상당수는 이미 우크라이나에 제공되었다. 따라서 현재는 75대를 보유한 폴란드에서 제작된 WR-40 Langusta가 주력 자주포이다. 최근 미국에서 20대의 하이마스(M142 Himars)를 주문했지만, 아직 인도되지 않고 있다.

폴란드 공군의 전투기 역시 기존까지는 23대의 MiG-29와 18대의 Su-22 등 구소련 시절의 기종이 주력이었다. 최근 미국으로부터 도입한 48대의 F-16이 주력 전투기로 이용되고 있다. 폴란드는 몇 년 안에 소련제 전투기를 전력에서 제외시킬 계획이다. 한국의 무기체계는 NATO 표준에 맞춰져 있어서 NATO 회원국인 수입국에서 즉시 운용이 가능하다는 장점을 가진다. 예를 들어 FA-50 전투기는 미국의 록히드 마틴사의 F-16 전투기를 기반으로 개발한 모델이다. 폴란드도 미국으로부터 구매한 F-16 전투기를 보유하고 있고, 2020년 1월 미국으로부터 32대의 F-35 전투기를 구매했지만 인도 시기는 2024년 이후에야 가능하다. 따라서 FA-50은 전투기 분야에서 현재 당면한 공백을 메워줄 수 있다.

이번 무기 구매에서 나타나듯이 폴란드는 단기간 내에 육군 전력을 강화하려 하고 있다. 이처럼 폴란드가 육군력을 강화하려는 이유는 우크라이나 전쟁의 양상 때문이다. 평지로 이루어진 지형에서 탱크와 자주포 전력은 전쟁의 승패를 좌우한다. 러시아가 우크라이나를 침략할 때도 공군을 통한 공습보다는 탱크와 포병을 앞세웠다. 벨라루스뿐만 아니라 폴란드 역시 평지 지형으로 이루어져 있어 육군전력의 중요성을 알고 있다. 실제 폴란드는 2022년 기준으로 총 863대의 탱크를 보유해 서유럽에서 가장 많은 탱크를 가진 프랑스보다 두 배 이상 많은 탱크를 보유하고 있다. 올 7월 말 부아쉬착(M. Blaszczak) 국방장관은 "유럽에서 가장 강한 육군"을 가질 것이라고 선언한 것처럼 폴란드는 무엇보다 육군력의 강화에 힘을 쏟고 있다.

사실 폴란드가 한국산 무기를 대량으로 구매한 이유는 복합적이다. 먼저 우크라이나에 대량의 무기를 제공했기 때문에 현재 직면하고 있는 전력 공백 상태를 하루빨리 해결해야 한다. 최근 미국으로부터 F-35 전투기와 M1A1 탱크를 도입하기 위한 계약을 체결했지만, 인도 시기가 늦어 당면한 전력 공백을 메우기에는 역부족이다. "탱크와 자주포가 올해 안에 폴란드 군대에서 사용할 수 있도록 하는 것이 중요하다"는 브아쉬착 국방장관의 말대로 한국의 무기들은 미국의 방산기업들이 제공할 수 없는 빠른 시일 내에 전력 공백을 메울 수 있는 최선의 선택으로 받아들여지고 있다.

또 다른 요인은 폴란드의 재정적 능력이다. 한국무기 선택은 현재 폴란드가 가진 재정적 능력 안에서 가장 많은 무기를 구매해야 한다는 점도 고려되었음이 분명하다. 한정된 재정자원으로 공백 상태의 전력을 메우기 위해 고가의 미국산 F-35 전투기나 US-M1 탱크를 추가로 구매하는 것보다는 더 많은 수의 한국산 전투기와 탱크를 구매하는 것이 이득이라는 판단을 했다는 것이 전문가들의 분석이다.

한국과의 방산협력이 폴란드의 군 현대화 계획에 적합하다는 판단 역시 폴란드 정부의 결정에 중요한 요인으로 작용했음이 틀림없다. 폴란드가 최근 한국과 미국으로부터 대량으로 무기를 구매하는 것은 2019년 10월 채택된 폴란드 국방기술 현대화 계획 2021-2035의 일환이다. 즉, 최근의 무기 구매가 폴란드가 당면한 안보공백을 메울 뿐만 아니라, 미래의 방위산업 발전을 위한 장기적인 포석이라는 것이다. 폴란드군의 현대화 계획 속에는 자국의 방위산업을 발전시켜 무기를 수출할 수 있는 능력을 발전시키겠다는 계획이 포함되어 있다. 폴란드는 이미 2014년 K-9 자주포 차체를 수입해 자국에서 생산되는 포탑을 장착한 Krab 자주포를 생산한 경험이 있다. 이러한 경험을 바탕으로 지난 6월 폴란드 정부는 우크라이나와 60대의 Krab 자주포를 수출하기로 하는 계약을 체결했다. 이 계약은 약 6억 5천만 달러 규모로 폴란드 방산수출 역사상 가장 큰 계약 규모였다. 이러한 경험처럼 한국과의 방산협력이 자국 방위산업의 잠재적 수출 가능성을 높여줄 것이라는 기대가 있다. 이번 K-2 탱크도 2025년 이후 폴란드 현지에서 생산하면 폴란드 버전으로 업그레이드해 K-3PL이라는 이름으로 생산될 예정이다. 폴란드가 주로 수입했던 미국과 독일은 최신 기술을 이전해 주는 것에 대해 소극적이기 때문에 NATO 무기체계를 사용하는 한국산 무기 도입에 따른 기술이전을 통해 자국의 방위산업을 발전시키려는 의도를 가진 것으로 보아야 한다.

한국산 무기들이 가격 대비 우수한 성능을 보유하고 있을 뿐만 아니라, NATO가 권장하고 폴란드군이 도입하고 있는 NATO의 무기체계를 적용하고 있다는 것 역시 중요한 결정 요인이었다. 현재 한국 무기체계는 NATO 체계에 맞춰져 있기에 수입국인 폴란드에서 당장 호환이 가능하다.

6. 결론 및 한국에 대한 함의

앞에서 기술한 것처럼 우크라이나 전쟁은 폴란드에게 기회와 도전을 부과하였다. 러시아의 위협에 맞서 자국뿐만 아니라 NATO의 최전선에 위치한 국가로서 중·동부유럽 지역의 안보를 담보해야 한다는 점에 있어서 우크라이나 전쟁은 폴란드에게 하나의 도전이다. 반면 우크라이나 전쟁은 국방력 강화를 통해 NATO와 EU 내에서 자신의 위상을 강화하고 지역 강국으로서 목소리를 낼 수 있다는 점에서 보면 기회이다.

탈냉전 이후 폴란드는 어떠한 안보구조에도 소속되어 있지 않은 안보의 공백 상태에 있었다. 1999년 NATO 가입과 2004년 EU 가입은 폴란드가 서방의 안보구조에 편입되게 되었다는 것을 의미한다. NATO 가입 이후 폴란드는 군의 현대화와 NATO 정책에 대한 충실한 회원국이 되었다. 반면 EU에 대해서는 그것을 경제적인 구조로 바라보면서 안보협력에 대해서는 회의적이거나 주저하는 입장을 취했다.

폴란드의 안보정책은 2010년대 중반, 즉 러시아의 크림반도 병합과 돈바스 지역 장악 이후부터 변화되기 시작했다. 먼저, 권위주의적 러시아의 위협이 동부유럽 지역 안보에 불안정을 가져옴에 따라 러시아에 대한 국내 여론이 악화되었다. 다음으로는 동부유럽 지역에서 러시아의 안보위협에 대한 NATO와 EU의 무관심 혹은 무능을 목격하였다. 이에 따라 폴란드는 군의 현대화와 국방력 강화를 추진하기 시작했다. 이러한 계획은 2022년 우크라이나 전쟁으로 인해 더욱 급속하게 발전했다. 군사력 강화 계획은 군사력을 30만의 상비군으로 늘리고 군 장비의 현대화를 통해 달성되도록 하였다. 이를 위해 미국과 한국으로부터 대량의 무기 구매계약을 체결하도록 이끌었다. 이러한 군의 현대화를 통한 국방력 강화를 지원하기 위해 국방비를 GDP의 3% 수준까지 증액하고 국군지원펀드를 도입하였다.

군의 현대화는 폴란드 방위산업의 발전과 맥을 같이 한다. 탈냉전 이후 폴란드 방위산업은 방산기업의 국유화와 국내시장의 축소로 인해 오랫동안 침체를 겪었다. 대표적인 방산기업인 PGZ는 재무부 혹은 국방부 소속으로 되어 소량이지만 안정적인 국내시장을 대상으로 유지되면서 국제적 경쟁력이 갖추고 있지 못하다. 역대 정부 또한 뿌리 깊은 대서양주의로 인해 무기 구매 루트를 EU보다는 기술이전에 소극적인 미국을 선호함으로써 국내 방위산업이 발전하는데 한계를 부여했다.

우크라이나 전쟁 이후부터 폴란드 정부는 군의 현대화와 방위산업의 발전을 결합하려는 시도를 하고 있는 것처럼 보인다. 따라서 무기 구매계약 체결에서 가격이나 무기의 질 이외에 기술이전이나 폴란드 기업과의 공동투자 등을 고려하기 시작했다. 최근 한국 방산기업으로부터 무기를 대량으로 구매한 것은 러시아의 위협에 바로 대응할 수 있어야 한다는 시급성 때문만이 아니라, 공동생산이나 교육서비스와 같은 계약조건 때문이기도 하다. 폴란드 정부는 이러한 구매계약을 통해 군을 현대화하고 자국의 방위산업 발전을 도모하고 있는 것이 확실하다.

우크라이나 전쟁이 폴란드에게 도전과 기회를 제공하고 있듯이, 중·동부유럽 지역에서 증가한 안보 불안은 한국, 특히 한국의 방산업체들에게도 도전과 기회를 제공하고 있다. 폴란드에 대한 무기수출은 이미 현지에서 테스트를 진행 중인 레드백 장갑차로 확대될 것이 거의 확실할 뿐만 아니라 다른 재래식 무기 분야에서의 수출 전망도 밝은 것으로 드러나고 있다. 무기수출에서 세계 8위에 머물던 한국은 폴란드에 대한 대량의 무기수출로 단숨에 세계 5위로 도약할 것으로 평가되고 있다. 지난 8월 윤석열 대통령은 우리나라가 향후 세계 4위의 무기수출국이 될 것이라고 연설한 것처럼 폴란드에 대한 무기수출은 그 기폭제가 될 것이 분명하다.

안보위협에 노출된 중·동부유럽 국가들이 최근 국방력 강화 움직임을 보이고 있다는 사실은 한국의 방산업체들에게 분명 기회를 제공하고 있다. 발틱 국가들을 포함한 중·동부유럽 국가들은 앞 다투어 군비 증강을 선언하고 있다. 친러 성향을 보이면서 러시아 제재에 소극적인 헝가리뿐만 아니라, 경제적 여력이 없는 불가리아도 NATO의 지원을 받으면서 국방력 강화 의지를 보였다. 폴란드뿐만 아니라 체코와 슬로바키아는 자국무기의 상당 부분을 이미 우크라이나에 지원하면서 국방력을 보충해야 할 필요성까지 생겼다. 중·동부유럽 국가들이 보유한 무기의 상당 부분은 구소련 시절의 기술로 제작되었다. 따라서 그들은 이들 구형 무기들을 NATO 표준에 맞는 현대식 무기로 대체하길 희망하고 있다. 이러한 측면에서 본다면 향후 중·동부유럽 NATO 국가들의 무기 수요는 더욱 증가할 것이다. 이들 중·동부유럽 국가들은 한국 업체들이 폴란드와 체결한 계약의 이행 과정을 계속해서 주목할 것이 분명하다. 그리고 그 과정에 따라 한국이 자신들의 군 현대화 계획에 있어서 파트너가 될 수 있는지를 판단할 것이다.

따라서 폴란드에 대한 무기공급이 계약에 따라 예정대로 인도되어 폴란드의 국방력 강화가 확인되고, 향후 폴란드 방위산업의 발전을 위한 협력이 시작된다면 한국은 값싸고 NATO 표준에 맞는 현대식 무기를 찾는 중·동부유럽 국가들의 주요 공급처가 될 가능성이 매우 크다. 중·동부유럽 국가들은 그동안 자신들의 무기 공급처 중 하나였던 독일이 우크라이나 지원에 주저하거나, 우크라이나에 무기를 지원한 중·동부유럽 국가들에게 탱크 등을 포함한 무기를 신속히 제공해주지 못하는 것에 대해 불만이 있다. 미국은 자국 내 수요와 이미 주문받은 물량을 제공해야 하므로 중·동부유럽 국가들이 필요한 수요를 맞추기 어렵다. 게다가 최첨단이기는 하지만 고가의 무기여서 대량의 무기를 구매해야 하는 중·동부유럽 국가들에게 부담이 갈 수밖에 없다. 우리나라의 방산업체들은 이에 대한 충분한 대안이 될 수 있다.

한국은 폴란드로 대량의 무기를 수출하기에 앞서 이미 2001년 터키, 2014년 폴란드, 2017년 노르웨이와 핀란드, 2018년 에스토니아에 K-9을 수출해 좋은 평판을 얻었다. 155mm K-9 자주포 등 NATO 군의 무기체계와 동일한 체계를 가진 한국의 무기들은 NATO 회원국인 중·동부유럽 국가들에게 매력적이다. 게다가 한국은 이미 NATO 국가들에 대한 무기 수출에 적극적이다. 2017년부터 2021년까지 한국 방산수출의 약 24%는 영국, 노르웨이, 폴란드, 터키, 에스토니아 등 NATO 회원국들을 대상으로 이루어졌다. 폴란드에 대한 수출계약은 이러한 경향을 더욱 가속화할 것으로 판단된다. 지난 9월 열린 2022 한국 방위산업전(DX Korea)에 참가한 에스토니아의 고위장성은 18문의 K-9 자주포를 주문하면서 자국의 국방력 강화를 피력했다. 노르웨이 역시 K-2 탱크 주문을 고려하고 있으며, 노르웨이의 대표적 탄약기업인 Nammo는 현대로템과 K-2 탱크용 120mm 탄약을 공동으로 개발하기로 합의했다. 이러한 중·동부 및 북유럽 국가들의 관심은 한국이 폴란드 수출을 계약서에 명시된 기간 내에 이행한다면 더욱 늘어나 한국을 방산협력의 파트너 국가로 고려할 가능성이 높다.

폴란드에 대한 무기수출 계약이 사실 밝은 전망만을 가지는 것은 아니라는 평가도 존재한다. 이는 크게 두 가지 측면에서 그렇다. 하나는 폴란드 내부의 정치적, 경제적 상황에 따라 폴란드와의 계약이 예정대로 진행되지 않을 가능성이 존재한다는 것이고, 다른 하나는 한국의 대규모 방산수출을 바라보는 미국의 시각이다.

최근 폴란드 야당인 중도성향의 시민연대(Civic Platform)와 폴란드 2050(PL2050)은 막대한 비용이 지출되는 정부의 대량 무기 구매계약을 비판하면서 국방시스템에 대한 감사를 시사했다. 이는 과거 투명하지 못했던 무기 도입의 경험 때문이기도 하다. PL2050은 2023년 10월 예정된 총선에서 승리할 경우 군축을 단행할 것이라고 주장하기도 했다. PL2050의 고문인 로잔스키(M. Różański) 장군은 "협정 중 일부가 수정되어야 한다"고 선언했다. 정부가 추진한 대량의 무기 구매계약을 비판하는 사람들은 국방예산 중 절반 가까이가 해외 무기 구매에 사용될 예정이라는 점이다. 2023년에 할당된 GDP의 3%인 약 980억 즈워티(약 28조 원) 중 300~400억 즈워티(약 8~11조 원) 정도가 미국과 한국 등 해외로부터 무기를 도입하는데 사용될 예정이기 때문이다. 따라서 폴란드와 맺은 수출계약은 2023년 가을 이후 재검토될 수 있는 가능성을 충분히 가지고 있다. 앞에서 언급한 것처럼 폴란드는 과거에도 몇 차례 유럽국가들과 맺은 수입계약을 일방적으로 철회한 바 있기 때문에 가능성을 무시하기는 어렵다.

우리나라는 폴란드 야당의 문제 제기를 관심을 가지고 지켜볼 필요가 있다. 하지만 야당의 주장이 현 시점에서 국민들로부터 많은 지지를 받고 있지는 못하는 것이 사실이다. 그 이유는 폴란드인 사이에서 안보에 대한 위기의식이 여전히 매우 높게 나타나고 있으며, 그러한 인식의 원인 중 하나는 러시아와 폴란드 사이에 존재하는 거대한 군사력 격차에 있기 때문이다. 따라서 러시아가 계속해서 중·동부유럽 지역에서 자신들의 국가이해를 추구하는 한 현 보수정부의 군비확대 정책은 국민들의 지지를 받을 수밖에 없다. 게다가 카친스키 부총리의 주장대로 향후 GDP의 5%까지 늘리면 매년 48조 원 이상이 국방예산으로 배정되고, 여기에 NATO와 EU로부터의 지원을 고려한다면 재정적 여력은 어느 정도 여유가 있을 것으로 볼 수 있다. 폴란드가 과거 EU 회원국으로부터 도입하기로 한 무기 구매 계약을 철회한 것은 EU 내 권력정치의 일환으로 보아야지 폴란드 국방정책의 불안정성이라고 하기 어렵다. 따라서 과거의 경험으로 한국과 체결될 계약이 철회될 수 있다고 예상하는 것은 무리일 수 있다. 게다가 현재 국제 무기시장에서 주도권은 매도자가 가지고 있는 것이 분명하다. 이는 국제정세의 급격한 변화 앞에서 늘어난 무기 수요는 한국과 미국 등 주요 수출국들의 공급능력을 넘어서고 있기 때문이다. 따라서 현 시점에서 급한 쪽은 폴란드이기 때문에 이미 체결된 구매계약이 취소되기는 쉽지 않다고 할 수 있다.

주의해야 할 부분은 오히려 한국 방산능력의 성장을 바라보는 미국의 견제일 수 있다. 미국의 방산 관계자들은 한국 방산업체들의 쾌거가 폴란드에서 끝날 일이 아닐 수 있다는 점에 주목하고 있다. 왜냐하면 발틱국가뿐만 아니라 북유럽 국가들도 이미 한국의 방산능력을 주목하고 있기 때문이다. 세계 무기시장에서 압도적 우위를 차지하고 있는 미국은 표면적으로는 한국의 폴란드에 대한 대량의 무기수출이 나토에 기여하는 것이라고 환영하지만, 다른 한편으로는 미국의 방산시장을 잠식하는 것이어서 우려 섞인 시선으로 바라보고 있는 것 또한 사실이다. 하지만 한국의 방산수출 증가는 미국 안보정책의 측면에서 보면 실보다는 득이 더 많은 것이 사실이다.

유럽이 프랑스나 독일 등 주요 무기수출국들의 주도로 점차 독자적 안보능력을 발전시키고 있는 상황에서 한국의 유럽 무기시장에 대한 진입은 유럽을 견제할 수 있는 수단이 될 수 있다. 따라서 장기적이고 거시적인 측면에서 본다면, 한국의 방산능력 강화는 유럽을 견제하면서 이와 동시에 중·동부유럽의 안보를 강화하는 일석이조의 효과를 가질 수 있다는 점에서 미국의 일부 부정적 시선 또한 우려할만한 것은 아닐 것이다.

 # 폴란드의 절박한 에너지 안보[1]

안상욱

1. 서 론

 러시아의 우크라이나 침공에 따른 EU의 대러시아 제재 이후 러시아가 자국의 에너지자원을 무기화하면서 EU는 에너지 안보 문제에 직면하고 있다. EU의 최대 천연가스 및 원유공급원인 러시아는 자국의 에너지자원을 무기화하여 EU 회원국 간에 대러시아 제재에 대한 결속을 약화시키려고 하고 있다.

 EU 천연가스 공급의 40%, 원유 공급의 25%는 러시아에 의존하고 있다. 러시아가 EU 최대 천연가스와 원유 공급국가로 자리매김하고 있기 때문에, EU가 러시아의 천연가스와 원유를 빠르게 대체하기는 어려운 상황이다. 헬싱키 소재 국제 연구기관인 에너지청정대기연구센터(CREA: Center for Research on Energy and Clean Air)에 따르면, 2022년 2월 24일 러시아의 우크라이나 침공 이후부터 3월말까지 EU는 러시아에 화석연

---

[1] 본 챕터의 EU 천연가스 공급의 안보문제는 [한희진, 안상욱, "러시아 천연가스 의존도와 반복되는 EU에너지 위기," 『유럽연구』 40권 2호 (2022).]을 재구성하였다.

료 수입을 위해서 210억 유로(약 28조2,740억 원)를 지불하였다.

이에 따라서, 2022년 3월 25일 EU와 미국은 유럽 국가들의 러시아산 천연가스 의존도를 낮추기 위한 새로운 협력방안을 발표하였다. 조 바이든 미국 대통령과 우르줄라 폰데어라이엔(Ursula von der Leyen) EU집행위원장은 이날 벨기에 브뤼셀에서 기자회견을 열고 "우리는 러시아 에너지 의존도를 줄이기 위해 함께 노력하기로 했다."면서 "더 이상 러시아의 잔혹한 공격에 도움을 주는 행동을 해선 안 된다."고 밝혔다. 이를 위해 미국은 EU에 액화천연가스(LNG)를 추가로 공급하고, 에너지 안보를 위한 공동 태스크포스(TF) 설치하기로 했다. 또한 미국은 2022년 EU에 최소 LNG 150억m^3를 추가 공급하기로 하였다. 그리고 EU집행위원회는 EU 회원국들이 2030년까지 연간 미국 LNG 연간 500억m^3를 추가로 받을 수 있도록 보장하겠다고 강조하였다. 문제는 대부분의 EU 회원국들이 전적으로 파이프라인 천연가스(PNG)에 의존하기 때문에 EU내 LNG 터미널이 많지 않다는 점이다. EU 회원국에 LNG터미널 인프라가 갖추어진 국가들이 그리스, 몰타, 이탈리아, 스페인, 포르투갈, 프랑스, 벨기에, 네덜란드, 폴란드, 리투아니아 등에 불과하다는 점이다. 독일과의 국경 항구도시인 스비누이스치에(Świnoujście)에 LNG터미널이 2011년 3월 23일 착공되어서 2015년 12월 11일에 LNG 터미널로 LNG가 첫 반입되었다. 또한 리투아니아의 클라이페다(Klaipeda) LNG터미널에서 2022년 5월 1일부터 폴란드로 LNG공급이 시작되었다. 이로서 폴란드는 기존에 전적으로 러시아 천연가스에 의존한 상황을 탈피하여 천연가스 공급원을 다각화하고 있다.

2. 냉전 전후 소련 에너지 공급망의 중동부유럽 연결과 폴란드 상황

1970년대와 1980년대 소련의 천연가스 파이프라인이 중동부유럽으로 확대될 때, 폴란드는 소련의 다른 중동부유럽 위성국들과는 다르게 천연가스 파이프라인 연결에 참여하지 않았다. 폴란드는 천연가스 대신에 자국의 석탄을 대체하여 활용하였다.

〈그림-1〉 1939년 나치 독일과 소련의 폴란드 영토 분할

출처: 미국 홀로코스트 메모리얼 기념관

폴란드는 이미 1920년대와 30년대에 자국 영토였던 다샤바(Daszawa), 현재 우크라이나 영토인 다샤바(Dashava) 천연가스전으로부터 천연가스 파이프라인을 건설하여 운영했던 경험이 있었다. 그러나 1939년 나치 독일과 소련은 몰로토프-리벤트로프 조약(Molotov-Ribbentrop Pact)을 통

해서 폴란드 영토를 나누어 가졌고, 제2차 세계대전이 나치독일의 패배로 끝났음에도 1939년 1945년 2월 얄타회담에서 처칠, 루즈벨트, 스탈린이 맺은 협약에 따라서 1939년 독일과 소련에 의한 폴란드 영토분할에서 소련이 차지했던 영토의 대부분이 소련의 영토로 인정되었다.

〈그림-2〉 제2차 세계대전 이후 폴란드 영토의 변화

출처: 미국 홀로크스트 메모리얼 기념관

1939년 독일과 소련에 의한 폴란드 분할 이전에 폴란드 영토였던 다샤바(Daszawa), 현재 우크라이나 영토인 다샤바 인근에서 천연가스전이 1921년에 발견되었다. 그리고 1923년에 다샤바 인근 천연가스전에서 당시 폴란드 영토였으나 현재 우크라이나 영토인 스트리(Stryj)와 드로호비치(Drohobych)로 가스파이프 라인이 연결되었다. 그리고 1928년에 다샤바 인근 천연가스전에서 당시 폴란드 영토였던 르보프(Lwów) 현재 우크라이나 영토인 르비우(L'viv)까지 80km 길이의 천연가스 파이프라인이 건설되었다. 그리고 1937년에는 폴란드의 산업지대인 타르노프(Tarnów)까지 천연가스 파이프라인이 연장되었다. 타르노프까지 연결된 천연가스 파이프라인에서 공급되는 천연가스는 타르노프 인근 모시체(Mościce)에서 질소비료를 생산하는데 중요한 원료로 사용되었다. 1920년대와 1930년대 다샤바 천연가스전으로부터 건설된 파이프라인은 당시 폴란드 국내에서 건설된 파이프라인이었다.

〈그림-3〉 폴란드 영토였던 르보프(Lwów)에서 스트리(Stryj)까지 연결된 천연가스 파이프라인(1932년 사진)

출처: Inventing Europe

그러나 1945년 2월 얄타회담 결과에 따라서 1939년 소련이 점령하였던 폴란드 영토의 대부분이 소련의 영토로 인정되었고, 이에 따라서 다샤바 인근 천연가스전도 소련의 일부였던 우크라이나 영토로 편입되게 되었다. 그 결과 다샤바 천연가스전에서 폴란드 타르노프로 연결되는 천연가스 파이프라인은 유럽 최초의 국가 간 천연가스 파이프라인이 되었다.

〈그림-4〉 러시아-유럽 간 주요 천연가스 파이프라인

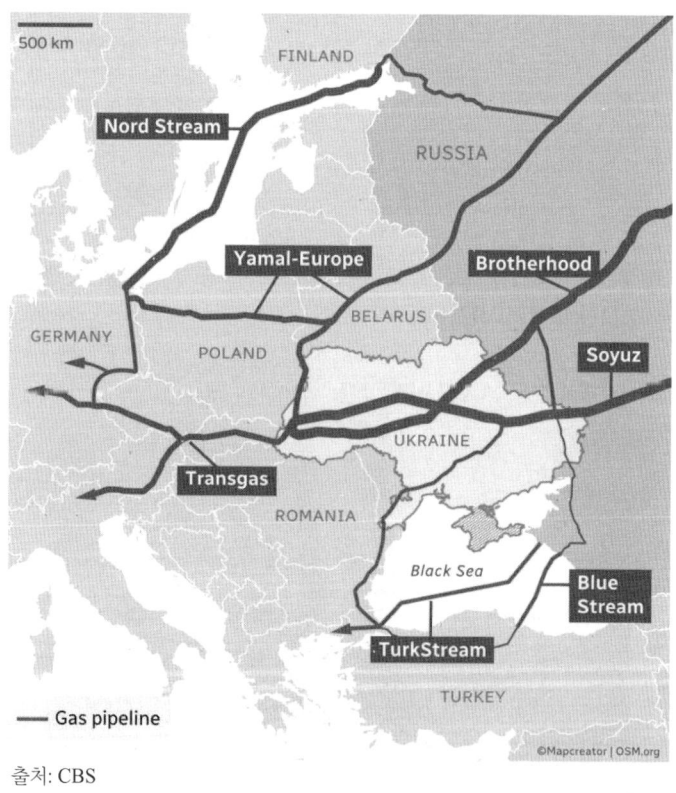

출처: CBS

제2차 세계대전 이후 러시아로부터 폴란드를 통과하는 천연가스 파이프라인이 건설된 것은 1991년 12월 26일 소련이 붕괴되어 냉전질서가 해체된 이후에 시작되었다.

　1992년 러시아, 벨라루스, 폴란드를 연결하는 야말-유럽(Yamal-Europe) 천연가스 파이프라인에 대한 구상은 1992년에 시작되었다. 그리고 1993년 러시아, 벨라루스, 폴란드의 정부 간 협정이 체결되었고, 독일가스 업체인 윙가스(Wingas GmbH)는 야말-유럽 천연가스 파이프라인의 폴란드 영토 내 연결부분에 대한 천연가스 파이프라인 건설을 시작하였다. 1997년에는 벨라루스와 폴란드를 통해서 독일로 첫 천연가스 공급이 이루어지게 되었다. 그리고 벨라루스와 폴란드 간의 천연가스 파이프라인 건설은 1999년 9월에 완공되었다. 그리고 2006년에 야말-유럽 천연가스 파이프라인은 연간 330억 입방미터의 천연가스를 공급할 수 있는 용량으로 완전하게 개통되었다. 천연가스 파이프라인과는 다르게 구소련 시절 건설된 송유관은 폴란드를 주요 통과국으로 하고 있다. 러시아어로 우정을 뜻하는 "드루즈바(Druzhba)" 송유관은 1958년 프라하에서 열린 경제상호원조회의(COMECON: Council for Mutual Economic Assistance) 결정에 따라 '사회주의 동맹국' 지원을 목적으로 1960년 착공되어 1964년 10월 완전 가동되었다.

　이와 같이 폴란드는 원유의 경우, 1960년대부터 드루즈바 송유관을 통해서 러시아 송유관 네트워크에 직접 연결되었고, 천연가스는 2006년 완전 개통된 야말-유럽 천연가스 파이프라인을 통해서 러시아의 천연가스 공급망에 연결되었다. 원유의 경우, 폴란드는 2020년 통계로 전체 석유 공급의 66%, 천연가스 공급의 55%를 러시아에 의존하고 있다.

〈그림-5〉 중동부 유럽의 중요 송유관

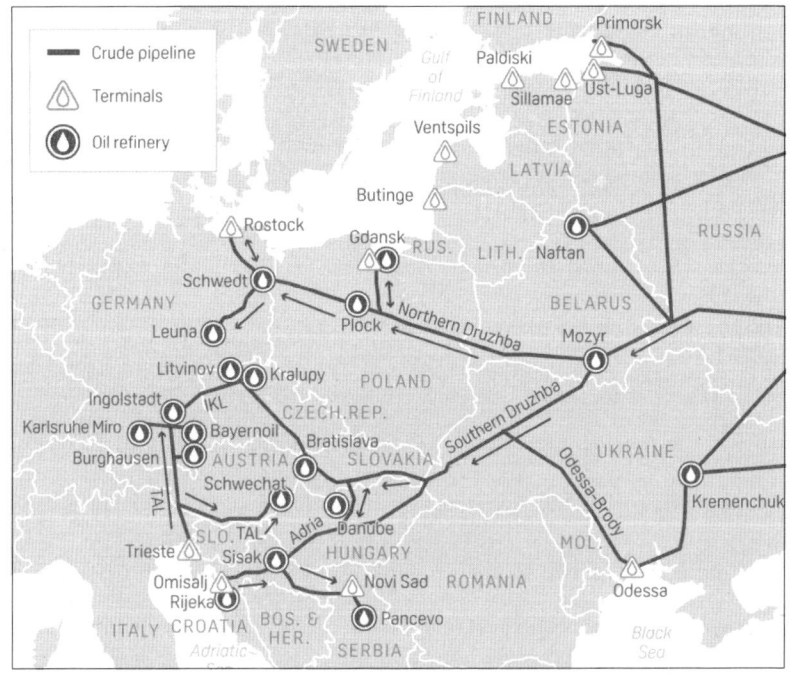

출처: S&P Global

3. 폴란드의 에너지믹스

EU의 적극적인 기후변화대응에 따라서 EU의 총에너지소비에서 석탄과 석유의 비중은 감소하였다. 반면에 천연가스와 재생에너지 사용비중은 확대되었다. EU의 기후변화대응에서 주안점은 온실가스 감축과 재생에너지 이용의 확대이다.

그런데 온실가스 감축과 재생에너지 이용확대 이외의 기후변화대응관련 에너지정책은 EU는 회원국의 자율에 맡겼다. 그 결과 EU 회원국의 에너지믹스는 각 회원국 별로 자국의 상황을 고려해서 운영되었고, 그 결과 각 회원국 별로 에너지믹스에서 큰 차이를 보이고 있다.

〈그림-6〉 EU 총에너지소비(Gross available energy)에서 에너지원별 비중 변화 (1990-2020)

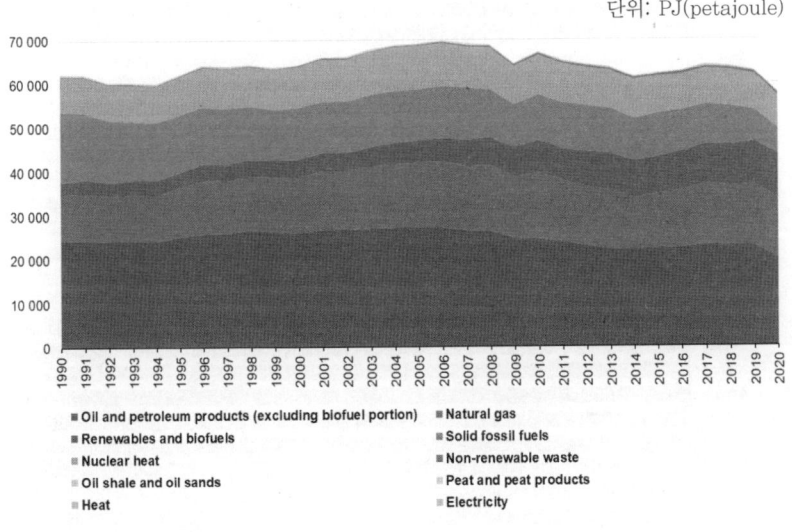

출처: Eurostat

EU 회원국의 에너지믹스를 보면, 사이프러스와 같이 석유에 의존하는 비중이 큰 회원국이 있는 반면에, 스웨덴, 덴마크와 같이 재생에너지에 의존하는 비중이 큰 회원국도 있고, 폴란드, 체코, 불가리아와 같이 석탄 의존 비중이 큰 국가도 있다. 반면에 프랑스와 같이 원자력에너지 의존 비중이 큰 회원국도 있다. 특히 폴란드의 경우는 EU회원국 중에서 석탄에 대한 의존 비중이 가장 높은 국가였다.

〈그림-7〉 EU 회원국 총에너지소비(Gross available energy)의 에너지원별 구성(2020)

단위: %

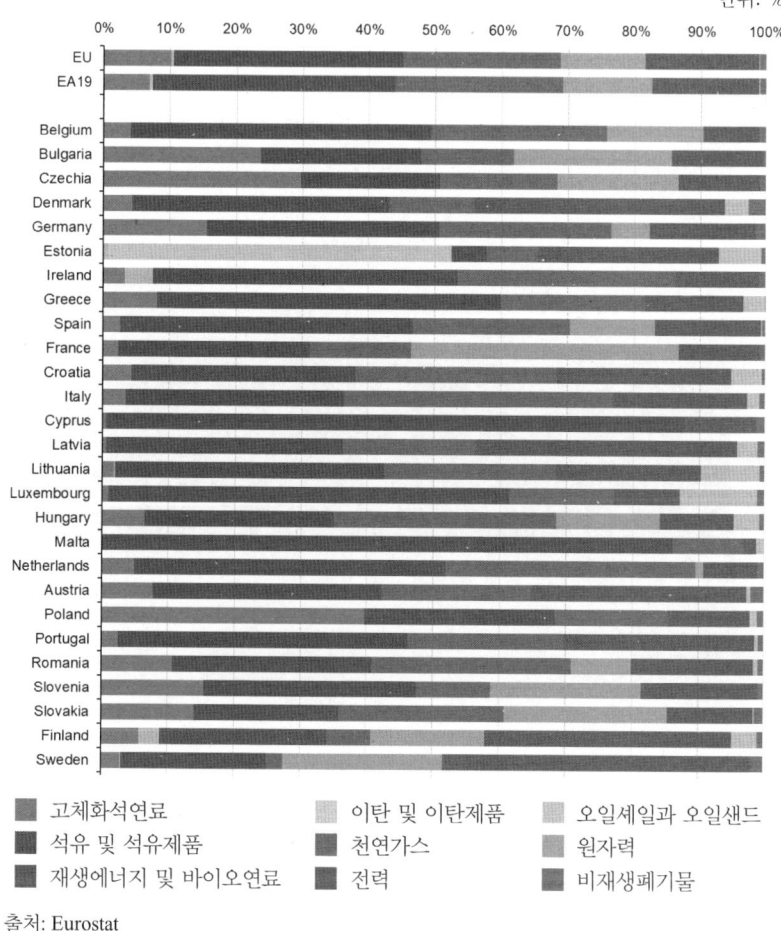

출처: Eurostat

BP의 통계에 따르면, 폴란드는 EU 회원국 중에서 독일 다음으로 많은 석탄매장량을 보유하고 있다. 2020년 기준으로 독일은 전 세계 석탄매장량의 3.3%를 보유하고 있고, 폴란드는 전 세계 석탄매장량의 2.6%를 보유하고 있다. 2020년 기준으로, 폴란드는 전 세계 석탄생산에서 1.1%의 비중을 차지하였고, 독일은 전 세계 석탄생산에서 0.6%의 비중을 차지하였다. 2020년 기준으로 폴란드는 전 세계 석탄소비에서 1.1%의 비중을 차지하였고, 독일은 전 세계 석탄소비에서 1.2%의 비중을 차지하였다.

이와 같이 석탄은 폴란드의 에너지 수급에서 중요한 비중을 차지하고 있다. 특히 2020년 기준으로 폴란드는 1.68엑사줄(EJ: Exajoules)의 석탄을 생산하였고, 1.67엑사줄(EJ: Exajoules)의 석탄을 소비하였다. 다시 말해서, 현재까지도 폴란드에서 석탄은 자국에서 조달가능한 중요한 에너지원이다.

〈그림-8〉 폴란드 내 주요 석탄광산

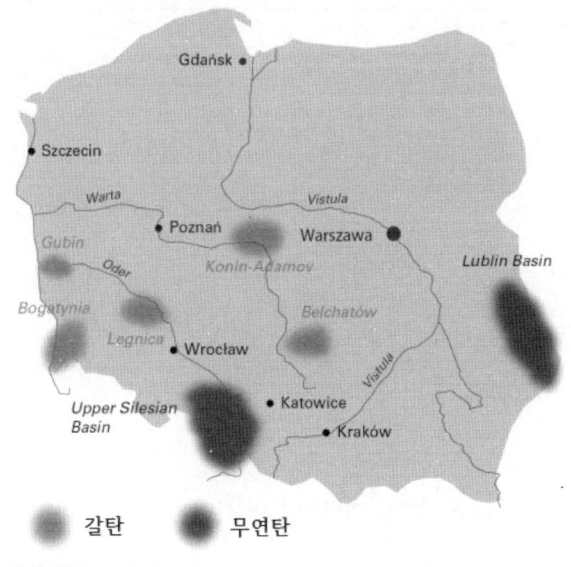

출처: EURACOAL

<그림-9> 폴란드의 에너지원별 에너지 공급비중 (1990년-2020년)

단위: TJ

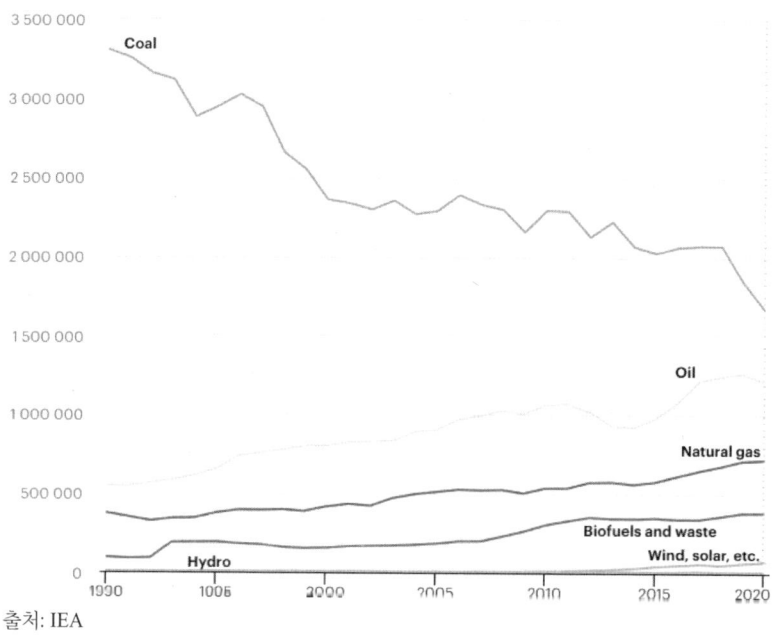

출처: IEA

폴란드에서 석탄이 전체 에너지 공급에서 차지하는 비중은 급격하게 감소하였지만 2020년 기준으로 석탄은 폴란드 에너지 공급에서 41%를 차지할 정도로 비중이 가장 높은 에너지 공급원이다. 2020년 기준으로 석탄은 1,667,192TJ(Terajoule)의 에너지를 공급한 반면에 석유는 1,213,366TJ, 천연가스는 715,468TJ의 에너지를 공급하였다.

기후변화대응에서 탄소배출이 가장 많은 석탄 사용을 지양하기 위해서, 다른 주요 EU 회원국 석탄화력발전소의 신규건설이 거의 진행되고 있지 않지만 폴란드는 현재 4.3GW(기가와트) 규모의 신규 석탄화력발전소를 건설 중이다. TAURON Jaworzno III가 910MW(메가와트) 규모이고 PGE Opole 5호기와 6호기가 각각 900MW, 1,800MW 규모이다. ENERGA Ostrołęka C가 1,000MW 규모이며, PGE Turów 발전소에 11호기 발전소로 490MW급의 갈탄 화력발전소가 건설되고 있다.

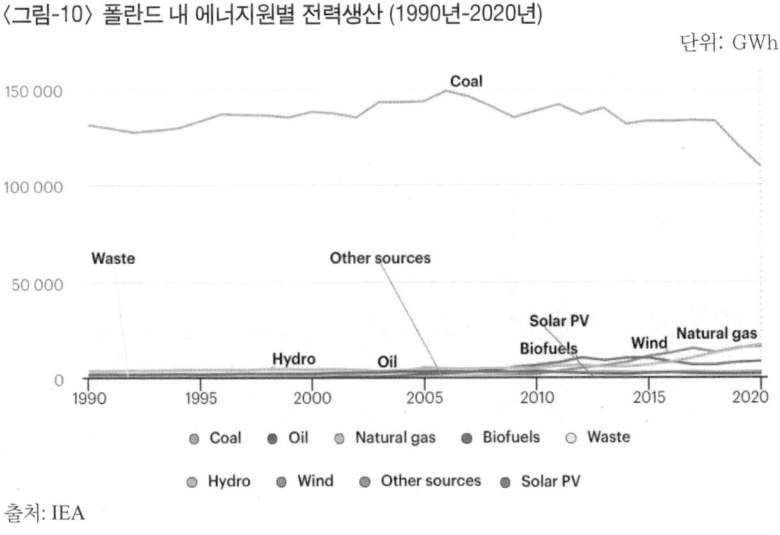

〈그림-10〉 폴란드 내 에너지원별 전력생산 (1990년-2020년)

출처: IEA

전력생산의 측면에서 폴란드는 현재까지도 거의 전적으로 석탄화력발전에 크게 의존하고 있다. 2020년 기준으로 전체 전력생산의 69%를 석탄화력발전에 의존하고 있다. 2010년에는 폴란드가 전체 전력생산의 88%를 석탄화력발전에 의존했었고, 2015년에는 폴란드가 전체 전력생산의 81%를 석탄화력발전에 의존하였다. 폴란드와 같이 중동부유럽의 신흥산업국인 체코는 2020년 기준으로 전체 전력생산의 40%를 석탄화력발전에 의존하였다. 헝가리는 2020년 기준으로 전체 전력생산의 11%만을 석탄화력발전에 의존하였다.

　최근 유럽에서 중동부유럽국가를 중심을 신규 원자력 발전 건설이 확대되는 등 세계 원자력 발전 시장 판도에 변화가 생기고 있다. 특히 기후변화 대응을 강화하면서, 탄소배출 감축의 필요성이 증대되었고, 이에 따라서 전력생산에서 탄소배출이 없는 원자력 발전의 중요성이 재조명되고 있다.

〈표-1〉 세계 지역별 신규 원자력 발전소 건설 (2020년말 기준)

단위: 원자로 개수

	원자력 발전 방식					
	BWR	FNR	HTGR	PHWR	PWR	합계
아시아	2	2	1	4	27	36
동유럽 및 러시아					6	6
북미					2	2
남미					2	2
서유럽 및 중부유럽					6	6

출처: 세계원자력협회

〈표-2〉 2021년 9월 현재 전 세계 지역별 이용가능한 원자로 현황

단위: 원자로 개수

지 역	원자로
아프리카	2
아시아	143
동유럽 및 러시아	54
북미	114
남미	5
서유럽 및 중부유럽	125

출처: 세계원자력협회

4. 원자력 발전의 EU 택소노미 포함과 폴란드의 적극적인 원자력에너지 정책

'택소노미(Taxonomy)'란 "환경에 친화적인 영향을 지니는 경제활동의 기준 체계"이다. EU 택소노미의 목표는 '녹색' 활동을 향한 투자 증진, 즉 지속가능한 금융을 발전시키는 것이다.

2020년에 EU 분류체계를 마련하는 규정(EU Regulation 2020/852)이 발효되면서, EU 택소노미는 특정 기술이나 산업활동이 친환경인지 아닌지를 판별할 수 있는 기준을 제시함으로써 금융 투자 역시 기후 변화를 늦추는 방향으로 이루어질 수 있도록 유도하는 것을 주된 목표로 삼고 있다. 산업 전반에 탄소 배출량을 줄이는 직접적인 규제 외에도 탄소 배출이 많은 산업활동에는 금융 지원 및 투자를 점진적으로 끊는 간접적인 규제를 동시에 실행하는 것이다. 다시 말해, EU 택소노미는 2050년까지 탄소 중립을 이룬다는 EU 집행위의 야심찬 목표를 이루는 데 필요한 수단 중 하나가 될 것이다. EU 택소노미는 지속가능한 녹색 경제활동에 자금이 투자되도록 유인하기 위해 환경적으로 지속가능한 경제활동을 정의 및 판별하는 수단으로 2020년 7월에 발효되었으며, 환경적으로 지속가능한 경제활동의 기준과 환경목표 등을 설정하였다.

EU 택소노미의 환경적으로 지속가능한 경제활동 기준은 다음과 같다.

- 6개의 환경 목표 중 하나 이상의 목표 달성에 실질적 기여
- 다른 환경 목표에 중대한 피해가 없음(Do No Significant Harm, DNSH)

- (ILO 기본노동협약 같은) 최소한의 사회적 안전장치 준수
- 기술심사 기준(TSC) 부합

이외에 EU 택소노미의 환경 목표는 다음과 같다.

- 기후변화 완화
- 기후변화 적응
- 수자원과 해양자원의 보호와 지속가능한 이용
- 순환경제와 폐기물 저감과 재활용
- 오염 방지와 통제
- 건강한 생태계 보호

EU 택소노미의 도입으로 EU 회원국은 녹색 금융상품 인증제도나 녹색 의무사항 등에 관한 정책을 마련해야 한다. 또한 기업은 매출 발표 시 지속가능한 활동에 대한 투자와 지출을 함께 명시해야 하며(500명 이상 규모 회사는 이미 의무적으로 환경 기여를 발표해야 함), 여기에는 시중 금융회사뿐만 아니라 중앙은행 등 금융관리당국 및 보험회사 모두가 해당된다.

EU 내에서 원자력 발전이 확대되기 위해서는 EU 택소노미에 원자력 발전이 포함되어야 EU 금융기관 및 금융회사가 원자력 발전 사업에 대출 혹은 투자를 할 수 있게 된다. 따라서 원자력 발전의 EU 택소노미 포함여부는 탄소배출이 없어 기후변화대응에 유리한 원자력 발전이 EU에서 확

대되기 위한 중요한 조건이었다.

2022년 2월 2일 EU집행위원회는 오랜 논의 끝에 EU가 원자력 발전과 천연가스에 대한 투자를 환경·기후친화적인 녹색으로 분류하기로 하는 규정을 확정·발의하였다 그리고 2022년 7월 6일 유럽의회는 원자력·천연가스 투자를 친환경 경제활동으로 분류한 EU 집행위원회의 EU 분류체계(Taxonomy) 보완 기후위임법률(Complementary Climate Delegated Act)을 최종적으로 채택하였다. 이에 따라서, 원자력과 천연가스가 포함된 EU 분류체계 보완 기후위임법률은 2023년 1월 1일 부터 시행될 예정이다.

원자력 발전에 대한 EU 택소노미 포함에는 EU 회원국 간에 이견이 있어왔다. 프랑스, 핀란드, 폴란드, 체코, 불가리아, 크로아티아, 헝가리, 슬로바키아, 슬로베니아, 루마니아 등의 EU 회원국은 원자력 발전의 EU 택소노미 포함에 찬성을 하여 왔다. 독일, 룩셈부르크, 포르투갈, 덴마크, 오스트리아 등의 EU 회원국은 원자력 발전의 EU 택소노미 포함에 반대해 왔다. EU 회원국 간에 원자력 발전에 대한 이견은 프랑스와 독일이 상호 이해관계가 있는 원자력 발전과 천연가스를 EU 택소노미에 포함시키는데 의견을 접근하면서 문제가 해결되었다.

2022년 2월 2일 맥기니스(McGuinness) EU 금융서비스 담당 집행위원은 택소노미 규정 확정을 발표하는 연설에서 원자력과 관련해서 그동안 안전 기준과 폐기물 관리에 있어 많은 기술 진전이 있었으며 천연가스 역시 오염물질 배출 기준에 대한 엄격한 기준과 저탄소 연료와 경쟁할 수 있는 수준으로 오염물질 배출량을 낮춘 발전시설이 마련됐다며 천연가스와 원자력 발전을 녹색에너지로 분류한다고 밝혔다. EU 택소노미에 원자력 발전과 천연가스가 포함되면서, EU 금융기관 및 금융회사가 원전 발전 또는 천연가스에 대출이나 투자를 할 수 있는 길이 열리게 되었다.

  EU 택소노미에 원자력 발전이 포함된 이후 유럽 최대 원자력 발전 운영국가인 프랑스와 체코, 폴란드가 적극적인 원자력 발전 확대정책을 펼치고 있다.

  EU 택소노미에 원자력 발전이 포함되자마자, 프랑스 마크롱 대통령은 2022년 2월 10일 프랑스 동부 소도시 벨포르의 원자력 발전용 터빈 공장에서 "2028년부터 신규 원자로 6기의 건설을 시작하고, 2035년에 새 원전의 첫 가동을 시작하겠다."고 발표하였다. 또한 마크롱 대통령은 "6기 신규 원전에 더해 8기를 추가 건설하는 방안도 검토하겠다."고 밝혔다. 프랑스가 원자력 발전을 확대하는 정책 드라이브를 강화하고 있는 이유는 2050년까지 탄소 순(純) 배출량 제로(0)를 달성하고, 전기에너지를 싸고 안정적으로 공급하려면 원자력 발전 외엔 선택지가 없다고 판단했기 때문이다. 프랑스는 전기차 보급과 산업 현장의 석탄 퇴출로 전기 수요가 향후 10년간 30% 이상 급증할 것으로 예상하고 있다.

  체코 정부도 한수원, EDF, 한국수력원자력, Westinghouse을 대상으로 안전성 평가를 진행한 후 2022년 3월 프로젝트 입찰을 공식 승인했으며, 2024년 공급업체 선정, 2029년 건설허가 승인, 2036년 가동을 목표로 설정하였다. 체코전력공사(CEZ)는 상기 후보 기업들이 2022년 11월 말까지 예비 입찰서를 제출하면, 최종 낙찰자 선정까지 20개월이 소요될 계획이라고 설명하였다.

EU의 신규 산업국가이며 폴란드 역시 적극적인 원자력 발전 확대정책을 실행하고 있다. 한국 원전 수출 전담조직(팀코리아) 및 프랑스 EDF는 폴란드 최초 원전 프로젝트 수주를 위해 폴란드 현지기업과 상호 협력을 위한 양해각서를 2022년 6월 22일과 30일에 각각 체결하였다.

팀코리아(한국수력원자력·한전기술·한전원자력연료·한전KPS·두산에너빌리티·대우건설)는 9개의 폴란드 엔지니어링·전기·설비·제조·정비업체들과 양해각서를 체결하였다. 한국수력원자력은 폴란드 3개 기업(ILF, BAKS, RAFAKO)과 공급망 구축, 소통 채널 구축, 연구분야 상호협력에 관한 협약을 체결하였다. 또한 한전을 포함한 나머지 기업들은 엔지니어링·기계·전기·건설 분야의 폴란드 6개 기업(ZRE Katowice, Ethos Energy Poland, Monta Materials Handling, ZARMEN, Polimex Mostostal, EPK)과 원전 분야 협력 협약을 체결하였다. 폴란드 매체인 ISBNews에 따르면, 한전원자력연료는 폴란드 원전 프로젝트 수주를 조건으로 폴란드에 핵연료 기술이전 의사를 표명하였다.

프랑스 EDF의 폴란드 현지 파트너기업은 Polimex Mostostal(폴란드 엔지니어링 및 건설 기업), Sefako(발전용 보일러 제조업체), Tele-fonika Kable(케이블 및 와이어 제조업체), Uniserv(수냉각계통 및 산업굴뚝 전문제조업체), ZRE Katowice(기술 엔지니어링 기업)이다. 프랑스 EDF의 폴란드 5개 현지 업체는 폴란드 내 EPR 보급에 참여할 수 있는 입찰참가 자격 사전심사(Pre-qualification)를 통과하였다. 과거에도 EDF는 폴란드 현지기업 Dominion Polska(건설 기업), Rafako(석유, 가스, 에너지 EPC 서비스 제공업체), Zarmen(산업 플랜트 건설 조립 서비스 회사), Egis Poland(설계 및 엔지니어링 회사), Energomontaż-Północ Gdynia(철강제조업체)와 협력협정을 체결(2021.12)한 바 있었다.

그런데 한국정부와 한국기업의 폴란드 원자력 발전 수주에 대한 기대가 부풀어 있을 때, 미국 원전업체 웨스팅하우스는 2022년 10월 21일 컬럼비아 특구 연방지방법원에 한국형 원자로 APR-1400 수출을 제한해달라는 취지의 소송을 한국수력원자력(한수원)과 한국전력(한전)을 상대로 제기하였다. 웨스팅하우스 측은 APR-1400이 자사 기술을 기반으로 만들어졌기 때문에 한수원이 이를 다른 나라에 수출하려면 미국 에너지부(DOE)와 자사 승인을 받아야 한다고 주장하였다. 한국형 원자로 APR-1400은 웨스팅하우스가 지난 2000년 인수한 미국 컴버스천 엔지어니링의 원자로 '시스템 80' 디자인을 바탕으로 제작된 것으로 알려져 있다. 웨스팅하우스는 APR-1400 원천 기술에 대한 자사의 지식재산권(IP)을 꾸준히 주장해왔고, 한전과 웨스팅하우스는 2017년부터 APR-1400의 지적재산권을 두고 갈등을 겪고 있지만 아직 완전히 매듭짓지 못하고 있다.

한미 간 기술교류 채널인 한미 원자력고위급위원회(HLBC)가 2018년 8월 이후 가동이 중지된 것도 양국의 IP에 대한 이견이 좁혀지지 않은데 그 배경이 있다. 웨스팅하우스 사장단은 2022년 6월 방한해서 한수원 사장, 한전 사장과 면담을 갖고 원전시장 공동진출 협력 방안을 논의했지만,

공동선언문 서명 행사를 돌연 취소하기도 하였다.

이와 같은 상황에서 마테우슈 모라비에츠키(Mateusz Morawiecki) 폴란드 총리는 2022년 10월 28일 트위터에 "카멀라 해리스(Kamala Harris) 미국 부통령 및 제니퍼 그랜홈(Jennifer Granholm) 에너지부 장관과 회담을 가진 뒤 원전 프로젝트에 안전한 웨스팅하우스 기술을 이용하기로 확정했다."고 밝혔다. 그랜홈 장관은 "러시아에 대서양 동맹이 하나로 뭉쳐 에너지 공급을 다변화하고 에너지 무기화에 대항한다는 것을 보여주는 선명한 메시지"라고 발표하였다. 폴란드 정부가 발주한 폴란드의 원전 1단계 사업자 선정에서 시공능력보다는 러시아의 우크라이나 침공에 따른 안보문제가 큰 고려대상이 되었음을 알 수 있다. 한국수력원자력은 이번 폴란드 원전 1단계 사업에서 탈락하긴 했지만 폴란드 원전 건설 과정에서 웨스팅하우스와 협력할 가능성이 높다. 웨스팅하우스에 비해서 한국수력원자력이 원자력 발전소 건설의 시공능력이 앞서기 때문이다.

〈표-3〉 폴란드 원전사업 현황

구 분	1차 (정부 주도)	2차 (민간주도)
지 역	루비아토보 · 코팔리	퐁트누프
설비용량	3.6~5.4GW(6기)	미정
진행사항	미국 웨스팅하우스 사업자 선정	한국수력원자력 LOI 체결

출처: 매일경제

한편 폴란드 정부가 주도하였던 폴란드 원전 1단계 사업에서 한국기업이 고배를 마셨던 상황과는 다르게, 민간주도의 폴란드 원전 2단계 사업인 폴란드 퐁트누프 지역에 원전을 짓는 사업에서는 한국수력원자력이 폴란드 최대 민간발전사 제팍(ZEPAK), 폴란드전력공사(PGE)와 2022년 10월 31일 사업의향서(LOI)에 서명하였다. 폴란드 원전 2단계 사업은 민간 주도 사업으로 폴란드 정부의 '에너지정책 2040'에 포함된 원전 건설 프로젝트를 보완하는 성격이다. 한국수력원자력과 제팍, 폴란드전력공사 간의 사업의향서(LOI)는 법적 구속력이 없지만 폴란드 정부가 본계약 전까지 경쟁 입찰을 부치지 않기로 하여서, 사실상 한국기업이 선정된 상태로 볼 수 있다. 다만, 본 계약까지는 2년 정도가 소요될 수 있으며, 이 사이에 여러 변수가 발생할 여지가 있다. 또한 폴란드 원전 2단계 사업은 아직 원전 건설 예산, 공정 등의 기본 계획이 수립되지 않아 건설용량이나 사업비는 확정되지 않았다. 예상대로 한국기업이 폴란드 원전 2단계 사업을 수주할 경우, 유럽으로의 첫 원전 수출로, 아랍에미리트(UAE) 바라카 원전 이후 13년 만에 한국형 원전(APR1400)을 수출하는 것이다. 그리고 한국정부는 폴란드 원전 2단계 사업에 대해서 1.4GW 원전 2~4기로 사업규모를 추정하고 있다. UAE 바라카 원전 4기 건설비용이 1기당 약 5조 원이었음을 감안하면 대 20조 원 이상의 수주가 예상되고 있다.

5. 천연가스 공급에서 에너지 안보문제

EU는 2006년, 2009년, 2014년 러시아-우크라이나 간의 천연가스 분쟁으로 러시아로부터 EU 회원국으로 천연가스 공급에 차질이 발생했던 경험이 있다. 또한 2014년 러시아의 크림반도 강제병합 이후 EU는 러시아에 경제제재 조치를 실시하였고 이를 지속적으로 연장하였다. 그러나 2020년 러시아에 대한 EU의 천연가스 의존도는 2014년에 비해서 감소하지 않았다.

EU 천연가스 수입에서 러시아가 차지하는 비중은 2010년에 30.6%, 2011년에 32.2%, 2012년 31.9%, 2013년 36.6%, 2014년 33.3%, 2015년 33.6%, 2016년 39.6%, 2017년 38.4%, 2018년 37.9%, 2019년 38.0%, 2020년 38.2%였다.

〈표-4〉 EU 천연가스 수입에서 수입원별 수입 비중 (PNG와 LNG)

단위: %

연도	2010	2011	2012	2013	2014	2015	2016	2017	2018	2019	2020
러시아	30.6	32.2	31.9	36.6	33.3	33.6	39.6	38.4	37.9	38.0	38.2
노르웨이	19.3	19.4	21.1	19.0	21.0	20.7	16.3	16.6	16.1	14.7	18.5
알제리	13.1	12.2	12.1	11.1	10.5	9.5	12.3	10.5	10.8	7.2	7.5
카타르	5.4	5.1	3.9	3.4	3.0	3.3	3.0	3.8	4.2	5.0	4.2
미국	0.0	0.0	0.0	0.0	0.0	0.0	0.0	0.1	0.4	0.6	2.9	4.0
영국	3.3	3.6	2.9	2.5	2.7	3.4	2.5	2.3	2.2	2.5	3.4
나이지리아	3.8	3.8	2.9	1.5	1.3	1.8	2.0	2.5	2.6	3.3	3.0
리비아	2.6	0.6	1.7	1.5	1.9	1.9	1.3	1.1	1.1	1.3	1.1
기타	22.0	23.1	23.3	24.4	26.3	25.9	23.0	24.5	24.6	25.1	20.1

출처: EU집행위원회

반면에 2014년 이후 EU의 천연가스 수급에서 노르웨이가 차지하는 비중은 2019년까지 감소하였다가 2020년에 증가하였다. 2014년 이후 EU의 천연가스 수급에서 알제리가 차지하는 비중은 2016년까지 증가하였다가 2016년 이후 2020년까지 감소 추세에 있었다. EU 천연가스 공급에서 1위를 차지하고 있는 러시아와 2위를 차지하고 있는 노르웨이 사이의 격차는 2014년보다 2020년에 더 벌어지게 되었다. EU천연가스 수입에서 노르웨이가 차지하는 비중은 2010년 19.3%, 2011년 19.4%, 2012년 21.1%, 2013년 19.0%, 2014년 21.0%, 2015년 20.7%, 2016년 16.3%, 2017년 16.6%, 2018년 16.1%, 2019년 14.7%, 2020년 18.5%였다. 그리고 알제리가 차지하는 비중은 2010년 13.1%, 2011년 12.2%, 2012년 12.1%, 2013년 11.1%, 2014년 10.5%, 2015년 9.5%, 2016년 12.3%, 2017년 10.5%, 2018년 10.8%, 2019년 7.2%, 2020년 7.5%였다.

한편 EU의 천연가스 공급에서 미국의 역할은 점차 강화되는 추세에 있다. 2016년 EU천연가스 수입에서 0.1%의 비중을 차지하고 있었던 미국은 2020년 EU의 천연가스 수입에서 4%의 비중을 차지하고 있다.

소련에서 서유럽 국가로 천연가스를 수입하는 구상은 이탈리아의 국영에너지 기업인 ENI가 1966년에 최초로 시도하였다. 그러나 당시 서방 진영에서 안보위협에 대한 문제가 제기되면서 협상은 실패하였다. 따라서 소련의 천연가스를 유럽국가로 공급하는 최초의 천연가스 파이프라인인 브라더후드(Brotherhood) 파이프라인은 당시 사회주의 진영이었던 체코슬로바키아까지만 도달하는 것으로 1967년에 건설되었다.

이후 1968년 오스트리아의 에너지기업인 OMV가 소련과 천연가스 도입을 위한 장기계약을 체결하였다. 본격적으로 소련의 천연가스가 서방으로 수입된 계기는, 1970년에 서독의 루르가스(Ruhrgas)가 소련과 천연가스 도입 계약을 체결한 것이었다. 1973년에 이르러서는, 소련의 천연가스가 서독, 프랑스, 핀란드까지 수출되기에 이르렀다.

이후 냉전이 종식되면서, 자국의 저가 에너지 정책에 고통을 받던 러시아의 가즈프롬(Gazprom)이 적극적으로 서유럽으로 가스 수출을 시작하였다. 그 결과 러시아에서 서유럽으로 가스수출은 1973년 68억 입방미터에서 1990년 1,100억 입방미터로 확대되었다. 러시아 천연가스가 EU 천연가스 시장에서, 높은 시장점유율을 차지할 수 있었던 주요요인은 러시아 천연가스의 가격경쟁력이었다. 러시아의 천연가스는 서유럽의 주요 천연가스 공급국의 하나인 알제리의 천연가스에 비해 해마다 10-20% 낮은 가격으로 서유럽 지역으로 수출되었다. 이와 같은 환경 속에서 서유럽 국가의 러시아에 대한 천연가스 의존도는 냉전 종식 이후 점차 심화되었다.

〈그림-11〉 현재 유럽 내 주요 천연가스 파이프라인

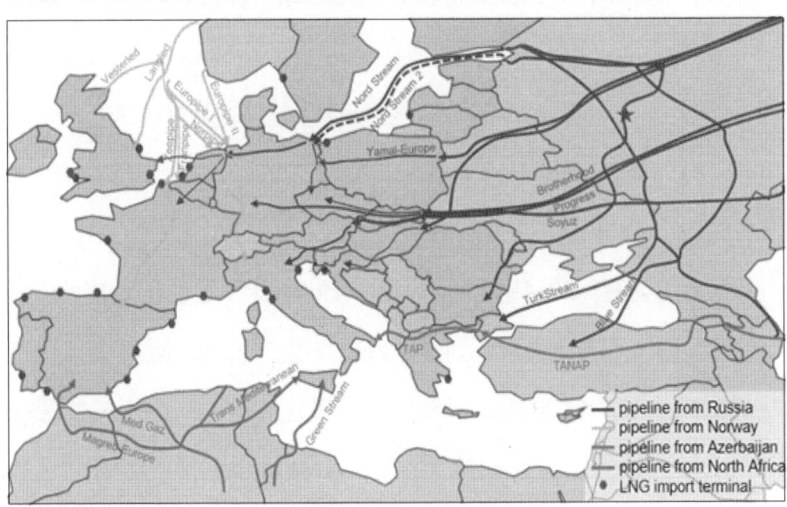

출처: 미국 에너지 관리청

러시아는 EU 최대의 천연가스와 석유 공급국가이다. BP의 자료에 따르면, 2020년 러시아는 EU 천연가스 공급의 36%의 비중을 차지하고 있다. 러시아는 EU 회원국에 144.9 bcm(Billion cubic meters, 10억 입방미터)의 파이프라인 천연가스(PNG: Pipeline Natural Gas)를 공급하였고, 14 bcm의 LNG(액화천연가스 Liquefied Natural Gas)를 공급하였다.

EU의 천연가스 공급이 러시아를 중심으로 이루어지게 된 이유 중 하나는 러시아가 EU에 인접하여 파이프라인을 통해서 EU에 천연가스를 공급할 수 있다는 점이다. EU는 파이프라인을 통해서 러시아, 노르웨이, 알제리, 리비아, 아제르바이잔으로부터 천연가스를 공급받고 있다. 러시아로부터 EU로의 천연가스 공급은 천연가스 공급은 벨라루스를 통과하는 야말-유럽(Yamal-Europe) 파이프라인, 우크라이나를 통과하는 소유즈(Soyuz), 브라더후드(Brotherhood), 프로그레스(Progress) 파이프라인, 해저를 통해서 독일과 직접 연결되는 노드 스트림(Nord Stream) 파이프라인이 있다. 그런데 노르웨이로부터 연결된 천연가스 파이프라인을 제외하고 EU 회원국과 연결된 천연가스 파이프라인은 잠재적인 분쟁의 문제에 항상 노출되어 있다.

2006년, 2009년, 2014년 러시아-우크라이나 간의 천연가스 분쟁으로, 러시아로부터 우크라이나를 통과해서 EU로 천연가스를 공급하는데 문제가 발생했었다. 또한 2021년 12월 말 러시아는 벨라루스, 폴란드를 통해 EU에 천연가스를 공급하는 야말-유럽(Yamal-Europe) 천연가스 파이프라인에 천연가스 공급을 중단하였다. 2018년 착공된 노드스트림 II 파이프라인은 2022년에 개통이 예상되었다. 그러나 러시아의 우크라이나 침공 이후 EU와 미국은 러시아에 대한 경제제재를 실행하면서 노드스트림 II의 2022년 개통은 불확실하게 되었다. 러시아 아나파(Anapa) 근처 루스카야 압축 설비(compressor station)로부터 흑해(Black Sea)를 통과하여 터키 키일쾨이(Kıyıköy)와 유럽을 연결하는 930km 거리의 천연가스 파이프라인인 투르크스트림(TurkStream)이 2020년 1월 8일부터 운영을 개시하였다. 그리고 터키와 더불어 남동부와 중동부유럽의 국가들인 불가리아를 시작으로, 헝가리, 슬로바키아, 오스트리아, 세르비아, 보스니아-헤르체고비나 6개국이 투르크스트림을 통하여 러시아산 가스를 공급받고 있다.

알제리에서 생산된 천연가스는 모로코를 통과하여 스페인으로 연결되는 마그레브-유럽(Maghreb-Europe) 파이프라인, 알제리에서 스페인으로 직접 연결되는 메드가즈(MedGaz) 파이프라인, 알제리에서 튀니지를 거쳐 이탈리아로 연결되는 Trans Mediterranean 파이프라인으로 EU로 운송된다. 그런데 알제리와 모로코의 관계 악화로 2021년 8월 24일 알제리는 모로코와 국교 단절을 선언하였고, 2021년 11월 1일부로 모로코를 통과하는 마그레브-유럽(Maghreb-Europe)을 통한 천연가스 공급을 중단하였다. 아제르바이잔의 천연가스를 러시아를 경유하지 않고, 조지아와 터키를 통과하여 유럽에 공급하는 트랜스 아나톨리아 천연가스 파이프라인(TANAP)의 개통식이 2019년 11월 30일에 열렸다. 그리고 그리스, 알바니아, 아드리아해를 거쳐서 이탈리아 남부와 연결되는 트랜스 아드리아 파이프라인이 2020년 11월 15일부터 운영이 시작되었다.

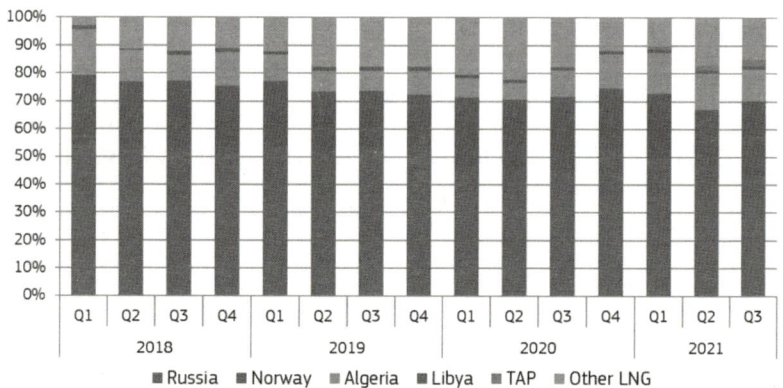

〈그림-12〉 EU 천연가스 수입에서 공급원별 비중

출처: EU집행위원회

러시아로부터 지속적으로 발생되는 천연가스 공급의 안정성 문제를 해소하기 위해서, EU국가들은 러시아를 통과하지 않는 천연가스 파이프라인 건설 프로젝트를 추진하였다. 대표적인 사례가 2002년부터 추진되었던 나부코(NABUCCO) 프로젝트였다. 나부코 파이프라인은 카스피해, 이라크, 이란 등의 천연가스를 터키, 불가리아, 루마니아, 헝가리, 오스트리아를 거쳐 유럽으로 공급하는 것을 목표로 하였다. 그러나 나부코 프로젝트의 난황 속에서 2012년 영국의 BP가 나부코 프로젝트에서 탈퇴하였다. 그리고 2013년 3월 1일 독일의 RWE가 나부코 프로젝트에서 탈퇴하고 오스트리아 에너지그룹 OMV가 RWE가 가지고 있었던 나부코 프로젝트 지분 17%를 인수하였다. 그러나 2013년 나부코 프로젝트는 아제르바이잔의 샤 데니즈 II(Shah Deniz II) 가스전으로부터 가스공급 확보에 실패하면서 무산되었다.

EU 천연가스 공급에서 안정성을 확보하기 위해서 러시아를 제외한 주변국에서 PNG 공급을 늘리는데 경제적 혹은 국제정치적으로 한계가 발생한 상황에서 다른 대안은 PNG에 비해 가격이 비싸지만 LNG 도입을 확대하는 것이다.

EU에서 LNG수입은 2018년 4월과 2021년 4월을 비교하였을 때, 2.5배 상승하였다. 월별 LNG수입은 2018년 4월 4bcm 수준에서 2021년 4월 9bcm 수준으로 확대되었다. 특히 미국에서 LNG 수입이 2018년 10월 이후 비약적으로 확대되어서, 현재 미국은 EU최대 LNG 공급국가가 되었다. 그런데도 미국에서 도입되는 천연가스가 2020년 EU 천연가스 수입에서 차지하는 비중은 4%밖에 되지 않았다. 반면에 2020년 EU 천연가스 수입에서 러시아가 차지하는 비중은 38.2%였다. 미국에서 LNG 도입이 증가하고 있지만 이를 통해서 러시아 천연가스 도입과정에서 발생하는 불확실성을 해소하기에는 매우 부족한 상황이라고 볼 수 있다.

2018년부터 2020년까지 EU에서 LNG 공급이 차지하는 비중은 지속적으로 증가하였지만, EU에 도입되는 천연가스의 80% 이상이 PNG 방식을 통해서 도입되고 있다.

EU에 천연가스가 PNG 방식으로 주로 도입되는 요인 중 하나는 EU 회원국에 LNG 터미널 인프라가 갖추어진 국가들이 그리스, 몰타, 이탈리아, 스페인, 포르투갈, 프랑스, 벨기에, 네덜란드, 폴란드, 리투아니아 등에 불과하다는 점이다. 러시아 천연가스 수입 의존도가 50%가 넘는 독일의 경우, 현재 LNG 터미널을 운용하지 않고 있다.

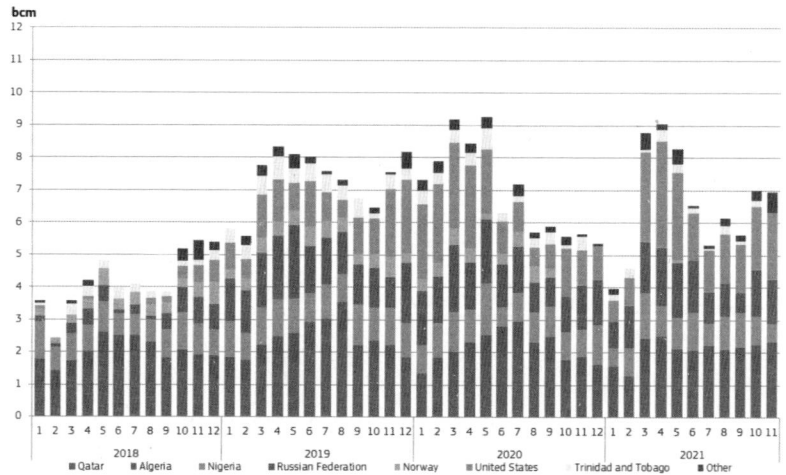

〈그림-13〉 주요 공급국가별 EU 월별 LNG수입 (2018-2021)

출처: EU집행위원회

대부분의 EU 회원국에 LNG 터미널이 없는 이유는 LNG시장가격이 PNG시장가격보다 높아서, 러시아, 노르웨이, 알제리 등의 국가로부터 파이프라인으로 천연가스 조달이 용이했던 EU 회원국은 주로 PNG 방식으로 천연가스를 공급받았기 때문이다.

이와 같은 상황에서 안보문제가 발생했을 때, 천연가스 수급이라는 문제 앞에서 관련 일부 EU 회원국은 러시아에 강한 입장을 밝히는데 부담을 갖게 되었다. 또한 경제적인 이익이라는 현실 앞에서 대러시아 공동전선을 펼치는 것이 현실적으로 어려웠다. 러시아로부터 EU내 최대 천연가스 소비국인 독일로 직접 천연가스를 해상 파이프라인을 통해서 운송하는 '노드스트림 I' 파이프라인이 2011년에 개통되었다.

〈그림-14〉 EU의 LNG 인프라

출처: EU집행위원회

그리고 독일뿐만 아니라 서유럽 에너지기업들이 노드스트림 I 운영에서 이익을 얻고 있었다. 노드스트림 I의 지분은 세계 최대의 천연가스 공급업체인 러시아의 Gazprom, 독일의 천연가스 및 석유 생산기업인 Wintershall DEA AG, 독일의 에너지기업인 E.ON, 네덜란드의 에너지 네트워크 운영사인 Gasunie, 프랑스의 에너지기업인 ENGIE가 보유하고 있다.

그리고 러시아에서 독일로 천연가스 해상운송 규모를 확대하려는 '노드스트림 Ⅱ' 파이프라인이 2018년 3월에 착공되었다. 러시아의 우크라이나 침공 이전부터 미국은, 러시아에서 독일로 해저 파이프라인을 통해서 천연가스를 운송하는 '노드스트림 Ⅱ' 파이프라인이 유럽의 대러시아 천연가스 의존도를 증가시킬 것이라는 점과 러시아에서 EU 회원국들로 천연가스를 공급하는 기존 가스관이 통과하는 우크라이나의 에너지 상황이 악화될 것이라는 점 등을 우려하여, 독일정부에 사업 중단을 촉구해왔지만 독일정부는 러시아의 우크라이나 침공 직전까지 이에 반발하였다.

도널드 트럼프(Donald Trump) 행정부는 노드스트림 Ⅱ가 개통하면, 독일을 비롯한 유럽의 러시아 에너지 의존도가 심각해지고, 이는 곧 유럽에 대한 러시아의 영향력을 확장하는 무기가 될 수 있다고 지적하며, 노드스트림 Ⅱ 사업에 참여하는 기업에 제재를 가하겠다고 경고했다.

그러나 미국 트럼프 행정부에서 바이든(Joe Biden) 행정부로 정권교체가 된 이후 노드스트림 Ⅱ에 대해서 원칙적인 비판이 이어졌지만, 유럽의 주요 동맹국인 독일과의 단합이 중요하다고 판단한 바이든 행정부는 실질적으로 어쩔 수 없다는 입장으로 변화해 갔다. 토니 블링컨(Tony Blinken) 미 국무장관은 2021년 6월 7일 미국 하원 외교위원회에서 '노드스트림 Ⅱ' 완공을 기정사실로 받아들이고 있다고 언급하였다. 결국, 미국과 독일은 2021년 7월 21일 "노드스트림 Ⅱ 완공에 합의했다."고 공동성명을 발표하였다. 물론 미국 정부는 노드스트림 Ⅱ가 우크라이나 등 주변국을 압박하는데 악용될 경우 제재하겠다는 경고를 이어 나갔다.

2021년 9월 노드스트림 Ⅱ가 완공되었지만, 2022년 2월 22일 독일정부는 2022년 2월 21일 푸틴 러시아 대통령이 우크라이나 동부 돈바스 지역 친러 국가들의 독립을 승인하고 '평화유지'라는 명목을 빌미로 출병을 결정하자, 노드스트림 II 사업의 중단을 발표하였다.

러시아는 우크라이나 침공 이후 서유럽에 대한 러시아의 천연가스 공급을 줄여가면서 자국의 에너지자원을 자원 무기화하였다. 노드스트림 I의 최대 지분을 가진 러시아의 에너지기업 가스프롬은 2022년 6월 15일 러시아의 대유럽 천연가스 공급에서 30%의 비중을 차지하는 노드스트림 I을 통한 독일로의 공급축소를 발표하였다. 노드스트림 I 파이프라인을 통한 천연가스 공급축소에 그치지 않고 가스프롬은 2022년 7월 11일부터 7월 21일까지 노드스트림 I 천연가스 파이프라인을 통한 천연가스 공급을 정기점검을 이유로 중단하였다. 그리고 가스프롬은 2022년 8월 30일부터 3일간 노드스트림 I 천연가스 파이프라인 점검을 이유로 다시 공급중단을 발표하였다. 그러나 가스프롬은 노드스트림 I 파이프라인 점검 중 가스누출이 발견되었다면서, 노드스트림 I을 통한 천연가스 공급을 수리가 완료될 때까지 무기한 연장하였다. 그런데 2022년 9월 27일 노드스트림 천연가스 파이프라인 운영사인 노드스트림 AG는 발트해 연안에 있는 3개 해저 가스파이프라인이 "전례 없는" 손상을 입어 누출이 발생했다고 밝혔다. 그리고 2022년 9월 27일 폰 데어 라이엔 EU집행위원장은 노드스트림 I 파이프라인에 대한 사보타지가 노드스트림 I 파이프라인에서 가스누출을 일으킨 주요 원인으로 보인다고 언급하였다.

독일이 러시아로부터 도입하는 천연가스가 러시아와 러시아의 인접국가와의 분쟁에 따라서 영향을 받는 것을 방지하기 위해서 만든 해상파이프라인인 노드스트림에 대한 의존은 독일 및 EU의 에너지안보에 심각한 장애를 초래하고 있다.

이 같은 상황에 대해서 이미 폴란드는 인지하고 있었다. 폴란드는 독일과 러시아 간의 해상 천연가스 파이프라인인 노드스트림 I 프로젝트가 진행 중이던 2010년 1월 6일에 폴란드 외교장관인 라도스와프 시코르스키(Radosław Sikorski)는 폴란드 의회 외교위원회(foreign affairs committee)에 출석하여 "노트스트림 파이프라인 프로젝트는 유럽 소비자들의 돈을 낭비하는 것"이라고 지적하였다.

라도스와프 시코르스키 장관은 국방장관이었던 2006년에는 노드스트림 파이프라인이 1939년 나치 독일과 소련이 폴란드를 2차 세계대전 초반에 찢어 놓은 몰로토프-리벤트로프 조약(Molotov-Ribbentrop Pact)을 연상시킨다고 지적했었다. 여기에 대해서, 요하네스 라이텐베르거(Johannes Laitenberger) EU집행위원회 대변인은 "도움이 되지 않는(unhelpful)" 발언이라고 일축하였다. 물론 대변인은 EU 회원국은 자국의 에너지정책을 잘 조율해야 한다고도 언급하였다. 또한 독일 정치인들은 2006년 4월 30일 브뤼셀 방문 시에 본 발언에 대해서 불만을 표출했었다.

미국과 독일이 2021년 7월 21일 "노드스트림 II" 완공에 합의하자 러시아와 갈등을 빚고 있는 우크라이나와 폴란드가 곧바로 공동성명을 내고 반발했다. 우크라이나는 노드스트림 II 사업의 추진 단계부터 반발해왔다. 발트해 경유 가스관에 대한 서유럽의 의존도가 높아지면, 우크라이나 경유 가스관의 역할이 줄어들 것이기 때문이었다. 우크라이나는 특히 러시아와의 자국 경유 가스공급 계약시한이 2024년 종료되면 러시아가 우크라이나 경유 가스관 사용을 중단할 것을 우려하고 있다. 러시아 천연가스 파이프라인의 우크라이나 통과료로 한 해 20~30억 달러의 통과 수수료 이익을 얻어온 우크라이나로선 유럽행 천연가스 파이프라인의 경유국으로서의 지위를 잃는 것은 물론 막대한 경제적 손실을 입는 상황을 염려하지 않을 수 없었다. 노드스트림 I 건설 때와 마찬가지로 폴란드는 노드스트림 II 건설에도 반발하였다. 러시아에 대한 서유럽의 에너지 의존도가 높아지면 정치적으로 유럽의 대러시아 견제 전선이 흐트러질 수 있다는 우려를 폴란드가 했기 때문이었다.

실제 이 같은 폴란드의 우려는 현실이 되어서, 러시아는 우크라이나 침공을 전후하여 자국의 천연가스 자원을 자원무기화하고 있다. 과거 역사에서 러시아와 오랜 세월 갈등을 겪어 온 폴란드는 러시아에 대한 에너지 의존을 탈피하려고 노력을 기울여 왔다. 2006년 폴란드 정부는 러시아산 가스의존도 감축 및 가스 공급선 다변화를 위해 북부 발트해 연안에 위치한 독일 접경 항구도시인 스비누이스치에(Świnoujście)에 연간 처리용량 7.5bcm의 LNG 터미널 건설을 승인하였다. 이 LNG 터미널은 2011년 3월 23일 착공되어서, 2015년 12월 11일 LNG를 첫 반입하였다.

그리고 2017년 폴란드는 중동부유럽 국가 최초로 미국산 LNG를 도입하였다. 2017년 6월 7일, 폴란드는 미국 Sabine Pass LNG 수출터미널에서 출발한 LNG 1카고(95Mcm)를 자국 스비누이스치에 LNG 수입터미널에서 인도받았다. 폴란드 국영 석유 및 가스회사인 PGNiG는 2017년 4월 27일 미국 Cheniere Energy와 미국산 LNG 현물도입계약을 체결한 바가 있었다. 특히 2018년 12월 19일 PGNiG는 미국의 셈프라(Sempra) 에너지의 자회사인 Port Arthur(포트 아서) LNG는 연간 2.7bcm의 LNG를 20년간 폴란드로 공급하는 장기계약을 체결하였다.

〈그림-15〉 폴란드 스비누이스치에(Świnoujście) LNG 터미널

출처: World Energy

폴란드와 같이 러시아에 대한 에너지의존을 탈피하기 위해서 리투아니아는 2014년 12월 3일부터 클라이페다(Klaipeda) LNG 터미널을 가동하였다. 그리고 리투아니아는 2017년 8월 폴란드에 이어서 중동부유럽국가 중 두 번째로 미국산 LNG를 수입하였다.

〈그림-16〉 폴란드와 리투아니아 간 가스 파이프라인 개통

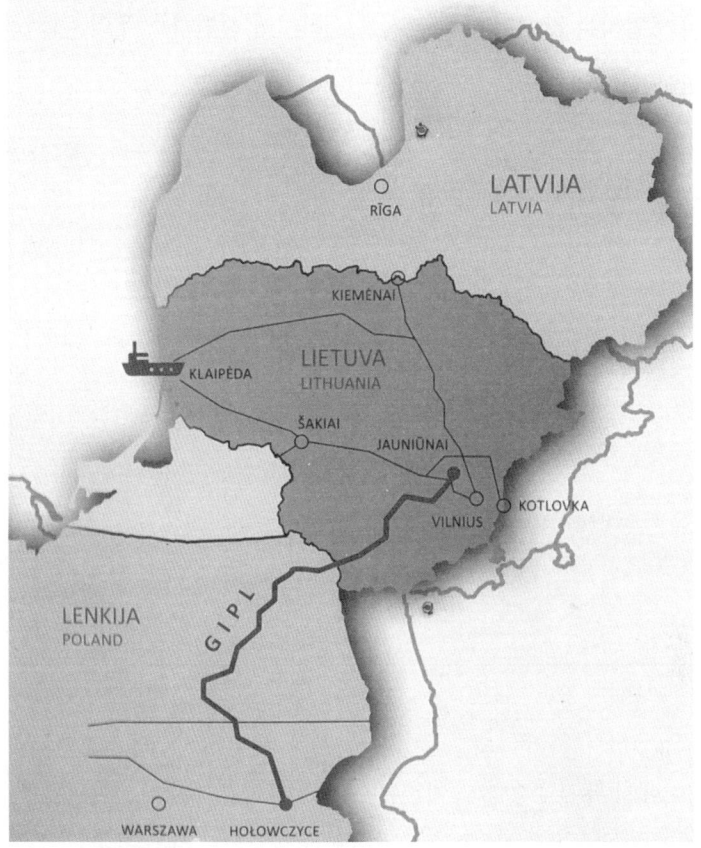

출처: EU집행위원회

 또한 리투아니아의 클라이페다 LNG 터미널에서 2022년 5월 1일부터 폴란드로 LNG 공급이 시작되었다. 이를 통해서 폴란드는 자국 내 스비누이스치에 LNG 터미널뿐만 아니라 클라이페다 LNG 터미널로도 해외 LNG를 도입할 수 있는 발판을 마련하였다.

폴란드는 LNG 터미널뿐만 아니라 노르웨이 천연가스를 파이프라인을 통해서 도입하는 것에 대해서 전적으로 러시아 천연가스에 의존한 상황을 탈피하려고 하고 있다.

〈그림-17〉 발틱 파이프 프로젝트

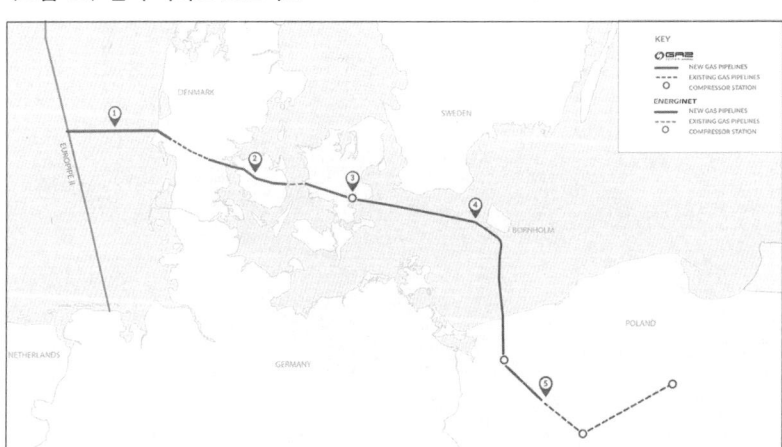

출처: Baltic Pipe Project

노르웨이에서 독일로 연결된 기존 천연가스 파이프라인에 덴마크를 통해서 폴란드로 이어지는 신규 파이프라인을 연결시키는 발틱 파이프 프로젝트(Baltic Pipe Project)가 2020년 착공되었다. 그리고 2022년 9월 27일 개통식을 가졌다. 900km 연장의 발틱 파이프라인은 총 건설비용으로 16억 유로가 소요되었고 이중 2억 6700만 유로를 EU가 지원하였다. 나머지 건설비용은 폴란드 천연가스 수송기업인 가즈시스템(Gaz-System)과 덴마크 전력청(Energinet)이 부담하였다. 본 파이프라인이 완전하게 가동되면 노르웨이에서 폴란드로 연간 10bcm의 천연가스 수송이 가능해지며, 폴란드에서 덴마크로 연간 3bcm의 천연가스 수송이 가능해진다. 발틱 파이프 프로젝트를 통해서 폴란드와 덴마크는 노르웨이 파이프라인 천연가스(PNG)와 폴란드의 LNG터미널로 도입되는 천연가스(LNG)를 서로 확보할 수 있게 되어서, 에너지안보 문제에서 이점을 갖게 된다.

이와 같은 폴란드의 노력에 힘입어, 2000년과 비교하여 2020년에 폴란드의 천연가스 수입은 2배 이상 증가하였지만, 폴란드 천연가스 공급에서 러시아가 차지하는 비중은 지속적으로 감소하였다. 특히 2015년 스비누이스치에 LNG 터미널 개통 이후, 폴란드는 카타르, 미국 등의 국가에서 LNG 도입을 지속적으로 확대하였다.

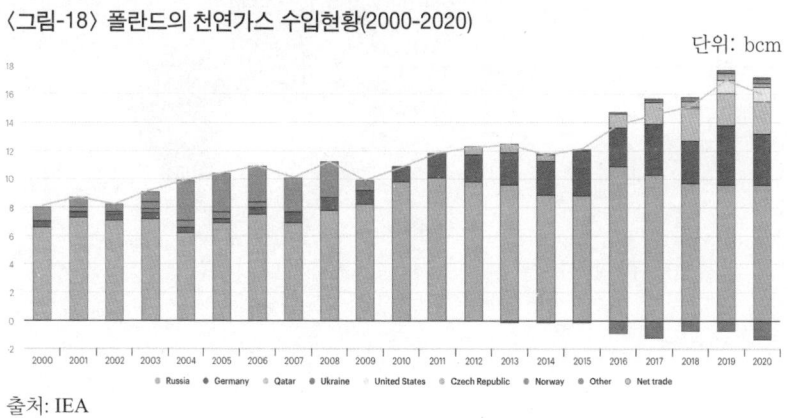

〈그림-18〉 폴란드의 천연가스 수입현황(2000-2020)

출처: IEA

폴란드 정부차원의 LNG 이용확대에 대한 노력에도 불구하고, 현재까지는 EU회원국 중에서 러시아에 대한 천연가스 공급 의존도가 큰 국가 중의 하나이다. 폴란드는 2021년 기준으로 전체 천연가스 수입의 54%를 러시아에 의존하고 있었다. 폴란드 2015년부터 LNG 터미널을 가동했지만 본격적인 러시아 천연가스 공급위기가 다가온 2021년 말까지도 러시아에 대한 천연가스 의존비중이 높았다.

〈그림-19〉 2021년 천연가스 수입에서 러시아 의존도

단위: %

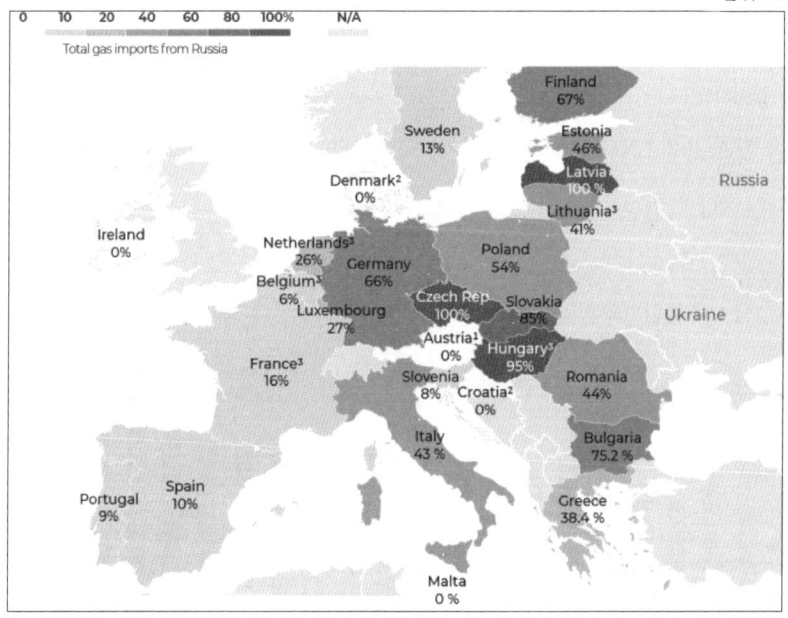

출처: Aljazeera

물론 폴란드의 천연가스 러시아 공급의존도는 인근 중동부유럽국가인 체코나 헝가리에 비해서는 양호한 편이다. 특히 노드스트림에 의존했던 독일에 비해서는 러시아에 대한 천연가스 공급의존도가 낮은 편이다.

6. 결론 및 한국에 주는 함의

폴란드는 러시아와 역사적으로 항상 안보문제에 직면하였고, 러시아의 지배를 받은 경험도 있었다. 그리고 제2차 세계대전 시기에 폴란드는 독일과 소련 간의 몰로토프-리벤트로프 조약(Molotov-Ribbentrop Pact) 때문에 국가가 양분되어서 소멸한 경험도 하였다.

1921년 자국의 영토였던 다샤바에서 천연가스전이 발견되었고 1920년대와 1930년대에 다샤바 천연가스전을 폴란드 내에서 연결시키는 천연가스 파이프라인이 건설되었다. 그러나 제2차 세계대전 독일과 소련이 폴란드 영토를 양분하고, 제2차 세계대전 이후 세계질서를 결정짓는 얄타회담에서 소련이 점령했던 폴란드 영토의 대부분이 소련의 영토로 인정되면서 폴란드는 다샤바 천연가스전을 상실하게 되었고, 다샤바 천연가스전과 폴란드 내 도시들을 연결시켰던 천연가스 파이프라인은 소련과 폴란드를 연결하는 국제 천연가스 파이프라인이 되어 버렸다.

1960년대 소련이 자국에서 생산하는 천연가스를 체코슬로바키아 등 중동부유럽국가로 연결할 때, 폴란드는 소극적이었다. 대신 자국 내 풍부한 석탄자원을 활용하였다. 석탄은 폴란드의 에너지안보에서 때문에 중요성을 갖는 자원이다. EU의 기후변화대응에 따라서 대부분의 EU 회원국은 석탄화력발전의 증설을 억제하고 있지만, 폴란드는 신규 화력발전소를 건설하고 있다. 그러나 EU의 기후변화대응에서 폴란드의 석탄화력 의존정책이 얼마나 지속될 수 있을지는 면밀하게 검토해야 한다. 특히 폴란드 탄소배출의 대부분이 석탄에서 나오고 있다는 점을 고려해야 한다.

EU 내 기후변화대응에서 재생에너지 이용이 확대되면서 독일 등의 EU 회원국은 천연가스 활용을 확대하였다. 특히 독일은 2011년 개통된 노드스트림 I을 통해서 러시아에서 독일로 해상 파이프라인을 통해서 천연가스를 직접 도입하였으며, 이를 더욱 확대하기 위해서 노드스트림 II를 추진하였고, 2021년에 완공되었다.

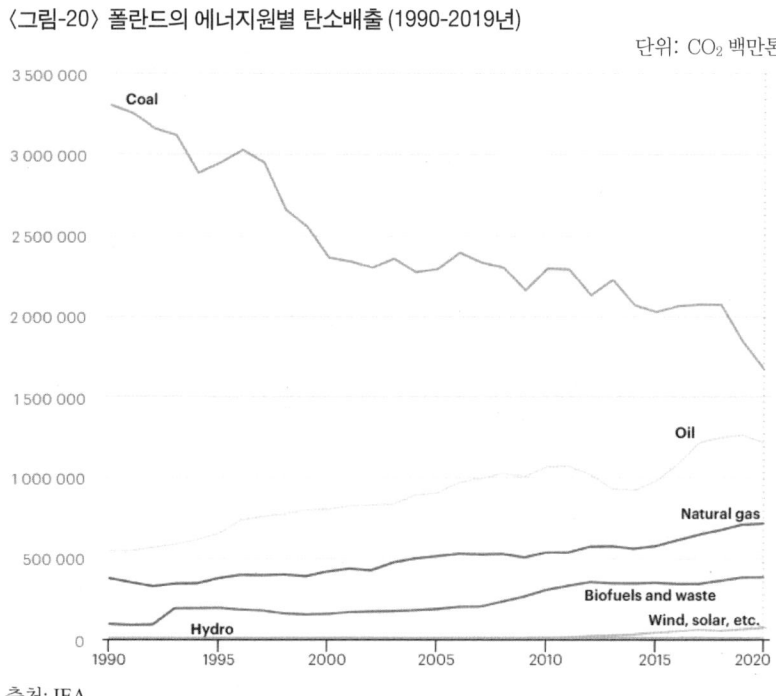

〈그림-20〉 폴란드의 에너지원별 탄소배출 (1990-2019년) 단위: CO_2 백만톤

출처: IEA

그러나 폴란드는 노드스트림 I과 노드스트림 II 파이프라인이 추진될 때부터, 러시아에 대한 에너지 의존은 결국 EU에 에너지안보 문제를 일

으킬 것이라면서 격렬하게 반대하였다. 그리고 값싼 러시아 천연가스 도입을 높이려던 독일과는 다르게, 폴란드는 자국 내 스비누이스치에 LNG 터미널을 건설하면서 러시아에 대한 천연가스 의존도를 지속적으로 감소시켜 왔다. 또한 리투아니아와 천연가스 파이프라인을 연결하여 리투아니아 클라이페다 LNG 터미널로 도입되는 천연가스 역시 확보할 수 있는 발판을 마련하였다. 그리고 러시아의 우크라이나 침공 이후 러시아는 서유럽에 대한 천연가스 공급을 감소시키거나 중단하면서 자국의 천연가스 자원을 자원무기화하였다. 폴란드와 독일의 대비되는 사례에서 볼 수 있듯이, 에너지자원에 대한 접근은 단순히 경제성뿐만 아니라 안보문제가 고려되지 않으면 치명적인 결과를 초래할 수 있다는 점을 인지하여야 한다.

특히 한국 역시 천연가스 수요가 급증하고 있는 국가로서, 천연가스 공급원을 다각화하기 위한 노력을 기울이고 있다. 현재 한국에 도입되는 천연가스 공급의 34%를 중동에 의존하고 있고, 호주에 20%를 그리고 미국에 14.5%를 의존하고 있다. 한때 한국도 러시아의 천연가스를 파이프라인으로 도입하는 방안을 검토했었다. 러시아의 천연가스를 파이프라인으로 도입하는 것이 가격경쟁력이 있었기 때문이다.

정부가 러시아로부터 천연가스를 도입하려는 시도는 이미 1990년대 초반부터 시작되었다. 양국 가스협력 모색의 시초는 노태우 정부가 북방정책을 추진하면서 한-러 정상회의에서 사하공화국 차얀다 가스전 공동개발의정서를 체결한 것이다. 이후 1994년 한-러 정상회의에서 양국은 공동예비타당성 조사를 실시하면서 사업이 구체화되는 듯하였으나, 가스 배관의 북한 통과로 인한 사업의 불확실성과 동토지역인 사하 지역의 열악한 인프라 및 사업 경제성에 대한 문제가 부각되면서 사업이 중단되었다. 이후 한-러 가스개발 공동협력은 1999년 김대중 정부시절 중국과 러시아 간에 추진 중이던 시베리아 동부 이르쿠추크 PNG사업에 한국이 참여의사를 타진하였고, 한국이 참여하게 되면서 재개되었다.

그리고 2000년 11월 한국-중국-러시아 3국은 이르쿠추크 PNG사업 공동타당성 조사 추진을 위한 협정서에 서명을 하고 2001년 1월부터 2003년 11월까지 사업의 타탕성 조사를 시작하였고, 그 결과로 만주리-선양-대련-서해-평택을 통과하는 가스배관 노선이 제시되었다. 하지만 러시아 정부가 한국, 중국과의 합의와 달리, 사업승인을 보류하고 가즈프롬이 주도하는 통합가스개발계획(UGSS: Unified Gas Supply System)을 2003년에 발표하면서 한국-러시아-중국 3국이 합의한 사업은 중단될 수밖에 없었다.

노무현 정부에서도 한-러 가스협력이 가스공동개발이 아닌 러시아 천연가스 국내 도입이라는 방향으로 시도되었는데, 2004년 9월 모스크바에서 개최된 한-러 정상회담에서 양국은 가스공급과 관련된 협력사업을 위해 양국 정부 간에 협정을 체결하기로 합의하였고, 2006년 10월 양국정부는 가스공급에 관련된 정부간 협력협정(Government Agreement)을 체결하였다. 협정문에서 양국정부는 가즈프롬과 가스공사를 PNG 공급의 정부 위임기관으로 지정하고, 이를 근거로 가즈프롬과 가스공사 간에 가스

협력의정서가 체결되었다. 그리고 2007년 12월에는 제8차 한-러 자원협력위원회에서 러시아 천연가스의 한국도입을 위한 가스공사와 가즈프롬 간의 공동연구 개시 등 PNG 도입을 위한 본격적인 협의가 시작되었다.

이명박 정부에서도 이러한 협력은 지속되었고, 2008년 8월 "한-러 에너지협력 액션플랜"이 서명되었고, 드디어 정부는 2008년 9월 29일 한-러 정상회의에서 북한을 경유하는 천연가스관을 통한 러시아 천연가스(PNG: Pipeline Natural Gas) 도입에 합의하고 가스공사와 가즈프롬 간의 양해각서를 체결하였다.

그러나 이후 남북관계 변화와 러시아와 미국과의 관계 변화에 따라서 러시아에서 북한을 통한 천연가스 도입에 관련된 논의는 중지되었다. 만일, 러시아의 천연가스가 북한을 통해 한국으로 도입되고, 한국이 값싼 러시아의 천연가스에 의존하는 상황이 발생했다면 한국은 러시아로부터 에너지 안보문제가 부각되는 상황에서 큰 혼란에 빠졌을 수 있다.

폴란드와 체코 등 중동부유럽의 신흥산업국가는 증대하는 전력수요를 충족시키기 위해서 원자력 발전소를 신규건설하거나 원자력 발전을 확대하려고 하고 있다. 그리고 기존의 중앙집중 형태의 원자력 발전소에 대한 관심과는 별도로, 소형 모듈형 원자로(SMR)에 대한 관심이 증대하고 있다. 중앙집중 형태의 발전소는 부지를 마련하기도 어렵고, 건설하는데 시간도 오래 걸려 비용문제가 발생할 수 있다. 특히 미국 텍사스의 정전사태와 중국의 집단 정전 사태에서도 볼 수 있듯이 중앙집중형 발전은 위험성이 따르고 있다. 발전소에 문제가 생기면 대규모 정전사태가 뒤따르기에 분산형 발전소의 수요가 높아지고 있다. SMR은 분산형 발전소 수요에 대한 요구를 충족시키면서 SMR에서 생산되는 고온의 열과 전기를 활용하면 수소 생산의 효율도 높일 수 있는 부수적인 효과도 거둘 수 있다.

영국 국립원자력 발전소에 따르면, 2035년 SMR이 전 세계에서 650~800기 가량 지어질 예정이다. 그리고 시장규모는 약 390조 원에 달할 것으로 전망되고 있다. 이에 따라서 미국과 중국, 러시아 등 강대국들은 SMR 사업에 본격적으로 진출하고 있고, 사우디아라비아와 폴란드, 체코 등의 국가들도 SMR에 관심을 보이고 있다. 한국도 SMR 사업에 대한 연구확대를 통해서 향후 전 세계에서 증대하는 SMR 수요에 선제적으로 대응할 필요가 있다.

또한 한국은 일본에 비해 미국과의 원자력 협정에서 큰 제약이 발생하고 있다. 원자력 발전에 사용되는 우라늄 핵연료는 4년 정도 사용하면 교체해야 한다. 그리고 핵연료를 교체하면 높은 열과 방사능을 내뿜는 사용후핵연료가 발생한다. 현재 한국은 원전마다 마련된 임시저장시설에서 열을 식히며 이를 보관 중인데, 이와 같이 임시저장시설이 곧 포화상태가 될 예정이다. 그러나 사용후핵연료를 재처리하면 부피는 20분의 1, 발열량은 100분의 1, 방사성 독성은 1,000분의 1로 줄어든다. 이 과정에서 얻은 저순도 플루토늄도 원자력 발전의 연료로 다시 사용할 수 있다. 그러나 플루토늄이 핵무기 개발에 전용될 수 있다는 우려 때문에 미국은 한국의 재처리 허용 요구를 거부해 왔다.

반면에 일본은 1968년에 체결된 미·일 원자력 협정을 통해 일본 내 시설에서 사용후핵연료를 재처리할 권리를 얻었다. 1988년 개정된 협정에서는 일본 내에 재처리시설, 플루토늄 전환 시설, 플루토늄 핵연료 제작 공장 등을 두고 그곳에 플루토늄을 보관할 수 있는 '포괄적 사전 동의'를 얻었다. 이에 따라서 일본은 영국·프랑스 등에서 위탁 재처리한 뒤 나온 플루토늄을 재반입해서 현재 약 46t의 플루토늄을 보유하고 있으며, 일본 내에 짓고 있는 재처리시설이 완성되는 2021년부터는 매년 8t의 플루토늄을 자체 생산할 수 있다.

그리고 미국의 한국 원자력 발전에 대한 견제가 점차 심해지고 있다. 한국정부와 한국기업의 폴란드 원자력 발전 수주에 대한 기대가 부풀어 있을 때, 미국 원전업체 웨스팅하우스는 2022년 10월 21일 컬럼비아 특구 연방지방법원에 한국형 원자로 APR-1400 수출을 제한해달라는 취지의 소송을 한국수력원자력(한수원)과 한국전력(한전)을 상대로 제기하였다. 웨스팅하우스 측은 APR-1400이 자사 기술을 기반으로 만들어졌기 때문에 한수원이 이를 다른 나라에 수출하려면 미국 에너지부(DOE)와 자사 승인을 받아야 한다고 주장하였다.

2015년에 한미원자력 협정이 개정될 때, 한국이 원전을 수출할 때는 대상국에 대해 미국의 포괄적 동의만 받으면 되도록 규정했지만, 언제든 미국이 수출을 통제할 수 있다. 그리고 2018년 9월 9월 한국전력이 사우디아라비아에 단독으로 원자로 수출을 시도하자, 미국 정부는 미국의 원전 기술이 포함되어 미국의 승인이 필요하다며 제동을 걸었다. 결국 한미 원자력협정 개정을 통해서 핵폐기물에 대한 재처리 권한과 한국의 원자력 발전기술에 대한 미국정부의 독자성 인정을 받는 것이 우리의 에너지안보를 지키면서 한국의 원자력 발전 수출이 전 세계로 확대되는데 절실하게 필요한 상황이다.

| 맺음말 |

폴란드어에서 잘(zal)이라는 단어는 '슬픔, 아픔, 분노'의 의미를 담고 있는데, 이는 역사를 거치면서 당한 억울하고 원통한 경험에 대한 원망을 의미하는 우리나라의 한(恨)과 유사한 개념이다. 두 나라가 겪은 질곡의 역사적 경험이 zal과 恨이라는 공통의 감정을 만들어 냈을 것이다. 독일과 러시아 사이의 전략적 요충지에 위치한 폴란드와 중국과 일본 사이의 반도국가인 한국은 강대국 사이의 약소국이 겪을 수밖에 없는 아픔과 슬픔을 공유하고 있다. 수차례 독일과 러시아에 의해 분할되어 나라를 잃어버렸거나, 20세기 중후반에는 외세(소련)의 간접적인 지배에 놓이는 불운을 경험했다. 탈냉전 후 폴란드는 유럽 역사의 일부로 돌아와 많은 발전을 이룩했지만, 우크라이나 전쟁에서 나타났듯이 여전히 안보불안에 노출된 채 살아가고 있다. 이런 점에 있어서 폴란드는 우리나라와 참으로 많은 점에서 닮아있다.

이 책의 저자들은 바로 이러한 공유된 감정과 연대의식에서 출발해 폴란드의 역사, 정체성, 외교정책, 안보정책, 에너지정책 등을 살펴보려 시도했다. 이를 통해 우크라이나 전쟁으로 촉발된 '새로운 냉전' 속에 휘말린 폴란드의 오늘과 내일을 이해해보려 시도하였다.

김용덕은 폴란드의 탄생에서부터 독일과 러시아에 의한 분할이라는 질곡의 역사적 경험을 거쳐 체제전환, 그리고 오늘에 이르기까지의 과정을 지정학(地政學)이라는 관점에서 폴란드의 역사를 살펴보았다. 이무성은 '폴란드인들은 누구인가'라는 물음에 답하는 과정을 통해서 폴란드와 폴란드인들의 정체성을 추적하였다. 그는 폴란드 역사에 면면히 흐르는 저항정신이 체제전환 과정에서 민주주의를 쟁취하고 지켜낸 가장 중요한 요인이라고 지적하고 있다. 송병준은 폴란드가 EU와 NATO의 핵심 국가로서 성장해 서방세계의 대러시아 전선의 핵심 국가로 성장하고 있음을 폴란드의 다자적, 쌍무적 외교정책을 중심으로 고찰하였다. 이선필은 탈냉전 이후 폴란드의 안보환경을 중심으로 고찰하고, 우크라이나 전쟁 이후 폴란드의 군사력 증강 정책이 장기적인 측면에서 폴란드의 강대국화를 추구하고 있음을 살펴보았다. 마지막으로 안상욱은 유럽의 에너지안보라는 틀 속에서 폴란드의 에너지안보 상황과 에너지정책을 살펴보았다.

체제전환 이후 NATO와 EU라는 안정된 국제체제 속에서 비약적인 발전을 기록하고 있는 폴란드는 러시아의 우크라이나 침략 앞에서 zal이라는 감정이 또다시 폴란드인들의 가슴 속에 깊이 새겨질 수 있는 상황에 처했다. 하지만 21세기 폴란드는 과거의 폴란드가 그랬던 것처럼 더 이상 강대국에게 당하기만 하는 나약한 폴란드가 아님을 보여주려는 단호한 의지를 보여주고 있는 것 같다. 미국과 한국으로부터 대량의 무기구매를 통해서 유럽의 군사대국으로 부상할 준비를 하고 있다. 독일 등 유럽 국가들과는 달리 값싸고 손쉽게 도입할 수 있는 러시아의 에너지 대신 자체적 혹은 동맹국으로부터 안정적으로 에너지를 공급받아 러시아에 대한 의존도를 낮추려 시도하고 있다. 최근 폴란드의 외교안보정책과 에너지안보 정책은 NATO와 EU 내에서 자신의 위상과 정체성을 확고히 하고, 러시아의 잠재적 위협으로부터 영토적 통일성을 지켜내려는 의지의 표현이라고 할 수 있다.

2022년 11월 15일 폴란드의 우크라이나 접경지역인 프셰보두프에 미사일이 떨어져 민간인 2명이 사망하는 사고가 발생하였다. 이는 우크라이나가 러시아의 공격에 대응하는 과정에서 발생한 오발탄으로 추정되나, 한시라도 주변국으로부터 피침받을 수 있다는 폴란드의 엄중한 안보현실을 여실히 보여주는 사건이었다.

우리도 남북이 대치 중인 가운데 북한의 계속되는 미사일 도발 등으로 인해 한반도 정세 안정이 위협받고 있는 상황이다. 평화는 상대방의 도발을 억제할 수 있는 힘에서 나온다. 아무쪼록 이 책이 우리가 처한 안보현실에 대한 경각심을 다시금 고취하고 국방 역량을 강화하는 계기가 됨은 물론 나아가 한-폴란드 간 방산협력 활성화와 함께 중동부 유럽 국가들과의 정치, 경제, 안보 협력으로까지 확대 발전될 수 있는 촉매제가 되기를 기대해 본다.

| 참고문헌 |

제1장

- 김용덕, 『이야기 폴란드사』 (서울: 한국외국어대학교 출판부, 2016).
- 브린튼, 크리스토퍼, 울프 저, 양병우 외 3인 역, 『세계문화사』 (서울: 을유문화사, 1990).
- 팀 마샬 지음, 김미선 옮김, 『지리의 힘』 (서울: 사이, 2020).
- 김용덕, "1989년 공산주의 체제 붕괴 후 폴란드의 외교정책 변화", 『동유럽연구』, 제10권 2호 (2002).
- _____, "폴란드 균형 외교 정책과 2차 대전과의 상관관계 연구", 『동유럽연구』, 21권 (2008).
- _____, "폴란드 체제 전환 연구: 마조비에츠키 정부를 중심으로", 『동유럽』, 제2권 제1호 (2011).
- _____, "유럽연합 가입 후 폴란드 외교정책의 전환: 동서축에서 남북축으로의 전환을 중심으로", 『통합유럽연구』, 4호 (2012).
- _____, "체제 전환과 폴란드의 외교 정책 연구", 『동유럽발칸연구』, 33권 (2013)
- _____, 『18세기 국제 정세 속에서 바라본 폴란드 분할 연구』, 『동유럽발칸연구』, 43권 1호 (2019).
- _____, 폴란드 체제 전환 30년 결산 - 시장 경제로의 전환과 경제 발전을 중심으로, 『세계역사와 문화연구』, 63집 (2022).

제2장

- 김광림. "고르바초프의 신사고 외교독트린에 관한 연구: 브레즈네프 독트린과의 비교적 맥락에서" 『한국정치학회보』, 제29권 1호 (1995).
- 김종석. "폴란드 민족 운동사와 저항정신(Ⅱ) -1980년대를 중심으로" 『동유럽연구』, 제17권 (2006).

- 김종석, 김용덕. "폴란드 공산주의 체제 붕괴 연구- 1980년대 체재 위기를 가져온 원인을 중심으로"『세계 역사와 문화 연구』, 제55권 (2020).
- 김용덕. "공산 정권과 자유노조의 대화로 이룬 폴란드 체제 전환 연구"『EU 연구』, 제55호 (2020).
- 안성호. "민주화변혁 이후 동구권국가의 세계화 전략과 대외관계"『동유럽발칸학』, 제4권 2호 (2002).
- 『중앙일보』 "수난의 역사 딛고 새롭게 태어났다: 폴란드" 1989년 11월 6일.
- Behrends, C. Jan. "Rokossowski Coming Home: The Making and Breaking of an (Inter-)national Hero in Stalinist Poland (1949-1956)." Hungarian Historical Review, Vol. 5, No. 4 (2016).
- Bodnar, Adam. Poland: EU-driven democracy? in Democratization and the European Union Comparing Central and Eastern European Post-Communist Countries Edited ByLeonardo Morlino, Wojciech Sadurski (London and New York: Routledge, 2010).
- Dziembała, Małgorzata. "Cohesion Policy in Poland and in the Czech Republic - Challenges and Prospects." Studia Europejskie, No. 1, (2019).
- European Council. "Presidency Conclusion Copenhagen European Council -21-22 June 1993". https://www.europarl.europa.eu/enlargement/ec/pdf/cop_en.pdf (검색일: 2022. 11. 1).
- Epstein, A. Rachel. "NATO enlargement and the spread of democracy: evidence and expectations." Security Studies, Vol. 14, No. 1 (2005).
- Gabrisch, Hubert. "Economic reforms in Poland." Intereconomics, Vol. 16, No. 2 (1981).
- Galent, Marcin and Kubicki, Paweł. "New Urban Middle Class and National Identity in Poland." Polish Sociological Review, Vol. 179, No. 3 (2012).
- Jarząbek, Wanda. "Polish economic policy at the time of détente, 1966-78." European Review of History: Revue européenne d'histoire, Vol. 21, No. 2 (2014).

- Kamin′Ski, M. Markek. "How communism could have been saved: Formal analysis of electoral bargaining in Poland in 1989." Public Choice, Vol. 98 (1999).
- Kubas, Sebastian. "The trajectory of the process of democratization in Poland in the light of theory, political praxis and external evaluation: 1989- 2019." Studia Politologiczne, Vol. 57, No. 1 (2020).
- Laaster, Claus-Friedrich, Schrader, Klaus, and Heid, Benedikt. "Trade Integration in an Enlarged European Union- Poland's Road to Success?." Working Papers, No. 286, World Economy Research Institute (2008).
- Mason, S. David. "Glasnost, Perestroika and Eastern Europe." International Affairs, Vol. 64, No. 3 (1988).
- Morlino, Leonardo and Sadurski, W ojciech. "Introduction," Leonardo Morlino and Wojciech Sadurski (eds.), Democratization and the European Union Comparing Central and Eastern European post-communist countries (London and New York: Routledge, 2011).
- Musiał, Filıp. "Stalinism in Poland." The Person and the Challenges, Vol. 9, No. 2 (2019).
- Paczkowski, Andrzej. "Polish-Soviet Relations 1944-1989: The Limits of Autonomy." Russian History, No. 2-4 (2002).
- Pearce, C. Susan. "The Polish Solidarity Movement in Retrospect: In Search of a Mnemonic Mirror." International Journal of Politics, Culture and Society, Vol. 22 (2009).
- Persak, Krzysztof. "The Polish‑Soviet Confrontation in 1956 and the Attempted Soviet Military Intervention in Poland." Europe-Asia Studies, Vol. 58, No. 8 (2006).
- Petrova, Tsveta. "How Poland promotes democracy." Journal of Democracy, Vol. 23, No. 2 (2012).
- Radziwiłłowicz, Dariusz. "The Grunwald Tradition in the Political Activity of the World Power Legion." Echa Przeszłości 12 (2011).

- Schimmelfennig, Frank. The EU, NATO and the integration of Europe: rules and rhetoric. (Cambridge: Cambridge University Press, Cambridge, 2003).
- Spero, B. Joshua. "Deja Vu all Over again? Poland's Attempt to Avoid Entrapment Between Two Belligerents." European Security, Vol, 1, No. 4 (1993).
- Staniszkis, Jadwiga. "The evolution of forms of working-class protest in Poland: Sociological reflections on the Gdańsk-szczecin case, August 1980." Soviet Studies, Vol. 33, No. 2 (2007).
- Wandycz, Piotr. The Lands of Partitioned Poland 1975-1918 (Seattle and London: University of Washington Press, 1974).
- Zloch-Christy, ILiana. Debt Problems of Eastern Europe, (Cambridge: Cambridge University Press, 1987).
- Żuk, Piotr. "Edward Abramowski's concept of stateless socialism and its impact on progressive social movements in Poland in the twentieth century." History of European Ideas, Vol. 45, No. 1 (2019).

제3장

- ACAPS, "Poland Refugee influx from Ukraine," Breifing Note 25 (2022), pp.1-9.
- Ambroziak, Adam A. et. al., Poland in the European Union Report (SGH Publishing House, 2001).
- Antosiewicz, Marek et. al., "The Economic Effects of Stoping Russian Energy Imports in Poland," IBS Research Report 01/2022 (2022), pp.1-24.
- Appel, Hilary, "The Long-Term Prospects for Ukraine"s Accession to the European Union: A Focus on EU-Level Constraints," Ponars Eurasia Policy Memo No. 330 (2014), pp.1-6.
- Artun, Ay§e, Polish Foreign Policy Between East and West, 1989-2004, (University of Glasgow, 2007), pp.1-268.
- Barros, Bryce and Krystyna Sikora, China's Sanctions Regime and Lithuania: Policy Responses for European Institutions, Alliance for Securing Democracy

(2022). https://securingdemocracy.gmfus.org/chinas-sanctions-regime-and-lithuania-policy-responses-for-european-institutions/ (검색일: 2022. 9. 4).
- Bayir, OzgÜn Erler, "A New Challenger in European Politics: Rethinking Poland's International Relations Agenda," Journal of Political Sciences, Vol. 31 (2021), pp.1-10.
- Bélanger, Marie-Eve, "What Prospect is there of Ukraine joining the EU?," LSE European Politics and Policy (2022) pp.1-8. https://blogs.lse.ac.uk/europpblog/2022/03/16/what-prospect-is-there-of-ukraine-joining-the-eu/ (검색일: 2022. 9. 4).
- Bieniek, Karol and Özgün Erler Bayır, "Public Diplomacy and Soft Power in Polish Foreign Policy Making," Journal of Political Sciences, Vol. 31 (2021), pp.561-568.
- Bieńczyk-Missala, Agnieszka, "Poland's Foreign and Security Policy: Main Directions," Revista UNISCI / UNISCI Journal, No. 40 (2016), pp.101-118.
- Boer, Monica den, "Police, Policy and Politics in Brussels: Scenarios for the Shift from Sovereignty to Solidarity," Christian Kaunert, John Occhipinti and Sarah Leonard (eds.), Supranational Governance of Europe's Area of Freedom, Security and Justice (Taylor & Francis, 2014), pp.10-27.
- Buras, Piotr, "Biden's victory: the consequences for Poland, Stefan Batory Foundation," IdeaForum (2020), pp.1-5.
- Chatham House, "Rebuilding Ukraine An Assessment of EU Assistance," Kataryna Wolczuk and Darius Žeruolis Ukraine Forum, Research Paper (2018), pp.1-40.
- Cienski, Jan and Nahal Toosi, Ukraine war turns Poland into America's 'indispensable' ally, Politico (2022). https://www.politico.eu/article/ukraine-war-turns-poland-from-pariah-to-indispensable-us-ally/ (검색일: 2022. 8. 24).
- Congressional Research Service, "Poland: Background and U.S. Relations," CRS Report, (2019), pp.1-18.
- Corbett Richard, Francis Jacobs and Michael Shackleton., "The Parliament and

Legislation," The European Parliament, 8th. ed. (John Harper. 2011).
- Dempsey, Judy, The War in Ukraine Could Change Poland, Carnegie Europe (2022). https://carnegieeurope.eu/strategiceurope/86636 (검색일: 2022. 8. 24).
- Deni, John R., The NATO-Russia Founding Act: A Dead Letter, Carnegie Europe (2017). https://carnegieeurope.eu/strategiceurope/71385 (검색일: 2022. 9. 25).
- Drea, Eoin, The EU's Balance of Power Is Shifting East Russia's war has opened up a vast strategic chasm within the European Union. Foreign Policy, Argument (2022). https://foreignpolicy.com/2022/06/21/eu-russia-ukraine-war-european-union-france-germany-poland-eastern-europe-baltics/ (검색일: 2022. 8. 24).
- Duszczyk, Maciej, "Ukrainian Refugees in Poland: Current Situation and What to Expect," Free Network, Policy Brief Series (2022), pp.1-5.
- Duszczyk, Maciej and Paweł Kaczmarczyk "The War in Ukraine and Migration to Poland: Outlook and Challenges," Intereconomics, Vol. 57, No. 3 (2022), pp.164-170.
- Economist, Big, bad Visegrad (2016). https://www.economist.com/europe/2016/01/28/big-bad-visegrad (검색일: 2022. 9. 5).
- European Commission, The Budget in my Countries Poland, Czech, Slovakia and Hungary (2014).
- European Commission, MFF 2021-2027 Breakdown of Cohesion Policy allocations per Member State (2020a).
- European Commission, Just Transition Fund – allocations per Member State (2020b).
- European Commission, European Structural and Investment Funds (2022). https://ec.europa.eu/regional_policy/en/funding/ (검색일: 2022. 9. 5).
- European Council, European Council conclusions on Ukraine, the membership applications of Ukraine, the Republic of Moldova and Georgia, Western Balkans and external relations, 23 June 2022 (2022b).

- European Parliament, "China, the 16+1 format and the EU," Briefing (2018), pp.1-8.
- European Union, Multiannual Financial Framework 2021-2027 (in commitments) (2020). https://ec.europa.eu/info/sites/default/files/about_the_european_commission/eu_budget/mff_2021-2027_breakdown_current_prices.pdf (검색일: 2022. 9. 15).
- Fried, Daniel and Jakub Wisnewski, "Poland and the United States: What's Right, What's Not, and What's Next, Atlantic," Council Europe Center Issue Brief (2021), pp.1-9.
- Freedom House, "Freedom in the World 1992-1993 Complete Book: Freedom in the World," The Annual Survey of Political Rights & Civil Liberties 1992-1993 (1993).
- Germany Federal Office, The Weimar Triangle: Over 30 years of cross-border cooperation between Germany, France and Poland (2022). https://www.auswaertiges-amt.de/en/aussenpolitik/europe/cooperation-in-europe/-/228752 (검색일: 2022. 9. 12).
- Jakubowski, Andrzej, "Poland as a hub of the Silk Road Economic Belt: is the narrative of opportunity supported by developments on the ground?," Asia Europe Journal Vol. 18 (2020), pp.367-396.
- Justyna Regan and Richard A. Walawender, "Poland's Special Act on Assistance to Ukrainian Refugees," Jd Supra (2022). https://www.jdsupra.com/legalnews/poland-s-special-act-on-assistance-to-9064674/ (검색일: 2022. 8. 24).
- Karkoszka, Andrze, "Following in the footsteps," Nato Review (2002). https://www.nato.int/docu/review/articles/2002/03/01/following-in-the-footsteps/index.html (검색일: 2022. 8. 8).
- Karolewski, Ireneusz Paweł and Maciej Wilga, "Poland and the European Union," Oxford Research Encyclopedia of Politics (2018), pp.1-42.
- Kubicek, Paul, "Dancing with the Devil: Explaining the European Union's Engagement with Ukraine under Viktor Yanukovych," Journal of Contemporary

- European Studies, Vol. 25, No. 2 (2017), pp.143-162.
- Kuzernko, Caroline,. "Ideas, Power and Change: Explaining EU? Russia Energy Relations," Journal of European Public Policy Vol. 21, No. 1 (2014), pp.58-75.
- Langftt, Frank, "The United States and Poland suddenly found themselves in a wartime alliance," NPR (2022). https://www.npr.org/2022/06/01/11024 86524/ the-wartime-u-s-poland-alliance-provides-opportunities-to-work-on-other-issues (검색일: 2022. 9. 25).
- Lanoszka, Alexander, "Poland in a time of geopolitical flux, Contemporary Politics," Vol. 26, No. 4 (2020), pp.458-474.
- Ministry for Europe and Foreign Affairs of France, France Diplomacy, The Weimar Triangle (2022). https://www.diplomatie.gouv.fr/en/country-files/poland/ the-weimar-triangle/ (검색일: 2022. 9. 14).
- Ministry of Foreign Affairs Republic of Poland, Polish Foreign Policy Strategy 2017-2021 (2017), pp.1-125.
- Mirel, Pierre, "The Eastern Partnership under the Test of War in Ukraine," Foundation Robert Schuman European issues, n°624 (2022), pp.1-5.
- Olsen, Jonathan and John McCormick, "Cohesion, Justice and Home Affairs, and Other Internal Policy," The European Union Politics and Policies 6th. ed. (The Perseus Books Group, 2016), pp.254-276.
- Pełczyńska-Nałęcz, Katarzyna, "Poland's approach to Russia Radicalism without policy," Stefan Batory Foundation (2019), pp.1-13.
- Public Opinion Research Center, "Opinions of Poles about support for the fight in Ukraine," Poland Publicopinion (2022).
- Radio Free Europe/Radio Liberty, "Poland's Parliament Declares Volyn Massacres 'Genocide'," Ukraine Laments Move (2016). https://www.rferl.org/a/poland-parliament-declares-volyn-massacres-/27874252.html (검색일: 2022. 9. 12).
- Robert Schuman Foundation, "The rule of law in Poland or the false argument of the primacy of European law," European Issue n°615 (2021). https://www.robert-

schuman.eu/en/european-issues/0615-the-rule-of-law-in-poland-or-the-false-argument-of-the-primacy-of-european-law (검색일: 2022. 8. 29).
- Schnepf, Ryszard, "US - Poland - EU Relations Report," Euro-Atlantic Association (2019). https://sea.org.pl/en/us-poland-eu-relations-report/ (검색일: 2022. 8. 24).
- Sendhardt, Bastian, "The future of the Polish-American 'special relationship'," Friedrich Ebert Stiftung (2020). https://www.ips-journal.eu/regions/global/the-future-of-the-polish-american-special-relationship-4577/ (검색일: 2022. 8. 24).
- Swinnen, Johan F. M., "Ten Years of Transition in Central and Eastern European Agriculture," KATO Symposium (2000), pp.1-21.
- Szczerbiak, Aleks, "The Political Context of EU Accession in Poland," The Royal Institute of International Affairs, Briefing Paper (2002), pp.1-11.
- Szczerbiak, Aleks, "How has the Russian invasion of Ukraine affected the Polish government's EU strategy?," Notes from Poland (2022). https://notesfrompoland.com/2022/06/03/how-has-the-russian-invasion-of-ukraine-affected-the-polish-governments-eu-strategy/ (검색일: 2022. 8. 24).
- Szczerbiak, Alex, COMMENT: How will the war in Ukraine affect Polish politics?, (2022). https://www.intellinews.com/comment-how-will-the-war-in-ukraine-affect-polish-politics-236845/ (검색일: 2022. 8. 27).
- Szczudlik, Justyna, "Poland: Manoeuvring Between the US and EU While not Decoupling from China, Europe in the Face of US-China Rivalry," Mario Esteban and Miguel Otero-Iglesias (eds,), European Think-tank Network on China (2020), pp.123-130.
- Szczudlik, Justyna, "Poland: The hidden debate about dependence on China, Dependence in Europe's Relations with China Weighing Perceptions and Reality," John Seaman et, al,, (eds.). European Think-tank Network on China (2022), pp.128-134.
- Szeptycki, Andrzej, "Poland versus Russia: Competition in Ukraine, East European Politics and Societies and Cultures," Vol. 35, No. 1 (2021), pp.1113-1135.

- Tyler Messissa Conley, "Ukraine: The view rom Warsaw," Lowy Institute (2022). https://www.lowyinstitute.org/the-interpreter/ukraine-view-warsaw (검색일: 2022. 8. 24).
- The Chancellery of the Prime Minister, Poland, Estonia, Lithuania and Latvia want to limit the possibility of travel in Europe for Russian citizens - a joint statement by the prime ministers (2022). https://www.gov.pl/web/primeminister/poland-estonia-lithuania-and-latvia-want-to-limit-the-possibility-of-travel-in-europe-for-russian-citizens---a-joint-statement-by-the-prime-ministers (검색일: 2022. 10. 1).
- The Guardian, How the EU transformed Poland (2014). https://www.theguardian.com/commentisfree/2014/may/01/eu-poland-10-years-economic (검색일: 2022. 9. 15).
- The Sejm of the Republic of Poland, Resolution of the Sejm of the Republic of Poland dated 3 March 2022 on the support of Ukraine's membership in the European Union (2022).
- The Washington Post, Poland embraces West amid Ukraine crisis after years of drifting away (2022). https://www.washingtonpost.com/politics/2022/03/26/poland-cukraine-biden/ (검색일: 2022. 8. 24).
- Three Seas, Three Seas Story (2022). https://3seas.eu/about/threeseasstory (검색일: 2022. 9. 18).
- Van der Loo, Guillaume and Peter Van Elsuwege, "The EU-Ukraine Association Agreement After Ukraine's EU Membership Application: Still Fit for Purpose," European Policy Centre, Discussion Paper (2022), pp.1-12.
- Vorozheina, Yana, "Poland's Foreign Policy Mechanisms: Legal Framework and Policy Analysis," Baltic Region, Vol. 9, No. (2017), pp.30-40.
- Visegrad Group, About the Visegrad Group (2022). https://www.visegradgroup.eu/about (검색일: 2022. 9. 15).
- Visit Ukraine Today, The number of Ukrainians who left for Poland exceeded 5 million people (2022). https://visitukraine.today/blog/727/the-number-of-ukrainians-

who-left-for-poland-exceeded-5-million-people (검색일: 2022. 9. 24).
- Wolczuk, Kataryna, "Ukraine's Policy towards the European Union: A Case of 'Declarative Europeanization'," European University Institute (2004), pp.1-28.
- Zięba, Ryszard, The "Strategic Partnership between Poland and Ukraine," The Polish Foreign Affairs Digest, Vol. 2, No. 3 (2002), pp.195-226.
- Zięęba, Ryszard, Poland's Foreign and Security Policy Problems of Compatibility with the Changing International Order (Springer, 2019).
- Zięba, Ryszard, "Poland's Foreign Policy Under the Rule of the Law and Justice Party," Journal of Political Sciences, Vol. 31 (2021), pp.511-526.
- Zielonka, Jan, "Will Poland revive or damage the EU and NATO?," UK in a Changing Europe (2022). https://ukandeu.ac.uk/will-poland-revive-or-damage-the-eu-and-nato/ (검색일: 2022. 8. 27).

제4장

- 김신규, "새로운 '안보의 진공'을 타개하기 위한 약소국의 선택: 탈냉전 유럽 공간에서 중동부유럽 5개국의 외교, 안보정책 비교연구," 『동서연구』, 제 24권 3호 (2012).
- 김용덕, "체제 전환과 폴란드의 외교 정책 연구," 『동유럽발칸연구』, 제33권 (2013).
- 이수형, "중추적 중견국가로서의 폴란드와 국제안보제도," 『한국과 국제정치』, 제25권 4호 (2009).
- 조선비즈, "올해만 21조원 수입… 폴란드는 왜 K-방산에 빠졌나," https://biz.chosun.com/industry/company/2022/10/23/I6MBE4E64JGUVGMEZEVCLZKY3E/ (검색일: 2022. 10. 15)
- 최진우, "서론-EU와 전쟁," 최진우 외, 『유럽과 전쟁』, (서울: 인간사랑, 2017).
- Center for insights in survey research, https://www.iri.org/wp-content/uploads/legacy/iri.org/wysiwyg/2017-7-5_iri_poland_poll.pdf (검색일: 2022. 10. 13)
- Ćwiek-Karpowicz, Jarosław, "Polish foreign policy toward its Eastern neighbors:

Is a close cooperation with Germany possible?" DGAP analyse Kompakt, No. 6, pp.1-5(2011).

- Daniels, Gabriel, "The Polish-Korean Deal. the defence agreement between Poland and South Korea," https://www.ukdsc.org/wp-content/uploads/sites/28/2022/08/The-Polish-Korean-Deal-The-Defence-Agreement-between-Poland-and-South-Korea.pdf (검색일: 2022. 10. 13)
- Dempsey, Judy, "The War in Ukraine Could Change Poland," https://carnegieeurope.eu/strategiceurope/86636 (검색일: 2022. 10.03)
- Dyner, Anna Maria, "Security perceptions and the armed forces in Poland," Report. Minsk dialogue, (2019).
- Ferragamo, Sara, "La capacita militare della Polonia e la convergenza di atlantismo e nazionalismo," https://www.amistades.info/post/la-capacit%C3%A0-militare-della-polonia-e-la-convergenza-di-atlantismo-e-nazionalismo (검색일: 2022년 10월 5일)
- Kulsz, Jaroslaw & Karollina wlgura, "Will the Ukraine War Return Poland to Europe's Democratic Fold?" Foreign Policy, (August 11 2022)
- Larrabee, S. Stephen, East European security after the Cold War, (Santamonica: Rand, 1989).
- Michnik, Wojciech, "Poland as a new frontline state," New Eastern Europe. April-May. No.2 (2022).
- Osesik, Krzysztof, "Germany and Poland: Public Opinion on the Rise?" http://www.culturaldiplomacy.org/pdf/case-studies/germany-and-poland.pdf (검색일: 2022. 10. 03)
- Poushter, Jacob, Christine Huang, Laura Clancy, Spotlight on Poland: negative views of Russia surge, but ratings for U.S., NATO, EU improve, Pew Research Center, June 22, 2022.
- Salija, Rumi, "Poland on its way to become of the largest armed forces in Europe?" (2022).

- Samorukov, Maxim, "Can Russia and Poland ever overcome their historical differences?" https://carnegiemoscow.org/commentary/85115 (검색일: 2022. 10. 15)
- Sipocz, Benedek, "An analysis of polish foreign and security policy: the effect of history on the geopolitical orientation of Poland," https://www.debat magazine.nl/an-analysis-of-polish-foreign-and-security-policy-the-effect-of-history-on-the-geopolitical-orientation-of-poland/4381/ (검색일: 2022. 10. 13)
- Szczerbiak, Aleks. "How has the Russian invasion of Ukraine affected the Polish government's EU strategy?" https://notesfrompoland.com/2022/06/03/how-has-the-russian-invasion-of-ukraine-affected-the-polish-governments-eu-strategy/ (검색일: 2022. 10. 18)
- Zaborowski, Marcin, "Poland and European Defence integration," European Council on Foreign Relations/Konrad Adenauer Stiftung, pp.1-18.

제5장

- 대외경제정책연구원(KIEP), "아제르바이잔, TAP가스관 통한 유럽 천연가스 수출 1bcm 기록," 『Emerics』, 2021년 4월 1일. http://cee.emerics.org/newsBriefDetail.es?brdctsNo=314201&mid=a10100000000&&search_option=&search_keyword=&search_year=&search_month=&search_tagkeyword=&systemcode=04&search_region=&currentPage=1&pageCnt=10 (검색일: 2022. 10. 30).
- 대통령직속 북방경제협력위원회, "러시아, 신규 파이프라인을 통한 대유럽 가스 수출 확대 모색," https://www.bukbang.go.kr/bukbang/info_data/pds/0001/?boardId=bbs_0000000000000013&mode=view&cntId=908 (검색일: 2022. 10. 30).
- 매일경제, "폴란드 민간원전 수주 '청신호'," (2022년 10월 30일 기사), https://www.mk.co.kr/news/society/10508322 (검색일: 2022. 10. 30).
- 안상욱, 임석준, 김현정, "EU 천연가스 공급 다변화 실패 – 러시아 천연가스 파이프라인을 중심으로." 『EU연구』, 제54호 (2020).
- 중앙일보, "유럽서 러시아 에너지 퇴출한다…美·EU, 에너지협력방안 합의," (2022. 3. 25.기사), https://www.joongang.co.kr/article/25058399#home (검색일: 2022.

10. 30).
- 한국무역협회(KITA), "미 '노르트스트림-2' 가스관 승인에 우크라·폴란드 강력 반발," (2021년 7월 23일), https://www.kita.net/cmmrcInfo/cmmrcNews/cmercNews/cmercNewsDetail.do?pageIndex=1&nIndex=1812894 (검색일: 2022. 10. 30).
- 한국무역협회(KITA), "러, '야말-유럽 가스관' 공급 중단… '노르트 스트림-2' 승인 압박인가,"(2021. 12. 22.기사) https://www.kita.net/cmmrcInfo/cmmrcNews/cmercNews/cmercNewsDetail.do?pageIndex=1&nIndex=1817922 (검색일: 2022. 10. 30).
- 한희진, 안상욱, "러시아 천연가스 의존도와 반복되는 EU 에너지 위기," 『유럽연구』, 40권 2호 (2022).
- Aljazeera, "Algeria cuts diplomatic ties with Morocco over 'hostile actions'," (August 24, 2021) https://www.aljazeera.com/news/2021/8/24/algeria-cuts-diplomatic-ties-with-morocco (검색일: 2022. 10. 30).
- Baltic Pipe Project, "Construction," https://www.baltic-pipe.eu/construction/ (검색일: 2022. 10. 30).
- BP, BP Statistical Review of World Energy (2021).
- CBS, "Missiles fly, but Ukraine's pipeline network keeps Russian gas flowing to Europe," (April 12, 2022) https://www.cbc.ca/news/business/russian-gas-europe-1.6415652 (검색일: 2022. 10. 30).
- CREA, "Payments to Russia for fossil fuels," https://crea.shinyapps.io/russia_counter/ (검색일: 2022. 10. 30).
- Deutsche Welle, "Germany's RWE sells share of Nabucco gas pipeline", (April 14, 2013) https://www.dw.com/en/germanys-rwe-sells-share-of-nabucco-gas-pipeline/a-16743473 (검색일: 2022. 10. 30).
- Deutsche Welle, "Poland signs natural gas deal with US," (December 19, 2018), https://www.dw.com/en/poland-signs-20-year-liquefied-natural-gas-deal-with-us/a-46809053 (검색일: 2022. 10. 30).
- Deutsche Welle, "Can Germany survive without Russian gas?," (March 29, 2022)

https://www.dw.com/en/can-germany-survive-without-russian-gas/a-61294623 (검색일: 2022. 10. 30).
- Directorate of Communications, "TANAP: A Catalyst for Regional Peace and Development," https://www.iletisim.gov.tr/english/cumhurbaskanimizin_kaleminden/detay/tanap-a-catalyst-for-regional-peace-and-development (검색일: 2022. 10. 30).
- EIA, "Europe relies primarily on imports to meet its natural gas needs," https://www.eia.gov/todayinenergy/detail.php?id=51258 (검색일: 2022. 10. 30).
- European Commission. Communication From the Commission to the European Parliament, the Council, the European Economic and Social Committee of the Regions. A policy framework for climate and energy in the period from 2020 to 2030, (Luxembourg: Publications Office of the European Union, 2014).
- European Commission, Quarterly Report on European Gas Markets, Volume 14, Issue 3 (2021).
- European Commission, EU-US LNG Trade (2022).
- EURACOAL, "Poland," https://euracoal.eu/info/country-profiles/poland/ (검색일: 2022. 10. 30).
- Euractive, "Nord Stream 'a waste of money', says Poland," (January 11, 2010), https://www.euractiv.com/section/central-europe/news/nord-stream-a-waste-of-money-says-poland/ (검색일: 2022. 10. 30).
- European Commission, "2020 climate & energy package,"https://ec.europa.eu/clima/policies/strategies/2020_en (검색일: 2022. 10. 30).
- European Commission, "Energy production and imports," https://ec.europa.eu/eurostat/statistics-explained/index.php?title=Energy_production_and_imports#Production_of_primary_energy_decreased_between_2010_and_2020 (검색일: 2022. 10. 30).
- European Commission, "Inauguration of gas interconnection between Poland and Lithuania," https://ec.europa.eu/info/news/inauguration-gas-interconnection-between-poland-and-lithuania-2022-may-05_en (검색일: 2022. 10. 30).

- European Commission, "Launch of the Baltic Pipe," https://ec.europa.eu/info/news/launch-baltic-pipe-2022-sep-27_en (검색일: 2022. 10. 30).
- EUROSTAT, "Gross available energy by fuel, 2020", https://ec.europa.eu/eurostat/statistics-explained/index.php?title=Energy_statistics_-_an_overview&oldid=557437 (검색일: 2022. 10. 30).
- EUROSTAT, "Gross available energy in the EU by fuel, EU, 1990-2020", https://ec.europa.eu/eurostat/statistics-explained/index.php?title=Energy_statistics_-_an_overview&oldid=557437 (검색일: 2022. 10. 30).
- EUROSTAT, Smarter, greener, more inclusive?: Indicators to support the Europe 2020 Strategy (Luxembourg: Publications Office of the European Union, 2018).
- EUROSTAT, "What is the share of renewable energy in the EU?", https://ec.europa.eu/eurostat/cache/infographs/energy/bloc-4c.html (검색일: 2022. 10. 30).
- Forum Energii, "Koniec importu surowców energetycznych z Rosji?(러시아 에너지 수입 중단?)," https://www.politico.eu/article/poland-russia-energy-oil-gas-coal-ukraine-war-sanctions-prime-minister-mateusz-morawiecki/ (검색일: 2022. 10. 30).
- France 24, "EU chief Von der Leyen says 'sabotage' behind Nord Stream pipeline leaks," (September 27, 2022), https://www.france24.com/en/europe/20220927-mystery-leaks-hit-russian-undersea-gas-lines-raising-european-suspicions (검색일: 2022. 10. 30).
- Gazprom, "Gas Supplies to Europe," http://www.gazpromexport.ru/en/statistics/ (검색일: 2022. 10. 30).
- IEA, "Natural gas net imports in Poland, 2000-2020," https://www.iea.org/data-and-statistics/charts/natural-gas-net-imports-in-poland-2000-2020 (검색일: 2022. 10. 30).
- IEA, "Poland: Electricity generation by source," https://www.iea.org/countries/poland (검색일: 2022. 10. 30).
- IEA, "Poland: Total energy supply (TES) by source," https://www.iea.org/countries/poland (검색일: 2022. 10. 30).

- Inventing Europe, "The Dashava Gas Pipeline: The First Eastern European Link," https://www.inventingeurope.eu/infrastructures/the-dashava-gas-pipeline-the-first-eastern-european-link# (검색일: 2022. 10. 30).
- OECD NEA, Nuclear Energy Data 2021, (2022).
- Poussenkova, Nina, "The Global Expansion of Russia's Energy Giants," Journal of International Affairs, Vol. 63, No. 2 (2010).
- Radia Free Europe Radio Liberty, "EU Criticizes Poland's Nazi Pipeline Comment," (May 2, 2006), https://www.rferl.org/a/1068083.html (검색일: 2022. 10. 30).
- Reuters, "Algeria to end gas supplies to Morocco; supply Spain directly-sources," (October 26, 2021), https://www.reuters.com/world/africa/algeria-end-gas-supplies-morocco-supply-spain-directly-sources-2021-10-25/ (검색일: 2022. 10. 30).
- Reuters, "Germany freezes Nord Stream 2 gas project as Ukraine crisis deepens," (February 23, 2022), https://www.reuters.com/business/energy/germanys-scholz-halts-nord-stream-2-certification-2022-02-22/ (검색일: 2022. 10. 30).
- S&P Global, "Poland partially halts Druzhba oil pipeline to Germany after detecting leak," (October 12, 2022) https://www.spglobal.com/commodityinsights/ko/market-insights/latest-news/oil/101222-poland-partially-halts-druzhba-oil-pipeline-to-germany-after-detecting-leak (검색일: 2022. 10. 30).
- United States Holocaust Memorial Museum, "Poland: Maps," https://encyclopedia.ushmm.org/content/en/gallery/poland-maps (검색일: 2022. 10. 30).
- VOA Korea, "'노르트스트림2' 가스관," (February 11, 2022), https://www.voakorea.com/a/6437231.html (검색일: 2022. 10. 30).
- World Energy, "Poland Signs Deals to Expand Świnoujście LNG Terminal," https://www.world-energy.org/article/10260.html (검색일: 2022. 10. 30).
- World Nuclear Association, World Nuclear Performance Report 2021 (COP26 Edition) (2021).